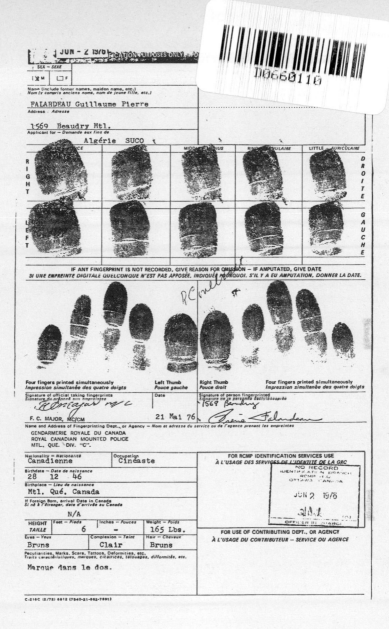

SEX – SEXE

☒ M   ☐ F

Name (include former names, maiden name, etc.)
Nom (y compris anciens noms, nom de jeune fille, etc.)

FALARDEAU Guillaume Pierre

Address – Adresse

1569 Beaudry Mtl.

Applicant for – Demande aux fins de

Algérie SUCO

	RIGHT... INDEX	MIDDLE... MEDIUS	RING... ANNULAIRE	LITTLE... AURICULAIRE	
R I G H T					D R O I T E
L E F T					G A U C H E

IF ANY FINGERPRINT IS NOT RECORDED, GIVE REASON FOR OMISSION – IF AMPUTATED, GIVE DATE
SI UNE EMPREINTE DIGITALE QUELCONQUE N'EST PAS APPOSÉE, INDIQUEZ POURQUOI. S'IL Y A EU AMPUTATION, DONNER LA DATE.

Four fingers printed simultaneously	Left Thumb	Right Thumb	Four fingers printed simultaneously
Impression simultanée des quatre doigts	Pouce gauche	Pouce droit	Impression simultanée des quatre doigts

Signature of official taking fingerprints
Signature de préposé aux empreintes

F. C. MAJOR, MC/CM

Date
21 Mai 76

Signature of person fingerprinted
Signature de la personne dactyloscopée
1569 Beaudry

Name and Address of Fingerprinting Dept., or Agency – Nom et adresse du service ou de l'agence prenant les empreintes
GENDARMERIE ROYALE DU CANADA
ROYAL CANADIAN MOUNTED POLICE
MTL., QUE. DIV. "C".

Nationality – Nationalité	Occupation
Canadienne	Cinéaste

Birthdate – Date de naissance
28 12 46

Birthplace – Lieu de naissance
Mtl. Qué. Canada

If Foreign Born, arrival Date in Canada
Si né à l'étranger, date d'arrivée au Canada
N/A

HEIGHT TAILLE	Feet – Pieds 6	Inches – Pouces –	Weight – Poids 165 Lbs.
Eyes – Yeux Bruns	Complexion – Teint Clair		Hair – Cheveux Bruns

Peculiarities, Marks, Scars, Tattoos, Deformities, etc.
Traits caractéristiques, marques, cicatrices, tatouages, difformités, etc.

Marque dans le dos.

FOR USE OF CONTRIBUTING DEPT., OR AGENCY
À L'USAGE DU CONTRIBUTEUR – SERVICE OU AGENCE

C-216C (2/72) 6612 (7540-21-862-7891)

Voici mes empreintes prises par la Genmarderie royale du Canada, mieux connue sous le nom de RCMP ou de Police montée. Il semble qu'à l'époque l'idée d'aller tourner un film en Algérie était un crime puisqu'on prenait vos empreintes. Le film s'appelait À force de courage.

Sur le tampon de l'officer in charge à la identification branch du RCMP Head Quarter, on retrouve la date du June 2nd, 1976, avec la mention no record. Ils ont dû étoffer mon record depuis. Vive la democracy à la canadian.

Du même auteur

Octobre, Éditions Stanké, 1994.
Le Temps des bouffons, collectif, Les Intouchables, 1994.
Cinq Intellectuels sur la place publique, collectif, Liber, 1995.
Je me souverain, collectif, Les Intouchables, 1995.
Trente Lettres pour un oui, Éditions Stanké, 1995.

LA LIBERTÉ N'EST PAS UNE MARQUE DE YOGOURT

Données de catalogage avant publication (Canada)

Falardeau, Pierre, 1946-

La liberté n'est pas une marque de yogourt

ISBN 2-7604-0505-2

1. Québec (Province) – Politique et gouvernement – 1960-   .
2. Québec (Province) – Histoire – Autonomie et mouvements
indépendantistes. 3. Falardeau, Pierre, 1946-   – Pensée politique et
sociale. 4. Cinéma – Québec (Province). I. Titre.

FC2925.2.F34   1995   971'.4'04   C95-941-543-2
F1053.2.F34   1995

Couverture
Photo: Canapress/Komulainen
Conception graphique: Olivier Lasser

Typographie et mise en pages: Andréa Joseph

Les éditions internationales Alain Stanké bénéficient du soutien financier
du Conseil des Arts du Canada pour leur programme de publication.

Si vous souhaitez recevoir notre catalogue et être tenu au courant de nos
publications, envoyez vos nom et adresse à l'adresse suivante:
Les éditions internationales Alain Stanké
1212, rue Saint-Mathieu
Montréal (Québec) H3H 2H7

ISBN 2-7604-0505-2

IMPRIMÉ AU QUÉBEC (CANADA)

Pierre Falardeau

LA LIBERTÉ N'EST PAS UNE MARQUE DE YOGOURT

Lettres, Articles, Projets

Stanké

*Ce n'est pas le rince-doigts qui fait les mains
propres ni le baisemain qui fait la tendresse.*

Léo Ferré

INTRODUCTION

Quand Stanké m'a proposé de publier l'ensemble de mes textes, écrits depuis 25 ans, j'ai d'abord pensé à tous ces papiers refusés à gauche et à droite pendant tant d'années. Douce vengeance.

J'ai pensé aussi à ces lettres, à ces projets acceptés ou refusés, lus par quelques fonctionnaires. J'ai pensé à ces articles écrits pour quelques dizaines de lecteurs à Format Cinéma, à Lumières, à Lectures...

J'ai tout sorti avec, en tête, le livre du cinéaste russe Dziga Vertov paru chez 10/18, Articles, Journaux, Projets. Un peu prétentieux, je sais. J'ai relu en diagonale et je me suis mis à paniquer. J'imaginais le pauvre lecteur ramant dans ce méli-mélo, perdu au milieu des redites et des multiples répétitions. Cette panique, je la connais bien. Elle s'empare de moi chaque fois que je remets un texte. Mais cette peur n'arrive jamais à me paralyser complètement. J'arrive toujours à déposer les quelques feuillets sur le bureau du responsable. Puis je me sauve. J'imagine que c'est ça le trac : la peur d'avoir l'air fou.

Je ne me suis jamais considéré comme un écrivain, mais comme un cinéaste. Je m'exprime avec des images parce que j'ai toujours su que je ne serais jamais Hemingway, Miron, Camus ou Vadeboncœur. Je n'ai même jamais pensé écrire un jour. Je me rappelle au collège, l'écriture c'était pour les autres. Pour une autre sorte de monde. Du monde d'un autre monde. Des gens d'une autre espèce. Pas pour moi. Moi, je faisais du sport et je regardais dehors en rêvassant.

J'ai commencé à écrire beaucoup plus tard. Par nécessité. Pour pouvoir faire mes films et pour défendre mes projets. Ensuite pour me défendre moi-même. J'ai apprivoisé lentement l'écriture, à force d'écrire. C'était très difficile. C'est toujours très difficile. De plus en plus difficile.

Il y a quelques années, assis à la table de cuisine chez moi, j'essayais d'écrire une séquence pour Le Party. Une séquence sur les médicaments qu'on donne aux détenus pour les assommer : Largactyl, Haldol, Percodan. Des trucs qui soulèvent la passion

quand on les administre aux dissidents dans les hôpitaux psychia-
triques russes, mais qui semblent tout à fait normaux quand on les
utilise ici. J'essayais de comprendre les effets de ces cocktails mis
au point par certains «bienfaiteurs de l'humanité», comme Henri
Laborit, pour servir de camisole de force chimique. Dans la pièce
voisine, un plâtrier envoyé par le proprio bouchait des trous dans le
mur, comme je bouchais les miens dans mon scénario. On s'est mis
à discuter. Il m'a demandé ce que j'écrivais.

«Le Largactyl? J'connais ça. Quand j'étais en prison, y
m'en donnaient. Une p'tite shot, pis tu grouilles pus. Un
jour, j'en ai eu plein le cul. J'ai essayé de sortir en prenant
une infirmière en otage. J'avais une fourchette. Je leur ai dit
de m'laisser sortir sans ça, j'y crève les yeux. À force de
t'faire traiter comme un chien, tu finis par mordre comme
un chien.»

Je ne me rappelle plus très bien si le gars s'en était sorti, sans
doute pas, ou si on avait cessé de l'assommer à grands coups de
seringue. Mais je me rappelle très bien l'image, dans ma tête, de
l'infirmière paniquée, la fourchette près des yeux. Et de la remarque
sur les chiens.

Pourquoi je vous raconte tout ça? Parce que j'ai le sentiment
parfois d'écrire avec une fourchette. Ma plume c'est ma fourchette à
moi. J'écris pour m'en sortir. Avec rage. Comme un chien. En
mordant les bâtards qui me donnent des coups de pied avec mépris.
Pour couper la parole à ceux qui, individuellement ou collectivement, nous traitent de vauriens. Eux qui croient valoir quelque
chose parce qu'ils ont de l'argent, un habit trois-pièces, la certitude
de tout savoir, le petit pouvoir des maîtres et des contremaîtres.
J'écris pour ne pas me laisser abattre. Pour ne pas déprimer. Pour
me sentir moins impuissant, moins seul. Au cas où nous serions
quelques autres. Parce qu'il y a les gros et les petits et que ramper
n'est pas le lot des petits.

Et j'écris parfois par plaisir. Pour le plaisir des mots quand on
arrive à faire une phrase pas si pire après des heures, des jours
d'angoisse. Mais toujours cette panique. Et cette peur de n'être
même pas quelques autres, d'être tout seul.

Je vous laisse donc non pas avec une œuvre littéraire mais avec
la possibilité de faire un voyage de presque 30 ans dans le cerveau
fatigué d'un cinéaste québécois. Ne cherchez pas dans ce recueil un
ordre chronologique, mais plutôt une certaine suite dans les idées.
Bon voyage. Moi, je me sauve.

Pierre Falardeau

SALUT, ALPHONSE

Lettre écrite à Châteauguay le 7 septembre 1984, à la mort d'Alphonse Falardeau, mon père. Mon vieux camarade, Poulin, l'avait lue à l'église, entrecoupée de La Quête, *la chanson de Jacques Brel. Il m'avait aussi aidé à porter le corps, avec mon autre vieux camarade et ami, Francis Simard. Il y avait aussi mes deux frères, Michel et Jean, et le mari de ma sœur Louise, Jean. Neuf mois plus tard, naissait mon premier p'tit gars, Jules. La vie...*

Salut, Alphonse,

Je t'écris une dernière lettre que tu ne recevras sans doute jamais. J'espère seulement qu'au-delà de la mort tu m'entendras. Mon seul regret, c'est de ne pas t'avoir écrit plus souvent.

Tu me pardonneras, Alphonse, si ma lettre est biaisée, si elle passe à côté de la réalité. Celui qui connaît peut-être le plus mal un homme, c'est son fils ou sa fille. C'est malheureux, mais c'est ainsi.

Je voudrais simplement te remercier, Alphonse, pour certaines petites choses que tu m'auras apprises au cours de ces quelque 40 dernières années. Le message n'était pas toujours facilement déchiffrable. Une trop grande pudeur, une trop grande délicatesse t'empêchaient sans doute de livrer chaque fois le fond de ta pensée, le fond de ton cœur. Mais maintenant je commence à comprendre un peu mieux. En vieillissant, on finit par comprendre.

Je voudrais simplement te remercier, Alphonse, pour certaines petites choses, comme le goût des grands espaces, le goût des fleurs,

11

le goût des arbres. Tu sais, Alphonse, ça m'impressionne un homme qui laisse derrière lui quelques arbres qu'il a plantés, à genoux, les deux mains dans la terre de son pays.

Le pays. Je voudrais simplement te remercier, Alphonse, pour une autre petite chose qu'on appelle l'amour du pays. C'est peut-être ce que tu m'auras laissé de plus beau : l'amour de cette terre, l'amour de ce petit peuple, l'amour de ce presque pays qu'on appelle le Québec. Je te jure, Alphonse, qu'on y arrivera. Tu m'auras trop appris la persévérance, la détermination.

Je me rappelle la joie sur ton visage un certain soir de 1962 au *Monument National*: la victoire après 40 années de lutte. La récompense après 40 années d'efforts. La nationalisation de l'électricité. Le succès au bout d'une longue marche. Jamais je n'oublierai ton visage à ce moment. J'étais jeune mais j'ai tout compris ce soir-là.

Je me rappelle aussi le feu dans tes yeux quand tu nous parlais du mouvement coopératif. «S'unir pour servir», que tu disais. La justice, la solidarité humaine. «Un homme, un vote», que tu disais. Tu vois, je n'ai pas oublié. Les pionniers de Rockdale. Bâtir, à coup de 10 cennes. Ça aussi, je ne l'ai pas oublié.

Je me rappelle aussi la colère sur ton visage. Une colère saine, belle, la colère d'un homme encore capable de s'indigner. L'indignation devant la bêtise, l'injustice, le mensonge, la saloperie et la laideur. La colère d'un homme digne, d'un homme debout alors que beaucoup rampent.

Je n'ai pas oublié l'attention que tu portais aux petits, aux humbles, aux faibles. Alors que l'histoire couvre de médailles les pires salauds, les pires crapules, les pires combinards, toi tu n'auras eu que ton insigne des Caisses populaires et ton trophée de bowling. Je n'ai pas grand respect pour ceux qu'on appelle les grands hommes, fabriqués à coup de mensonges et d'argent. Je préfère les petits hommes comme toi, Alphonse, avec leurs peurs, leurs faiblesses, leurs défauts. Un petit homme peut-être, mais un diable de petit homme.

Qu'y avait-il dans ta tête pendant toutes ces dernières années? J'aurais bien aimé le savoir. Je ne le saurai jamais. Ça n'a pas dû être facile. J'admire ton courage dans la souffrance. Ça aussi, je ne l'oublierai pas. La force des faibles au milieu des pires difficultés. Tu m'auras montré pendant ces dernières années le mystère de l'extraordinaire endurance du corps et de l'esprit humains.

Salut, Alphonse, j'arrête avant que tu ne t'enfles trop la tête.

Salut, Alphonse, je t'aime bien fort. Je voulais te le dire pour toutes les fois où je ne te l'ai pas dit. Tu sais, on r'tient tous un peu de toi là-dessus dans la famille.

Salut, Alphonse, et merci. Merci pour tout.

Salut, Alphonse, et bon voyage. Si tu veux, on va écouter Brel. Tu aimais bien ça. Ça fait du bien au corps, au cœur et à l'âme.

«Rêver un impossible rêve

Partir où personne ne part...»

Vers la fin, Alphonse, tu te promenais en masse. Vas-y maintenant. Vas-y à fond, promène-toi. Durant ces dernières années, en te voyant, j'avais l'impression de voir un oiseau blessé. C'est ça, un oiseau. Allez! Alphonse. Prends ton envol. Vas-y, Alphonse. Vole. Vole. Vole.

TON FILS

LA LIBERTÉ N'EST PAS UNE MARQUE DE YOGOURT

Texte publié par la revue Lumières, *à l'hiver 1990, à l'occasion de la sortie du* Party. *Isabelle Hébert dirigeait cette revue. C'est une femme que j'aime beaucoup.*

C'est par des mots que s'ouvre mon film.

Dans *Le Party*, j'ai voulu montrer des hommes qui savent encore le sens du mot *liberté*. Certains de mes contemporains s'imaginent qu'il s'agit d'une marque de yogourt. Ils pensent que la liberté est nouvelle comme un tampon hygiénique. Ou que la liberté c'est à 55 ans, une police d'assurance qu'on achète à tant par mois.

Dans la société bureaucratique de consommation dirigée, décrite par Henri Lefebvre, le pouvoir en arrive à pervertir même le langage. *Revolt* est devenu une marque de jeans. Jean-Sébastien Bach et la Joconde servent à publiciser la mac-marde de *McDonald's*. On a enrôlé Einstein pour vendre des dictionnaires et les Rois mages pour vendre des téléphones. Spéculer est devenu une vertu. Les hommes d'affaires sont sacrés bienfaiteurs de l'humanité. La chanson n'est plus québécoise, elle est francophone ou mieux, canadienne d'expression française. Même la publicité est devenue un art.

Lors d'un récent congrès du Publicity Club, des réalisateurs revendiquaient leur droit à la création. Dans cet univers grattonnesque (on m'accuse ensuite de caricaturer le réel alors que le réel est devenu lui-même une caricature), j'ai tenté de faire un film sur la liberté. La liberté, que les bagnards de Cayenne appelaient «La Belle».

13

Et ce film sur la liberté, j'ai essayé de le faire le plus librement possible. Gilles Groulx disait à peu près ceci :

« Si mes films défendent la liberté des peuples, comme créateur je me dois de lutter pour ma propre liberté. »

La liberté de création n'est pas un droit. C'est un devoir. Dans le monde merveilleux de la consommation, le seul droit reconnu est le droit de consommer. Le bonheur est une obligation. Le sourire de satisfaction est de rigueur. Les seuls modèles permis sont ceux de l'idéologie de consommation. Et cette idéologie domine sans partage. Toute critique est étouffée. Il suffit de monter le volume de Moche Musique. Le goulag du câble, sans barbelés, sans chiens, sans gardes armés. C'est beaucoup plus efficace. Et cette idéologie est totale. Donc totalitaire. Un totalitarisme *cool*.

On est loin du cinéma. Pas si loin. Et puisqu'on parle de Groulx, j'avoue que je m'ennuie de Straram et de son « Le cinéma bien, mais plus que le cinéma ». Nos films s'inscrivent dans une époque, une société, un monde. Dans tout un réseau de communication ou de non-communication. Dans cet univers d'unanimité fédéralo-libérale fabriqué de toutes pièces, j'ai essayé le plus librement possible de faire un film sur la liberté. Dans cet univers donc, la censure politique est assez facilement identifiable. Il y a le mensonge organisé comme il y a le crime organisé. L'information de Radio-Cadenas, par exemple, contrôlée par la gang à O'Neil, ex-homme de main de Pierre Elliott. Je pense aussi à Roger D. Landry, le père de Youppi, façonnant la grosse *Presse* à son image et à sa ressemblance. Mais la censure est multiple. Elle s'exerce à d'autres niveaux. Je pense par exemple à cette censure que je mettrais au compte du bon goût bourgeois, grand ou petit.

J'ai essayé de ne pas faire un film smat. D'aller dans la direction contraire des petites madames en voie de développement de Lise Payette. D'aller à l'inverse de cette série de films sur les angoisses existentielles de lui, architecte, d'elle, artiste peintre, ou encore de lui, cinéaste, d'elle, comptable, ou encore... etc. C'est à l'infini. J'ai voulu sortir du cinéma de CLSC qu'on impose insidieusement. Je ne suis pas un intervenant social qui filme des bénéficiaires pour régler un problème social. J'ai voulu filmer un monde. La prison n'était qu'un prétexte. J'ai essayé de mettre à l'écran une autre classe sociale. Loin des restaurants gris ou roses, loin des *lofts* et des divans Roche-Bobois, loin de la moutarde forte, des cheveux mauves et des lampes halogènes. J'ai essayé de faire vivre un monde autre qui, lui, ne respecte pas la norme du français dit international. Un monde où le *week-end* n'a pas encore remplacé la fin de semaine. J'ai essayé, je dis bien essayé, de coller à la langue de ce monde. Et ce n'est pas si simple. Et ce n'est pas si facile. Et je ne suis pas sûr d'y être arrivé ou même d'en avoir le talent, tellement mon cerveau est pollué par cette norme serrée, congelée, empesée. La langue de bois du capitalisme à visage humain est une chape de plomb.

Contre ces morts embaumés et souriants de la publicité, du cinéma et de la télévision, j'ai voulu montrer des vivants. Des vivants ramassés au fond des poubelles, au fond de l'égout. Et je les ai vus, ces gens de bien, ceux qui possèdent des biens, faire la fine bouche et parler de vulgarité. C'est Pierre Perrault qui m'a appris que *vulgaire* venait de *vulgus*, le peuple.

La véritable vulgarité, pour moi, c'est un plein de marde à cravate et à attaché-case qui, sûr de lui, m'envoie un mémo pour couper une scène, une phrase, un mot, fort des quèques piasses qu'il a investies.

J'ai donc essayé de faire un film sur la liberté le plus librement possible. Après trois ans, je suis épuisé. C'est une lutte quotidienne, de tous les instants. Une lutte contre tout le monde et d'abord une lutte contre soi-même. Je crois sincèrement que notre pire ennemi est à l'intérieur de nous-mêmes. Le problème de la liberté se situe avant tout dans notre tête et dans notre ventre. Un film, c'est une œuvre collective. Faire un film, c'est horrible. Horrible parce qu'il y a le doute. Continuellement. Horrible parce qu'il faut savoir écouter et en même temps se refermer complètement. S'ouvrir aux autres et en même temps se boucher par les deux bouts pour ne pas trahir ce qu'on essaie de dire. Parfois, on se bat avec. Parfois, on se bat contre. Les fonctionnaires, les lecteurs de scénarios, les amis, les producteurs, les ennemis, les critiques, les spectateurs, les comédiens, les techniciens, les distributeurs, les investisseurs. Tout le monde veut dire son mot. Tout le monde veut t'aider. C'est parfois fantastique. C'est parfois à hurler de rage.

Faut se battre tous les jours, 100 fois par jour. Parfois on gagne, parfois on perd. J'ai perdu quelquefois. Et ça me choque. Pas pour le plaisir de gagner, pas pour le plaisir d'avoir raison, mais pour le résultat sur l'écran. Et si j'ai perdu quelquefois, c'est de ma faute tout simplement. Parce que je suis chieux, parce que c'est trop compliqué, parce que je suis fatigué de me battre, parce que c'est plus facile de fermer sa gueule, parce que je vais encore avoir l'air d'un fou furieux. Parce que... Parce que... Toutes les raisons sont bonnes pour rendre les armes et se laisser couler. D'autres fois, j'ai gagné. J'avais peut-être tort. Je me suis peut-être trompé. C'est sans importance. D'une façon ou d'une autre, il n'y a qu'à soi-même qu'on peut donner des coups de pied dans le cul.

Non, décidément, la liberté n'est pas une police d'assurance... ni une marque de yogourt.

ON NE FAIT PAS L'INDÉPENDANCE AVEC DES BALLOUNES ET DES AIRS DE VIOLON

Article paru dans Lectures, *grâce à l'admirable Karen Ricard, en juin 1994. Merci, Karen, de m'avoir laissé une p'tite place dans ta revue.*

> «Celui qui porte le joug sans se révolter mérite de porter le joug.»
>
> Proverbe roumain

J'avais 15 ans. C'était un dimanche matin. Le cœur battant, je lisais et relisais une affiche, placardée sur un mur, à la sortie du collège. Une affiche du Rassemblement pour l'indépendance nationale (RIN). Un appel à la libération de mon pays. Un cri de liberté. Pour la première fois de ma vie, on m'appelait, moi, à combattre pour la liberté. J'ai jamais oublié.

Aujourd'hui, 32 ans plus tard, ma gorge se serre à nouveau quand j'entends le mot *liberté*. Chaque fois. Chaque fois, mon sang se remet à cogner dans ma tête. Chaque fois, mes rêves de jeunesse me remontent du fond des tripes. C'est viscéral. Animal. J'y peux rien. C'est comme ça. Vital. Comme le soleil ou la pluie.

Dans son *Discours sur la servitude volontaire*, Étienne de La Boétie parle des animaux sauvages qu'on essaie de mettre en cage. Ils résistent à mort, «du bec et des ongles». Les hommes, eux, quand on les met en cage, finissent par lécher la main du maître. Dans son livre, La Boétie décrit le comportement des peuples vaincus. À la première génération, le peuple ressent cruellement le manque de liberté. À la deuxième génération, le souvenir de la liberté se perpétue, transmis par les plus vieux. Par la suite, le principe même de la liberté disparaît peu à peu. Pour les générations qui suivent, la servitude devient un état de fait, l'esclavage devient la norme, la forme même de la vie. Le tyran règne sans partage. On n'arrive même plus à imaginer la liberté. Ça devient un concept abstrait, irréel. Un rêve impossible.

Nous en sommes là. La neuvième ou la dixième génération depuis la Conquête de 1760.

La liberté est devenue pour nous une marque de yogourt, ou une marque de jeans. La révolte, une marque de chemise. La résistance, un composé des systèmes électriques. La révolution, une nouvelle façon de couper son gazon ou d'ouvrir sa porte de garage.

Des sous-*boss* bilingues et biculturels ont réduit la lutte de libération nationale à une lutte constitutionnelle. Des petits avocats de province à l'esprit ratatiné ont transformé une lutte pour la liberté en articles juridiques sur un torchon appelé constitution. Tout ce que le Québec contient comme vendus et comme crosseurs nous a présenté l'inclusion des deux mots *société distincte* sur un bout de papier comme une immense victoire. Deux mots insignifiants. Trente ans de luttes pour deux mots. Pas un peuple. Pas une nation. Même pas une tribu. Même pas une gang. Même pas une bande.

Le système de Vichy, c'est ici et maintenant. Les collabos pétainistes, c'est depuis 234 ans. Nos petits maréchaux locaux nous présentent chaque nouvelle défaite comme une grande victoire. Chaque génuflexion est appelée «réalisme politique». Chaque recul est présenté comme le grand bond en avant. La langue de bois, c'est ici et maintenant. La langue de bois, c'est celle de Jean Chrétien, de Daniel Johnson, de Radio-Ghanada. On l'a même intégrée dans nos propres têtes.

Et tous les prétextes sont bons pour rester assis dans sa marde : «J'veux pas perdre mes montagnes Rocheuses, ma télévision couleurs pis mon chèque de pension.» «Qu'est-ce qui va arriver avec le Conseil des Arts?» «Les Québécois aiment pas les immigrants.» «Lionel Groulx haïssait les Juifs.» «Parizeau est trop gros.» «Faut ben gagner sa vie.» «On veut entendre parler d'emploi.» «Les péquisses sont à droite.» «S'faire fourrer en français ou en anglais, qu'esse ça change?» «C'est pas assez multiethnique, ou plutôt néo-trans-postculturel.» «Vous avez pas de projet de société.» «Ya rien pour les cyclistes gais unijambistes.»

Comme si la lutte de libération nationale n'était pas, en soi, un projet de société. Le bateau coule et des passagers veulent discuter de l'aménagement intérieur de la chaloupe. Ramons, câlice! On discutera ensuite de la couleur de la casquette du capitaine ou de la forme des rames. L'indépendance n'est pas le paradis. Ce n'est pas la solution à tous les problèmes. Mais il s'agit de choisir enfin. Ou le statut de nation annexée à jamais, ou la liberté.

Incapables de s'unir minimalement pour conquérir l'indépendance, on masque sa lâcheté et son cynisme avec des phrases creuses. On s'étourdit avec les mots. On cherche la perfection du paradis, on exige la lune. On demande au mouvement national sa position sur les garderies, la chasse aux phoques, les pistes cyclables, la texture du papier de toilette. Mais on ne demande rien au *statu quo* qui pèse chaque jour sur nos vies. Et c'est ça le réel. C'est même très réel. On discute depuis 200 ans. Les autres, eux, y discutent pas, y frappent. Chaque jour. Tous les jours. On se divise, on se déchire : les hommes contre les femmes, les jeunes contre les vieux, les ouvriers contre les chômeurs. À l'infini.

Projet de société, mon cul! Vous en avez un, vous, un projet de société? Vous l'avez, vous, la solution? Alors, sortez-la vite, ça presse. Sinon, c'est pas la peine. Faudrait fermer sa gueule et ramer. En ramant, on finira bien par s'organiser.

«Oui mais j'aime pas le capitaine. Il est trop gros. Il est trop souriant. Pas assez près du peuple. Trop intellectuel. Trop à gauche. Trop à droite. Trop ceci. Pas assez cela.»

Décidément, notre recherche d'un messie ne nous quittera donc jamais. On cherche encore un chef. On a besoin d'un chef pour nous dire quoi faire. Mais on s'en crisse du chef. L'important, c'est ce qu'il y a dans la tête et dans le cœur des matelots. S'il n'y a rien, tant pis. Mais s'il y a une volonté à toute épreuve, une détermination sans faille, une vision claire, le chef va suivre. L'important, c'est l'équipage, le peuple, pas le chef. L'important, c'est chacun de nous.

Nous sommes prisonniers de notre propre lâcheté, de notre propre paresse. Prisonniers de notre mollesse, de notre faiblesse, de notre insignifiance, de notre manque de créativité. Notre pire ennemi est en nous. Les barreaux sont dans nos têtes. Nous traînons nos boulets dans nos cerveaux. Les murs de notre prison sont dans nos têtes.

D'abord sortir de prison. D'abord arracher les barreaux. Le reste, on verra plus tard. La liberté d'abord. La liberté tout de suite. La liberté. Ou la mort.

P.-S. : Les premiers ministres de l'Ouest s'énervent le poil des jambes. Les choses s'éclaircissent. On veut jouer aux bras. Y peut venir, Hartcourt, mais y risque de se faire péter ses lunettes et crever les yeux.

LA SOUPANE ET LA MARCHETTE

Paru dans Lumières *à l'été 1992.*

Au moment d'aller sous presse, la direction me demande de biffer les noms propres qui fleurissent ici et là dans le texte: «Tu sais... les poursuites judiciaires... et puis, ça fait vengeance personnelle.»

Vois pas ce que cela dérange. Bon, je biffe. Mais personnellement, ce que je trouve dur à porter, ce ne sont pas les poursuites judiciaires. Je pourrais jouer au martyr. Non, la difficulté, c'est d'assumer les grossièretés, les énormités, les coups durs et les coups bas qu'on donne dans l'excitation du combat. Assumer l'injustice inhérente à toute lutte, assumer cette rage au fond de soi. D'où ça vient? Sais pas. Peut-être, après tout, ont-ils raison?

Vengeance personnelle. Ça doit être la jalousie. Jalousie de ne pas avoir reçu moi-même une belle grosse médaille. Donc, acte. Une belle grosse médaille et je me tais. Je pense positif.

«J'ai chronométré. Je ne peux résister plus de trois minutes à la radio de Vichy. Ah! jamais État ne fut plus fidèlement représenté. La bêtise sermonne et grasseye à longueur de journée. Des voix hypocrites, les mêmes qui lisaient, il y a deux ans, les déclarations impies du Front populaire, s'appliquent à lire avec onction des sermons sur le travail, la famille, la patrie, la religion. Il semble que ce soit toujours le même Tartuffe qui parle. Les mêmes gnagnaneries interminablement coulent comme un filet d'eau sale. Rien ne peut donner idée de la voix des *speakers*. Tous ont la même, une voix onctueuse et chantante qui étale les *A*, arrondit les *O*, minaude sur les *I*, mouille les *L* et les *S* à vous chavirer le cœur. C'est Tino Rossi du matin au soir. Il vocalise sur la collaboration. Il dit ‹le Maréchal› comme il dirait ‹mon amour›. Les misères de la France sont des sorbets qu'il laisse fondre dans sa bouche.»

Jean Guéhenno,
Journal des années noires

Pour vous, avant tout. Comme dirait le beau blond maniéré qui sert de penseur à Radio-Canada. L'homme de Claude Ryan commence une série sur l'histoire canadienne avec les millions de la famille Bronfman. Pas l'argent du *bootlegger*, l'argent du philanthrope. Le même argent qui a aidé l'autre grande âme à acheter son musée. Papa, achète-moi un musée. Le virtuose du sparage avec son air d'enfant de chœur nous assure que ce ne sera pas politique. Voilà, on se sent rassurés. Suffisait de le dire. D'ailleurs, au prochain référendum ce bon M. Bronfman ne pourra répéter son chantage. En cas de oui, il ne pourra plus déménager ses Expos. Entre-temps, ils sont devenus nos Expos. À Radio-Canada on ne fait pas de politique. Mais j'y pense. Bronfman, c'est un nom juif ça. Je retire tout ce que j'ai dit. Sinon, je risque de me faire traiter d'antisémite ou de raciste par Mordecai ou Jack Jewab du Congrès juif canadien. Je n'ai rien dit. J'efface tout. Je nie, sinon j'aurai droit à une thèse de doctorat comme le chanoine Groulx ou André Laurendeau. Non. Non et non. Il n'y aura rien de politique dans les films historiques de la famille... Non. Non. Non. Monsieur Jewab, il ne se passe rien en Palestine. Pardon, je voulais dire dans le Grand Israël. Oui. Oui. Monsieur Liebman est un grand politicien.

19

Ça, c'était hier. Ce matin, une nouvelle se glisse dans ma ration quotidienne de bêtises imprimées et de grossièretés radiodiffusées. Chose est mort! Enfin! une bonne chose de faite. Une ordure. Une de moins. On se dit qu'il y a quand même une justice. Les rats aussi finissent par crever. Ça va dépolluer le paysage pour un temps.

Naïf va! Une heure plus tard, la machine médiatique se mettait en marche. Les presses à menteries fonctionnaient à plein. Les larmes télévisuelles tombaient dru, par mottons. Il n'est pas bon, dans ce pays, de laisser refleurir l'espoir.

«Un grand écrivain canadien est mort.» «L'humanité perd un génie.» «La littérature mondiale est en deuil.» «Un grand homme, vraiment.» «Un cinéaste immense.»

On voulait peut-être parler de ces deux chefs-d'œuvre, ou plutôt hors-d'œuvre, que restent *Les Plouffe* et *Le Crime d'Ovide Plouffe*. Quoi qu'il en soit, je n'ai pas connu le jeune artiste qui, paraît-il, révolutionnait la littérature québécoise des années quarante et cinquante. Je n'ai pas connu non plus la vieille pute, l'écrivain reçu, l'artiste officiel couvert de médailles, de décorations, de rubans, le mercenaire de service déguisé en éditorialiste que Power Corporation descendait dans l'arène, à *La Presse*, lors des grandes occasions, pour casser du séparatisse.

Je ne l'ai pas connu, mais j'ai lu ses éditoriaux. C'était grossier, bas, à la fois grandiloquent et *cheap*. Des mensonges habillés du gros bon sens du gars d'la campagne. Pour un écrivain, c'était pitoyable.

Je l'ai croisé une fois. C'était au Salon du livre, je crois. Il était déguisé en grand artiste avec cape et chapeau de Zorro à la Elliott Trudeau. Il était bronzé comme une vieille tante, un peu comme Belmondo mais sans le chien ridicule. Ça faisait ressortir la blancheur atroce des dents (son dentiste avait dû faire fortune) et du collet de chemise (son tailleur aussi avait dû faire fortune, il les faisait faire à Paris sur mesure à ce qu'on m'a dit). Il était boursouflé, bouffi. La prétention sans doute, la satisfaction de soi, les honneurs, les flatteries. Ça puait, je crois. Était-ce son eau de toilette ou sa suffisance? Mais ça puait le rance, l'argent et les pieds. Probablement à force d'en lécher.

Dans sa jeunesse, il avait été *clerk*. Un *clerk*, c'est le type parfait de l'intellectuel colonisé, le *native* formé par l'administration coloniale britannique dans son empire. Inde. Afrique du Sud. Canada. Le *clerk*, c'était l'intellectuel de service de bas étage, nécessaire à l'administration des peuples soumis. C'était un *clerk* donc, et *clerk* il sera resté toute sa vie. Un *clerk* de luxe, mais un *clerk* malgré tout. Il a toujours été vieux. Il a dû naître vieux. Il était devenu un vieillard malfaisant. C'est le lot des artistes officiels. Déjà mort depuis des années. Pour éditorialiser dans *La Presse*, il faut être mortellement atteint. On l'avait statufié, momifié de son vivant. Il n'aura fait en somme que régulariser sa situation, comme dirait Truman Capote. Que le diable l'emporte.

Mais pourquoi faire chier le lecteur avec un écrivain minable, alors qu'on me demande un article sur l'état du monde ? D'abord parce que le sujet est un peu énorme pour un petit cerveau comme le mien. Mon esprit, même les jours où il fonctionne plus ou moins normalement, n'arrive qu'à saisir des bribes du réel, des petits morceaux. Ce serait prétentieux de ma part de m'aventurer au-delà. Mais parfois ces bribes, saisies ici ou là sur la planète, me donnent l'illusion d'en comprendre des petits bouts. Parfois, l'ici me permet de comprendre l'ailleurs. D'autre fois, c'est l'inverse, une petite idée piquée ailleurs me permet de comprendre ma situation ici. D'autres fois, tout cela se passe dans le temps. Des situations historiques étrangères me permettent de mieux comprendre le présent et vice versa.

Ainsi le livre de Guéhenno sur Vichy et l'occupation allemande et celui de Vercors, *La Bataille du silence*. Tout ce climat de lâcheté et de compromission dans lequel baignent les intellectuels de ce temps, j'ai l'impression de le retrouver tel quel dans le Québec des dernières années.

Ainsi à Moscou en 1983, au Festival du film, il y avait d'abord le *racket*. Le *racket* à grande échelle : le *racket*, en fait, d'un bout à l'autre de l'échelle sociale. De haut en bas. De bas en haut. Et à la base du *racket*, le mensonge. Le mensonge érigé en système. Plus qu'un système de gouvernement, une organisation sociale, une règle de vie, un principe de base pour chaque citoyen. Chacun faisant semblant à chaque minute, chaque jour. Naïvement encore, je pensais qu'un tel système ne pouvait durer bien longtemps.

Quelques années plus tard, le système finit par s'écrouler comme un château de cartes. C'est du moins ce que j'avais lu dans les gazettes savantes ou entendu à la tévé dans la bouche du brillant Simon Durivage et autres spécialistes, à la petite semaine, de tout et de rien.

Et l'an dernier, au Festival de Moscou, je voyais s'épanouir le *racket*. Comme si tout le monde avait quelque chose à vendre. Son ménage, ses bijoux, sa maison, sa sœur, sa femme. Là, ce n'étaient plus seulement des bricoles. On pouvait acheter des usines, des hôtels, des mines, des combinats, des studios.

Moscou en entier était à vendre. Les plus belles putes du monde couraient les gros producteurs à cigare. L'horreur. Finalement, rien ne s'était écroulé, sauf les mots. Partout les mêmes ordures encore au pouvoir chantant des mots nouveaux sur les airs anciens. On ne chante plus le grand bond en avant mais le grand bond en arrière. L'avenir radieux n'est plus communiste, il est capitaliste. En attendant, air connu, serrez-vous la ceinture. Seulement les mots. On ne dit plus «faire du *racket*», on dit «faire des affaires». On ne dit plus «trafiquant», on dit «homme d'affaires». On ne dit plus «exploitation», on dit «libéralisme économique». Mais à la base de tout ça reste le mensonge. Les mêmes artistes sont au micro, avec les mêmes instruments, les mêmes producteurs, etc. Seulement les mots. Il s'agit de moderniser une société. Les barbelés du goulag, c'est dépassé et inefficace. Le totalitarisme des concerts rock et de la publicité, c'est plus *soft* et plus performant. Toujours les mots.

Au Québec aussi, les mots, les mots. On vit dans un pays annexé, conquis par la force, ce qui est un choix qui se défend quand on l'admet, mais Bourassa, lui, appelle ça la souveraineté partagée.

J'ai l'impression de vivre dans un cauchemar. La trahison devient une vertu. La soumission passe pour du courage. La bassesse pour de la grandeur, la faiblesse pour de la force. La lâcheté est une question de stratégie. Le courage est de l'aventurisme. Les crosseurs de poules mortes sont transformés en hommes d'État. Des crapules comme Mario Beaulieu, Pietro Rizutto ou Tommy D'Errico sont présentées comme d'honnêtes sénateurs ou de philanthropiques trésoriers.

Climat de mollesse, de sénilité précoce, de mensonge organisé et télédiffusé, de bouillie pour les chats commentée et analysée jour après jour par nos grands intellectuels. C'est une maladie du cerveau, de l'âme et du cœur. Nous sommes tous atteints, c'est inévitable.

Et les artistes? Ben, ils s'adaptent, ils s'occupent, ils bizounent, ils amusent, ils distraient, en un mot ils gagnent leur vie et préparent leur immortalité.

Ils tournent des fois en 35 mm, des fois en 16 mm, la plupart du temps en rond. Et c'est bien élevé, un artiste. C'est bien dressé. Ça sait exactement de quoi ne pas parler. D'ailleurs, tout le monde ici sait exactement de quoi ne pas parler. Tout ça est très clair, au pays de la mère Plouffe, cette vieille salope. Il n'y a pas de livre de règlements mais chacun sait exactement quoi ne pas dire. Et tout le monde le sait de haut en bas de l'appareil. La direction des programmes avant toute chose. Puis l'acheteur, le chargé de projet, l'administrateur, le producteur, le réalisateur, le critique, tout le monde s'entend sur quoi ne pas parler de ou pour.

Et tous les intellectuels le savent très bien. Tous les chercheurs dans les universités québécoises savent très bien quoi ne pas chercher s'ils tiennent à leurs subventions. Chaque photographe sait très bien quoi ne pas photographier pour avoir sa bourse du Conseil des Arts. Chaque sculpteur, chaque peintre le sait. Chaque écrivain sait quoi ne pas écrire. Chaque cinéaste sait quoi ne pas filmer. Chaque journaliste sait très bien comment ne pas se brûler pour garder sa *job*. Chacun sait et chacun ferme sa gueule.

Alors. Alors, rien. Rien. Le vide. Le vide encensé et mis sur un piédestal. La critique au lendemain de la parade du trois cent cinquantième : «C'était fantastique. C'était merveilleux. Ils n'ont parlé de rien. Rien de politique.» Alors, toujours rien. On parle de rien. On s'enferme dans le formalisme, l'esthétisme, le maniérisme, le décoratif, l'enculage de mouches. Les amuseurs de foules amusent les foules et les critiques crient au génie 20 fois par semaine. Plus c'est incompréhensible, plus c'est plate, plus c'est génial. On n'essaie plus de comprendre ce que cherche à dire un film, mais on analyse les cadrages, le grain et les mouvements de caméra après avoir résumé l'histoire. À voir et à revoir pour les beaux couchers de soleil et les belles couleurs. On fait son petit long métrage, sa petite psychanalyse personnelle à coup de millions et on joue à l'artiste incompris. On exprime son moi, son toi, son soi intérieur et intime. On expose ses états d'âme et ses lubies sur les remparts de Varsovie. Le moindre petit fif nous étale ses angoisses pédérastiques et les grandes folles des médias te transforment ça en révolution artistique. Le moindre bricolage devient un chef-d'œuvre. Et l'autre là. Le grand. L'un de nos deux génies qui pleure ses montagnes Rocheuses dans la publicité de Canada 125, comme un vulgaire Elvis Gratton, comme un sous-Jean Chrétien, comme la colombe de Barcelone. Cela est triste. Et tout à fait pitoyable. Il a l'air tarte là, avec sa médaille de l'Ordre du Canada, le bras dans le tordeur pis les culottes à terre. Quoi justifier ensuite ? La présidence d'honneur du rodéo de Calgary ou la rédaction des discours du gouverneur général ? Mais pourquoi s'acharner sur un homme qui vient de se faire déculotter en public ? C'est méchant et injuste. Malheureusement, nous vivons des années terribles. Et les situations s'éclaircissent. Chacun choisit son camp. Chacun devient responsable de ses choix, de ses actes, de son visage.

Décidément, dans ce pays les héros se fatiguent rapidement, les jeunes loups vieillissent précocement. Ça les pogne habituellement vers 40 ans, d'un seul coup. Sais pas ce qui les fait capoter soudain. D'abord, ils se laissent limer les dents à coup de médailles, trimer la queue à coup de rétrospectives, enlever les griffes à coup de célébrations, couper les gosses à coup de subventions, lisser le poil en se faisant frotter dans le bon sens et finalement passer des muselières en or ou en similicuir dépendant de la voracité de la bête. Jeunes loups, attention à vos dents ! Un succès est si vite arrivé. Mais je crois qu'il faut quand même des prédispositions. Il faut être «faux nez» au point de départ.

On surveille d'abord ses déclarations pour pas s'aliéner les bailleurs de fonds de gauche ou de droite. On se compromet ensuite petit à petit. Du bout des lèvres. Avec cynisme, en se disant au-dessus de la mêlée générale. Pour continuer à vivre, on finit par se justifier. Et on finit par justifier tout ce qu'on détestait dans sa jeunesse, dans le meilleur esprit jésuitique. Voilà le parcours exemplaire. Ensuite, il n'y a plus qu'à se laisser promener de cocktails en réceptions comme un caniche d'exposition avec sa belle médaille autour du cou, gras, fier, le poil luisant. Et à vieillir avec sa marchette, son bol de soupane et son bandage herniaire pour tenir la belle médaille. Mort d'un artiste officiel.

> «Conversation avec Blanzat. Il me parle magnifiquement de ce que devraient être actuellement nos écrits, un grand cri simple, naturel, sans dialectique, sans littérature. Écrire, parler comme des hommes, comme n'importe quoi, non comme des intellectuels. Mais depuis Gide, il semble qu'aucun écrivain français ne soit plus capable de s'oublier.»
>
> Jean Guéhenno,
> *Journal des années noires*

En tout cas, on est équipés en festivals, en tabarnak. Fêter quoi? Sais pas. Mais on a du *fun* en saint-chrème.

CHÈRES LOUISE...

Lettre à la cinéaste Louise Carré, en 1983, en réponse à une critique amicale, une critique de camarade.

> «Entre le rêve américain et le cauchemar canadien.»
>
> Patrice Desbiens

> *«We have become too civilized to grasp the obvious. For the truth is very simple. To survive you often have to fight and to fight, you have to dirty yourself.»*
>
> George Orwell

> *«Y en a qui ont toute, pis toutes les autres y ont rien, change-moé ça.»*
>
> Richard Desjardins

Je te remercie pour ta belle lettre du 4 octobre 1983 parue dans *Format Cinéma*. Tu me poses des questions. Je vais essayer d'y répondre. Tu me pardonneras si le ton monte, c'est ma façon de discuter. Je ne t'attaque pas, je profite de la porte que tu m'ouvres si gentiment pour mettre mes grands pieds.

Tu me demandes où je m'en vas avec *Gratton*. Tu me demandes comment je fais pour continuer. Tu me demandes si j'ai mal. *Gratton* te fait mal. Je suis bien content. C'est fait pour. Moi aussi, j'ai mal. Ça fait 35 ans que j'ai mal, ça fait 223 ans que j'ai mal. J'ai mal depuis le Référendum, depuis Octobre 1970, depuis la conscription, depuis 1867, depuis 1837, depuis 1760, depuis le début du monde. C'est ça, ma douleur. Si j'étais polonais, palestinien ou nicaraguayen, la forme serait différente, mais la douleur serait essentiellement la même. Et pour l'instant, c'est la forme qu'elle prend.

Ma douleur, elle naît des coups de pied au cul du colonialisme britannique, du mépris et de l'arrogance du néo-colonialisme canadien, de la voracité et de la brutalité de l'impérialisme américain, de la suffisance, de la prétention et de la veulerie des collaborateurs locaux. Ma douleur, elle naît aussi de notre propre soumission, de notre propre aliénation, de notre bêtise acceptée, de notre à-plat-ventrisme. Ma douleur, elle naît de la société bureaucratique de consommation dirigée d'Ottawa et de Washington.

J'arrête là pour la douleur. Je voudrais surtout pas faire brailler les pères de famille. Et *Gratton* pour moi, c'est tout simplement un moyen de me défendre, un moyen de rester en vie, un moyen de gueuler mon désaccord, un moyen de partager ma douleur et d'envoyer chier la gang de sales qui nous runnent. Je continue sur l'air d'aller, tout simplement parce que je n'ai pas le choix, tout simplement parce que je considère que nous n'avons pas le choix, malgré la fatigue ou le découragement. On n'a encore rien vu.

Mais revenons à ta lettre. Tu te demandes où on s'en va. Je vais essayer de t'expliquer d'où on est partis.

La mort d'Elvis, au lendemain du Référendum. La renaissance du culte du roi du *rock and roll*. Au moment où on croyait s'en débarrasser, il refait surface. À l'époque avec Poulin, on voulait faire un film dramatique. Une étude psychologique d'un gardien de sécurité de la rue Wolfe. Il est responsable d'un terrain de stationnement à l'Université de Montréal. Le soir, sa vie lui appartient, il devient Elvis Presley. C'était ça, le projet du film.

Puis, on a décidé de se payer une traite. On avait le goût de rire. Pour ne pas pleurer. Mais pas d'un agent de sécurité de Sainte-Marie, ou d'un livreur en bicycle de Saint-Henri. On a inventé un personnage issu d'une autre classe sociale. Elvis Gratton est un petit commerçant. Il possède un garage-dépanneur sur la Rive-Sud. Il est membre de la chambre de commerce. Il a milité dans le regroupement du non. Il travaille pour le Parti libéral. Il se mêle de politique scolaire et de politique municipale avec la petite mafia régionale.

L'idéologie dominante nous propose constamment ses modèles de comportement dans le cinéma, le théâtre, la littérature, la télévision, etc. Pourquoi ne pas mettre sur pied un contre-modèle ? Pourquoi ne pas lui renvoyer au visage son propre modèle déformé, beaucoup plus réel que le mythe qu'on veut nous faire gober ? Une caricature pour amener le spectateur à réfléchir. Le rire comme moyen de lutte. Le rire comme méthode de sape. Le rire comme arme de destruction.

J'aurais bien aimé m'attaquer à la grande bourgeoisie *canadian* et à la bourgeoisie francophone collabo. Je n'en ai ni les moyens ni le talent. De plus, politiquement, je trouve important d'attaquer cette bourgeoisie petite qui ramasse les miettes du système, mais où on retrouve souvent les plus ardents défenseurs de la liberté... d'entreprise.

Mais tout le monde ne lit pas un film de la même façon. C'est ce que je commence à apprécier de la critique. Elle en révèle beaucoup plus sur la personne qui la fait que sur l'objet critiqué. Elle peut avoir tort ou raison, là n'est pas le problème. Bob Gratton a un set de salon espagnol. Ça fait mal à Louise Carrière et à Louise Carré : leur mère a un set de salon espagnol. Un permanent de la FTQ me reproche Elvis Gratton : ses ouvriers écoutent les chansons d'Elvis et possèdent des *fuck trucks*. Pour défendre ma pureté politique déjà passablement déviargée et ma virginité idéologique largement amochée, je dirai simplement que ce n'est pas le set de salon espagnol, le *fuck truck* ou la musique d'Elvis qui détermine l'appartenance de classe. J'avoue mes difficultés avec les quatre évangélistes de nos ex-fascistes de gauche, mais Elvis Gratton n'est pas un prolétaire. C'est un digne représentant de la lumpen-bourgeoisie, si vous me passez l'expression.

Plus, ce n'est pas parce que ma mère a un siège de toilette rembourré en similicrocodile plastifié (ce qui est ma foi fort agréable pour apprécier à sa juste mesure la prose de Luc Perreault) que je vais me gêner pour parler d'aliénation, d'impérialisme culturel ou d'acculturation. Ils n'en mouraient pas tous, mais tous étaient frappés. Le prolétariat également. Je vais me gêner encore !

On a mis au point le génocide en douce de mon peuple. Et ça me dérange, voyez-vous, car je me sens partie de ce peuple. Et ça me donne tous les droits. Et je n'attendrai la bénédiction de personne, ni à gauche ni à droite, pour ruer dans les brancards. Le prolétariat oui. Mais ce n'est pas une vache sacrée, le prolétariat. Un vendu, qu'il soit prolétaire ou petit-bourgeois, c'est un vendu. De la marde, qu'elle soit prolétarienne ou bourgeoise, ça reste de la marde.

Et si je gueule contre la banlieue, je ne méprise pas pour autant les prolétaires qui veulent avoir accès à quelques pieds carrés de verdure. Mais ce que je sais, c'est que la banlieue est un sous-produit américain de l'idéologie bourgeoise qui a d'abord donné naissance à Westmount et à Beaconsfield. Brossard n'est que le rêve ratatiné que les développeurs, les vendeurs de chars et les multinationales du pétrole veulent bien nous faire consommer. Comme les voyages : des rêves de riches, rapetissés, servis réchauffés, aseptisés, facilement consommables sous le nom de culture de masse.

Je sais bien qu'on peut faire de jolis films en banlieue, mais quand je vois les bulldozers de Cadillac-Fairview ou de Cemp Investments raser mon village pour installer leur scrap en plastique orange et mauve, je me sens agressé. Pas vous. Je ne me sens pas rétro, mais j'aimerais bien qu'on invente au moins nos propres rêves, nos propres schémas d'établissements.

Et quand je pense au Sud, je n'arrive pas à oublier les paradis fiscaux masqués par la publicité sur les îles paradisiaques. Je n'arrive pas à oublier les gardes armés protégeant les plages et la tranquillité des vacanciers du Club Med en Martinique. Je n'arrive pas à oublier la clôture et les barbelés entourant Cancun qu'on a transformé en parc à touristes. Un camp de réfugiés à l'envers. Un hameau stratégique inversé. Si nous ne sommes pas responsables, nous sommes au moins complices. C'est ça qui me fait mal, et non le fait qu'un Franco-Canadien comme Elvis Gratton soit une grosse tarte.

Enfin, les deux Louise aimeraient mieux me voir attaquer les intellectuels petits-bourgeois. Les consommateurs de la Manufacture d'habits Dorion, c'est trop facile. Là-dessus, j'aurais plutôt tendance à être d'accord avec elles. Ça nous changerait des habits à carreaux. Ça pourrait être assez pissant, en effet.

Des anciens révolutavernes recyclés dans le massage ou la méditation transcendantale. Des journalistes vendus, le ventre couvert d'ampoules à force de ramper pour 800 $ par semaine. Des ex-*marxist-leninist-coast-to-coast* recyclés dans l'immobilier ou le *new-wave*. Des socialistes à 40 000 $ qui lancent des manifestes pour le peuple dans des 5 à 7 sur la rue Saint-Denis (pourquoi pas un brunch au *La Barre 500*?) Des éditorialistes déçus et moroses se disant au-dessus de la mêlée, mais reniflant le vent qui souffle d'Ottawa. Des anciens staliniens qui connaissent la couleur des shorts de Rosa Luxembourg ou le signe du zodiaque de Lénine, mais qui ignorent Jules Fournier et Olivar Asselin, qui traitent Groulx de fasciste. Des animateurs sociaux transformés en vendeurs de grai-graines, en mangeux de *grilled cheese* au tofu, en buveux de jus de carotte. Des carriéristes péquistes qui ont transformé la lutte de libération nationale en réforme constitutionnelle, avant de nous proposer un marché commun Québec–États-Unis. Des profs d'université aux joues roses et aux fesses grasses qui vous regardent de haut, mais continuent la fraude du supermarché de la connaissance. Des syndicalistes qui troquent l'indépendance pour la permanence et qui entonnent le *Ô Canada* pour quelques dollars de plus. Des petits crisses de pleins de marde d'Outremont qui runnent tout à gauche comme à droite. Des professionnels-fonctionnaires en manteau de fourrure qui veulent me faire brailler sur leurs paiements de roulotte. Des caves qui se prennent pour des grands comédiens en vendant leur face de déficient à côté d'une bière, d'une boîte de capotes ou du dernier modèle de bas-culotte. Des commissaires du peuple, mi-gangsters mi-gramophones, qui s'autoproclament l'avant-garde du prolétariat et camouflent une pratique corporatiste sous un discours de gauche, tout en faisant décaper leur appartement du parc Lafontaine. Des artistes d'avant-garde de rien du tout, branchés sur New York, rigolant de Rouyn ou de Jonquière, en fait arrière-garde de la dernière mode de Toronto. Des compositeurs de musique de Steinberg qui, après avoir fait chier pendant des années avec leurs histoires de docteurs en dessous de la galerie, découvrent après PET que le nationalisme s'oppose à l'internationalisme. Des Yvettes qui défendent le *statu quo* et la réaction main dans la main avec Michèle Tisseyre en criant que l'ennemi c'est l'homme. Des Canado-Québécois ou des Québéco-Canadiens (le complexe Elvis Gratton) qui mangent sans problème à toutes les auges à subventions.

Voilà pour le méchoui et la queue de cheval. Vous avez raison, il y a un film à faire. Rigolo et triste à mourir. Aussi platte qu'une vue d'horreur dans une ville fantôme, comme dirait Desjardins.

Pour l'instant, mon premier problème, c'est de finir *Gratton*. Terminer le travail avec le troisième. Finir la job. Et comme j'ai le goût de me recycler dans la beauté après, je laisse aux plus jeunes les films sur les déçus-du-paradis-différent-à-tous-les-trois-ans, des moroses-du-phare-du-socialisme, et autres l'important-c'est-d'être-bien-dans-sa-peau !

J'ai de plus en plus le goût de continuer à apprendre et à montrer l'exploitation de ce pays. Les mineurs de l'Abitibi. Guy Lafleur et l'histoire de la famille Molson. Octobre 1970. Pierre. Les quatre saisons. Le Nicaragua. Je continue dans la même direction, celle que mes amis cinéastes m'ont appris à découvrir et à aimer.

LE BOXEUR ET LE BOULANGER

Lettre envoyée à Téléfilm Canada après le premier ou peut-être le deuxième refus du troisième Elvis Gratton. *J'ai chaque fois l'impression d'affronter le tribunal de l'Inquisition. On reçoit des comités de lecture des lettres anonymes, ce qui nous vaut les pires saloperies car ils n'ont pas à les assumer pleinement. Et on reçoit les coups, on subit les blessures, sans pouvoir répliquer. Et avec les années on devient de plus en plus méchant. Et alors quand on mord on ne lâche plus sa proie, jusqu'à ce que ses tripes se répandent au soleil.*

I
Fable cinématographique

Nous avons pris connaissance hier des commentaires du jury. Négatifs sur toute la ligne. Trois à zéro.

Poulin se retrouve dans la peau d'un boulanger déprimé. Jusqu'à hier il fabriquait du pain. Il en vendait des milliers chaque année. Fait assez remarquable dans l'histoire de notre jeune boulangerie nationale. Il y a de nombreux boulangers mais plusieurs restent avec leur production sur les bras. Dans son cas, pas de problème. Il n'arrivait même pas à satisfaire la demande. Il en vendait des milliers. Je sais, je sais, le goût des clients n'est pas tout. Ça ne prouve rien. Mais enfin... De plus, il avait amassé quelques médailles d'or, comme les boulettes Cordon Bleu, aux Olympiades mondiales de l'alimentation. Ce qui ne prouve rien non plus. Mais enfin...

Comme boulanger, on ne peut plaire à tout le monde. Certains préfèrent le pain blanc tranché. C'est normal. D'autres préfèrent les biscottes ou les toasts Melba. Rien de déprimant. Pour d'autres, on a la pâte à pizza ou les bagels. C'est la vie. L'important reste qu'il y a toujours des clients qui font la queue devant la boulangerie.

Hier, il recevait un avis du ministère de l'Agriculture. Il doit cesser immédiatement sa production : son pain aurait un arrière-goût de tarte à la crème assez suspect. Pas de subvention pour le boulanger cette année. Comme il ne respecte pas les normes, on lui interdit la fabrication de son pain. Le pain n'est pas au goût du jury culinaire du ministère. Les définisseurs du bon goût décrètent la fermeture de la boulangerie : le goût du pain a changé, la psychologie du pain n'est pas approfondie, on n'avance pas d'un pain à l'autre, qu'est-ce que ça va donner un pain de plus, on ne met pas trois pains dans le même emballage, chaque pain doit compléter l'autre, les tranches de pain manquent de liaison. Très bien. L'ennui, ce sont les clients qui font toujours la queue.

Falardeau, lui, se sent comme un boxeur au lendemain d'un combat. Il a perdu. En soi, ce n'est pas encourageant. Mais ça arrive. On apprend même dans la défaite. Il affrontait ce soir-là un mur de brique. Le mur de brique lui est passé sur le corps. Le réveil est difficile. Nez enflé. Arcade sourcilière tuméfiée. Œil fermé. Mâchoire douloureuse. Côtes endolories. Ça arrive. Le pire, ce n'est pas la défaite, c'est l'impuissance face à la brique. Discuter avec une brique ! Surtout que la brique ne parle pas. Non, la brique écrit. Pire, la brique n'écrit qu'une fois tous les trois mois. Impossible de rencontrer la brique, de discuter avec la brique, d'expliquer à la brique, de répondre aux questions de la brique. Qu'une honorable brique ait des objections, c'est tout à fait normal. Elle fait simplement son travail de brique. Ce qui ennuie le boxeur, c'est d'avoir à communiquer avec la brique par lettres, à tous les trois mois.

Le résultat : le combat est annulé. On décourage le boxeur. On retarde son entraînement. On lui refuse des combats. Le boxeur n'en veut même pas à la brique. Il en veut au mur. Il en veut au mur qui empêche toute discussion, qui retarde le processus d'annulation ou d'acceptation des combats. Au lieu de discuter des projets de combat de vive voix, on travaille par écrit et ça prend 6 mois, 9 mois, 12 mois pour finaliser un combat. La commission athlétique, d'une part, se prétend intéressée au développement de la boxe et, d'autre part, agit, en se réfugiant derrière le mur, comme si elle ne voulait pas de boxe.

Falardeau. Poulin. Le boxeur et le boulanger. Parfois, le boxeur se prend aussi pour le boulanger et je sais que Poulin se prend parfois pour un boxeur.

C'était il y a quelques années. Après de longues années dans les rangs amateurs, on lui avait offert un premier combat professionnel. Un premier combat de cinq minutes. Il s'en était très bien tiré. Mais, c'est bien connu, les chroniqueurs sportifs ne s'intéressent pas aux débutants. On lui offrit ensuite son premier vrai combat. Une demi-heure de boxe, en préliminaire. Un entraînement de cinq jours. Sans expérience. Il avait découvert ses faiblesses, ses erreurs, son inexpérience. Comme il avait changé de style, il se sentait très nerveux. Ce fut pourtant un beau combat. Il n'était pas très fier de ses performances, mais le public l'applaudissait. Il avait rempli la salle. Il avait presque volé la vedette. Les amateurs lui donnaient de grandes tapes dans le dos. On l'encourageait à continuer. Certains champions l'avaient même félicité. Pourtant, les chroniqueurs sportifs restaient muets. Curieux. D'autant plus qu'en présentant son combat à l'extérieur du pays les chroniqueurs étrangers l'avaient louangé.

Enfin. On ne se bat pas pour les chroniqueurs mais pour les spectateurs. Et l'important n'est pas de plaire au chroniqueur mais d'assommer son adversaire.

Ce n'était pas le plus grand boxeur de l'histoire. Il ne se racontait pas de peurs. Son style n'était pas très orthodoxe. Mais c'était terriblement efficace. Son premier vrai combat lui avait appris un certain nombre de choses. Il avait confirmé un certain nombre d'intuitions. Il avait acquis de l'expérience. Un peu naïvement, il demanda un vrai combat, un 15 *rounds*. On lui refusa le combat, en lui conseillant de continuer des 5 *rounds*, des combats d'une demi-heure.

Il se remit à l'entraînement. Jusque-là, il s'était entraîné seul, boxant par instinct. Tout était maintenant changé. Des dizaines de gérants d'estrades, de boxeurs, d'ex-champions s'étaient mis à lui prodiguer des conseils. D'excellents conseils en soi, mais contradictoires pris ensemble. On voulait qu'il utilise davantage son uppercut, qu'il relève sa garde, qu'il améliore son jeu de pieds, qu'il perfectionne son jab. On voulait qu'il abandonne son uppercut, qu'il baisse sa garde, qu'il cesse son jeu de pieds fantaisiste, qu'il laisse tomber son jab. On voulait ceci et on voulait cela. Même les briques de la commission athlétique s'en étaient mêlé.

Il était un peu perdu. Il se rendit compte par la suite qu'il serait seul dans l'arène. Seul. Découverte capitale. C'était sa face à lui qui prendrait les coups. C'était son corps à lui qui souffrirait. C'était son honneur à lui qui en prendrait un coup. Il serait seul dans l'arène. Les gérants d'estrades, les chefs instructeurs, les commissaires athlétiques, les chroniqueurs pédants seraient assis, le cul bien en sécurité sur leurs bancs, à le voir gagner ou perdre. Il décida d'en faire à sa tête. C'était la meilleure solution. Sa tête à lui. Son instinct. Son courage. Son intelligence. Sa détermination. Son intuition. Il continuait de s'entraîner comme avant. Par instinct. Il se disait qu'il avait raison, contre tous. Il savait qu'il n'y a pas de manuel, pas de recette, pas de méthode, pas de formule. On voulait le faire entrer dans le moule. Il refusait. Il n'y a pas un seul type de boxeur. Il y a les batailleurs de rues. Il y a les boxeurs scientifiques. Ceux qui frappent fort. Ceux qui frappent souvent. Ceux qui encaissent. Il y a les nerveux, les systématiques, les courageux, les intelligents. Il y a les poètes de la boxe, les artistes, les bûcherons, les *bums*. Mille boxeurs. Mille styles. Une seule chose importante, la victoire.

Il continuait à s'entraîner. Seul. Parfois, il acceptait un conseil. Un sur 100. D'un boxeur en qui il avait confiance. Il en prenait. Il en laissait. Il en laissait beaucoup, même s'il aimait beaucoup écouter. Ça sert toujours.

Son entraînement terminé, il livra quelques *rounds* d'entraînement pour parfaire son style. Les chroniqueurs sportifs restèrent muets comme toujours. On sentait pourtant, dans leurs visages fermés, la désapprobation : le style était décidément trop grossier, les coups ne portaient plus, les feintes étaient grotesques, les esquives sans effet. Et comme cette fois-ci il n'y avait pas de médaille de l'étranger, on pouvait en profiter. Le moral du boxeur en prit un coup. Pour s'encourager, le boxeur envoya chier les chroniqueurs de sports. Même les promoteurs du combat mirent leur grain de sel. Un grain de sel de poids. Il envoya chier les promoteurs. Même plusieurs de ses plus ardents supporteurs émirent des doutes. Il serra les dents. Il attendait le combat. De plus en plus seul. Un peu triste, mais avec un brin d'espoir au fond du cœur. Le public, l'amateur de boxe, serait le seul juge. Le verdict du spectateur lui tenait à cœur. C'était pour lui qu'il se battait, non ! Pour le public et pour lui-même. Par plaisir. Pour se venger des trop nombreux coups reçus.

Mais les promoteurs présentèrent le combat à la sauvette. Le plus discrètement possible. Comme s'ils avaient honte. À une heure impossible. En cachette.

Ça n'allait pas très fort. Décidément ! Mais dans les jours qui suivirent les commentaires se mirent à rentrer. Deux, trois par jour. Parfois, un coup de fil. Parfois, un inconnu dans la rue, à la taverne, à la pâtisserie. Et chaque fois les tapes dans le dos et les mercis gros comme le bras. Les spectateurs s'étaient tapés sur les cuisses, comme lors du premier combat. Les spectateurs en avaient eu pour leur argent. Ça faisait du bien au boxeur. Ça lui faisait oublier les coups. Son deuxième combat était peut-être moins bon. Ça arrive. Après tout, comment savoir ? Mais les échos qu'il en avait n'allaient pas dans le sens des chroniqueurs sportifs ou des puristes du noble art.

De toute façon, c'est sans intérêt pour les chroniqueurs sportifs, les boxeurs du dimanche, les gérants d'estrades. Se frotter au public des salles de boxe, quelle bassesse ! On préfère les salons feutrés, entre gens de bon goût.

Le boxeur, lui, s'était remis à l'entraînement, le cœur plus léger. Il préparait son troisième 5 *rounds*. Ensuite, on verrait. Un 15 *rounds* peut-être. Pour l'instant, il tentait de retrouver la forme. Et voilà que les trois commissaires de la commission athlétique annulent le combat : le boxeur est essoufflé, il enchaîne mal ses séries de coups, sa psychologie du coup de poing dans la face est déficiente, sa philosophie du gant de boxe est douteuse, un troisième combat ne changerait rien, le dialogue entre les deux boxeurs laisse à désirer, le spectacle est de mauvais goût, on ne voit pas venir le k.-o. comme au cinéma.

Aujourd'hui, le boxeur se sent fatigué. À force de se battre contre les commissaires, contre les juges, les arbitres, les promoteurs, les chroniqueurs, les déchireurs de tickets, les colleurs d'affiches, les placiers, les responsables de l'ordre, les entraîneurs, les porteurs d'eau, les balayeurs, les commentateurs, les vendeurs de hot dogs, le boxeur se demande s'il lui restera suffisamment d'énergie le soir du combat. Il en aura. Mais quelle perte de temps et d'énergie. Dire qu'on pourrait voir de la belle boxe. Peut-être pas des Mohammed Ali, des Aaron Pryor ou des Sugar Ray Leonard, mais sûrement des Gaëtan Hart ou des Mario Cusson. On choisit de faire attendre le boxeur. On choisit de faire attendre le spectateur à la porte de l'aréna. Aujourd'hui, le boxeur enlève ses gants, défait ses bandages, fait craquer ses jointures. Sans espoir mais avec détermination, il sort son crayon. Un boxeur avec un crayon, quelle perte d'énergie !

II

Chers jurés. Chers numéros un, deux et trois.

En vous écrivant, j'ai l'impression de participer à du mauvais Kafka. Ou encore de travailler à un roman d'espionnage minable. Pire. J'ai l'impression de participer à un film de fantômes dans un restaurant chinois. Un numéro trois, avec soupe *won-ton*. Plus un numéro deux, avec quatre *egg rolls*.

D'entrée de jeu, je vous dirai tout d'abord que j'approuve la majorité de vos remarques. Vous avez tout à fait raison. Pas très subtil. Vous avez entièrement raison. Les dialogues ne mènent nulle part. Vous avez encore raison. L'histoire est inexistante. Vous avez toujours raison. Les liaisons entre les tableaux, comme vous dites, sont minces. Vous avez raison. La psychologie des personnages piétine. Encore une fois, vous avez raison. Vos remarques sont fort pertinentes. Le seul problème, c'est que nous le savions déjà. À mon avis, le problème en est un de point de vue.

Par où commencer?

Plongeons. Allons à l'essentiel. La première qualité d'un film comique, à mon avis, est de faire rire. Point. Toutes les autres considérations n'offrent à mon avis que peu d'intérêt. L'histoire dans un film comique, c'est un peu comme l'histoire dans un film de cul. Tout le monde s'en sacre comme de l'an 40. Le spectateur est là pour le cul. Le scénariste, son histoire, il peut bien s'en servir pour envelopper les pelures de patate. L'efficacité d'un film comique se mesure à l'intensité des rires dans la salle. Le spectateur qui paie sa place vient pour se taper sur les cuisses. Point. Que l'histoire soit mince, que les liaisons entre les séquences soient lâches, que la psychologie des personnages soit à peine esquissée, à mon humble avis, c'est sans importance. Ils ne viennent pas pour un suspense ficelé par Alfred Hitchcock, ou un drame psychologique d'Igmar Bergman. Ils viennent pour rire du gros cave, du gros pied, du gros Elvis Gratton.

Loin de moi l'idée de dénigrer les films comiques à histoire. Je veux seulement montrer qu'il existe une multiplicité de façons de faire rire. Il n'y a pas de modèle unique. Il n'y a pas de recette ou de méthode. Les voies sont multiples. On rit ou on ne rit pas. *Les Vacances de M. Hulot*: une série de tableaux, de journées qui tiennent vaguement ensemble par le biais d'une histoire d'amour avec une jeune Anglaise. À mon humble avis, le succès du film ne tient pas à l'histoire d'amour mais plutôt aux prouesses de Hulot à cheval, au tennis, en bateau, au cimetière, etc.

Je pense par exemple à *Monthy Python The Life of Brian*, un film à histoire, et à *Meaning of Life*, un film sans histoire, une suite de tableaux dont je cherche toujours le fil conducteur. Personnellement, je ne trouve pas ça très comique, mais c'est avec *Meaning of Life* qu'ils ont tout cassé à Cannes.

Pire, je pense à Richard Pryor, le comique américain noir. Son dernier film est sans histoire. On a simplement filmé son *show*: seul en scène, le micro à la main.

Je sais, je sais, on pourrait sans doute se lancer à la tête des milliers de titres sans arriver à jamais rien prouver.

Pour en finir, je citerai simplement le cas d'un distributeur de Toronto qui a mis bout à bout les moments les plus drôles de Charlie Chaplin. Je vous mets au défi de me raconter l'histoire. Les liens entre les séquences doivent être assez lâches. Et après? Est-ce tellement important?

Chers numéros un, deux et trois, vous nous reprochez de ne pas approfondir la psychologie des personnages. Bien. Maintenant, décrivez-moi la psychologie de Charlot ou de Hulot. Bonne chance! Là encore, est-ce tellement important? L'important chez Charlot, est-ce sa psychologie ou son numéro dans l'escalier, soûl comme une botte? Racontez-moi ensuite l'évolution psychologique du personnage de Hulot de film en film. Re-bonne chance! Est-ce tellement important? L'important, c'est que Tati ait fait des films. Des très comiques et des moins comiques. Des très réussis et des moins réussis. Malgré tout, j'irai tous les revoir. Parce que dans chacun il y a des moments admirables, réussis ou non.

Pendant que nous parlons de Charlie Chaplin et de Jacques Tati, approfondissons notre sujet. Vous nous reprochez un troisième *Gratton*. Le personnage n'évolue plus. Qu'allez-vous faire des 200 courts métrages de Charlot? La psychologie du personnage évolue-t-elle de film en film ? Allez-vous mettre Charlot à la poubelle parce qu'il n'approfondit pas son personnage ?

Pour ce qui est des dialogues qui ne vont nulle part, résumez-moi en une page les dialogues des 200 courts métrages de Charlot. Vous ajouterez ensuite la liste des dialogues de Hulot. Elvis Gratton est muet. Oui, vous avez raison. Et quand il parle, c'est habituellement pour dire des énormités, des clichés. Vous avez raison. Mais ça, c'est un choix. C'est un choix qui nous vient d'une fréquentation des festivals internationaux. C'est une tentative de réponse aux films afghans sous-titrés en serbo-croate, aux films basques traduits en finlandais, aux films québécois doublés en français. Nous en avons contre les films bavards. C'est une question de point de vue. *Elvis Gratton* a fait rire des Québécois, des Russes, des Basques, des Irlandais, des Cubains, des Canadiens, des Américains, des Hindous et des Syriens. J'arrête là l'énumération parce qu'on n'en sortira pas. Ils ont rigolé parce que l'important n'est pas dans les mots mais dans le visuel.

Je sais que pour un lecteur de scénarios les mots sont rassurants. Mais de grâce dans *Gratton* ne cherchez pas la clef du film dans les dialogues. Chez Éric Rohmer oui, chez Jorge Semprun oui. Pas chez nous. Pour la subtilité des dialogues, on n'est pas dans la course. Ce qui est intéressant chez Gratton (un truc découvert au cours d'un visionnement en France), c'est le son de sa voix, la sonorité de son langage. Point.

Mais passons à autre chose. San-Antonio. C'est vulgaire, c'est grossier, c'est bas, c'est insignifiant, c'est sale, c'est machiste, c'est raciste, etc. Moi, je m'amuse bien. Je dois avoir l'esprit tordu. Il en a écrit combien déjà ? Cinquante, 60. C'est toujours la même chose d'un livre à l'autre. Son intrigue policière cousue de fil blanc, on s'en contrecrisse. Moi, ça me plaît. J'aime bien ses histoires de fesses, la vulgarité de Bérurier, sa philosophie de bottine et sa façon de jouer avec le langage. « L'évolution psychologique des personnages dans l'œuvre de Frédéric Dard », beau sujet de thèse de doctorat pour les enculeurs de mouches. C'est vrai que je suis resté très jeune. Un rien m'amuse.

Tellement que le numéro deux s'est même permis de me traiter d'étudiant boutonneux, de collège classique en plus. D'adolescent attardé et prétentieux. Très intéressant comme critique de scénario : un peu choquant, mais intéressant.

Enfin, les choses sérieuses. Je suis rassuré. Moi, qui pensais être devenu bassement commercial. Moi, qui pensais être devenu fabricant de tartes à la crème, vendeur de farces et attrapes, organisateur de *freak shows*, directeur du *Théâtre des Variétés*, gérant de club et promoteur de cirque. Je m'aperçois enfin que je n'ai pas changé. Je continue à faire des films hautement intellectuels, des films de questionnement, des films de réflexion, comme à la belle époque de *Pea Soup* dans les sous-sols d'église ou les salles de cégep.

Ce cher numéro deux me force à philosopher. À grandes tapes sur la gueule, on veut absolument me faire parler, me faire avouer. Il ne manque vraiment que la lumière aveuglante dans les yeux, avec les numéros un et trois dans l'anonymat de la pénombre.

C'est l'heure de se mettre à table dans cette atmosphère de restaurant chinois. Pour résumer ma philosophie en trois mots, j'emprunterai à un ministre de De Gaulle cette phrase célèbre : «Mort aux cons!» «Vaste programme!» aurait rétorqué le général. Il n'avait pas tort. Mais avant de plonger plus à fond dans cette saine philosophie, revenons au numéro deux.

Ce cher deux émet un doute. Position philosophique qui l'honore. Ça m'arrive également. Très souvent. Trop souvent peut-être. En dénonçant la bêtise, Falardeau et Poulin finalement n'encourageraient-ils pas la bêtise ? En critiquant la réaction, Falardeau et Poulin ne feraient-ils pas le jeu de la réaction ? En dénonçant le colonialisme et l'impérialisme, Falardeau et Poulin ne serviraient-ils pas à renforcer l'oppression ? Le numéro deux émet un doute. Mais en émet-il vraiment un ? Ou n'est-ce pas plutôt un doute pour la forme, par politesse, une fleur de rhétorique, une figure de style ? Car, finalement, il refuse le projet. C'est donc que son doute n'est plus un doute. Son doute s'est transformé en certitude. Il ne traite pas Pasolini de fasciste mais c'est tout comme. Il ne nous traite pas d'agents de la RCMP ou de la CIA, mais c'est tout comme. Il refuse.

Comme je le disais au début, tout est une question de point de vue. Le numéro deux doute, mais ça le paralyse. Il dit non. Moi aussi, je doute. Mais ça me donne le goût de travailler.

Il est rassurant finalement de savoir qu'Yvon Deschamps est au fond un raciste, un exploiteur, un antisyndical et un macho. Au fond, Charlie Chaplin marchait main dans la main avec Rockefeller et Hitler. Et Hulot était le plus génial promoteur de la société bureaucratique de consommation dirigée.

De plus, vous m'accusez, en d'autres termes, de mépriser le peuple, de rire du monde. Pourtant, vous reconnaissez vous-mêmes que le monde aime ça. Alors, ou bien le monde est masochiste ou bien vous êtes de mauvaise foi, chers défenseurs du peuple. Vous aimez le peuple de loin. Vos histoires sur la quétainerie ou la fausse représentation collective, c'est dans votre tête, cher numéro deux. Moi, ce qui me préoccupe, c'est un phénomène social qui s'appelle l'acculturation et un autre phénomène du même type qu'on appelle l'aliénation. J'essaie tout simplement de décrire (en la grossissant, évidemment) une partie du réel pour faire réfléchir. Et on en rit. Tout simplement parce que l'acculturation et l'aliénation sont des maladies très graves qu'on refuse de voir. En documentaire, c'est impossible. J'ai essayé. Je me suis fait sauter dans la face assez souvent pour le comprendre. C'est très simple, *Elvis Gratton*. Faire rire pour faire penser. Je m'aperçois maintenant que certains n'ont pas le goût de rire. Je continue à me faire sauter dans la face.

Il y a quelques années, au cours d'une conversation avec Bernard Gosselin, j'avais tenté d'expliciter ma vision des choses. Il faut vous dire que j'aime bien le travail de Perrault et de Gosselin. Je trouve leur démarche indispensable : montrer le meilleur de nous-mêmes. Si je fais du cinéma, c'est qu'il y a eu avant moi Perrault, Brault, Gosselin, Arcand, Groulx, Lamothe, etc. Le travail de tout ce monde est parfois contradictoire, mais en surface seulement. À mon humble avis, ces diverses tendances tirent dans la même direction. Ils ont été mes maîtres. Mais ils l'ignorent et n'arrivent pas à se reconnaître dans leur progéniture intellectuelle. Gosselin m'engueulait. On parlait de ses films en Abitibi :

«En Abitibi, il y avait des milliers de gars avec des pantalons mauves et des souliers blancs. Mais j'ai toujours essayé de montrer le plus beau de l'Abitibi. Je cadrais à côté.»

Je trouve ça très beau comme démarche. Et je ne méprise personne parce que je n'aime pas le mauve. Une question de goût. Et ce qui m'intéresse, moi, c'est justement le gars avec les pantalons mauves et les souliers blancs que Gosselin ne veut pas montrer. Ça choque du monde. Moi, je trouve simplement que ça se complète. Une autre vision des choses qui permet de mieux cerner le réel.

Je vis avec des pauvres et j'ai fait *Pea Soup*. On m'a accusé de misérabilisme. J'ai vécu en banlieue dans ma jeunesse et j'ai fait *Elvis Gratton*. On m'accuse d'attaquer la *middle class*. Pourquoi pas ? La banlieue n'est pas un monde sacré. Pourquoi voulez-vous m'empêcher de rire ? Serais-je en train de commettre un sacrilège ? J'aimerais bien rire de la haute bourgeoisie ou de la petite bourgeoisie. J'aimerais bien rire des gens de ma classe sociale : réalisateurs, artistes, fonctionnaires, professeurs, professionnels, jurés, etc. Souvent, il y a de quoi se rouler par terre. Pour l'instant, ce qui m'intéresse, c'est la banlieue. C'est une question de choix. De plus, je trouve que le poids sociologique de la petite bourgeoisie est insignifiant. On ne peut pas tout faire en même temps.

Nous sommes présentement engagés dans une démarche. Laissez-nous au moins terminer. *Elvis Gratton* m'a appris quelques petites choses. Ça m'ennuie beaucoup d'avoir à me justifier. Mais puisqu'il le faut.

Deux choses me frappent avec *Elvis Gratton*. D'abord, son succès à l'étranger. Ensuite, son succès populaire. C'est sûr que le succès populaire ne prouve absolument rien. Mais pour un adolescent attardé, un boutonneux de collège classique qui cherchait comment parler à la fille du dépanneur, ça fait chaud au cœur. Quand je la vois, la fille du dépanneur, féliciter Poulin, gêné, ses deux roteux à la main, ça me réconforte. Quand je vois le *waiter* de la taverne se fendre la gueule en venant porter les deux bières du gros, ça m'encourage. Quand je vois cet anglophone, sa boîte à lunch à la main, taper dans le dos d'Elvis Gratton en chair et en os, ça me fait oublier. Quand je vois cette dame d'un certain âge, à la place Desjardins, qui hoquette, prise d'un fou rire énorme en regardant Poulin toujours aussi gêné avec sa tuque de laine et ses bottes de caoutchouc, je me dis qu'on est sur la bonne voie. Quand je pense à ces enfants de 12 ans qui se tordent sur leur chaise quand Gratton se plante une fléchette dans la tête, j'oublie les visages de bois des critiques au cul serré. Quel gag insignifiant ! J'en ai honte moi-même. Mais quand je vois les enfants rigoler, j'oublie ma honte d'avoir toujours 12 ans. Je trouve ça beau de faire rire les enfants. C'est joli comme métier. Je me rappelle aussi la tête de ce jeune Américain, dans un train qui roulait vers l'Allemagne, qui regardait Poulin avec des yeux grands comme ça. Claudia Cardinale se serait glissée dans son lit qu'il n'en aurait pas été plus surpris. Je m'arrête, ce serait interminable.

Quand ça lui arrive, Poulin, il fond. Ce goût morbide pour les vedettes, ça l'inquiète un peu. Mais au fond ça lui fait du bien. C'est son salaire. La solitude du coureur de fond. Les angoisses de celui qui doit faire rire. Moi, je n'ai pas ces problèmes. Je suis simplement heureux de voir que mes films rejoignent du monde.

Je m'aperçois maintenant que cette démarche populaire est mal vue dans le cinéma québécois. Ça fait démagogique, populiste, grossier, vulgaire, commercial. Ça me semble pourtant intéressant comme démarche, cette préoccupation du public. Ça me semble trop rare. J'aime beaucoup certains films très personnels. J'ai une très grande admiration pour certains cinéastes qui expriment ce qu'ils ont dans le ventre sans se soucier d'être compris. Je trouve ça nécessaire et très stimulant. Mais présentement, et c'est un choix politique, j'essaie de parler au plus de monde possible. Le cinéma est un art de masse et j'explore une de ses possibilités. Je continue à parler de ce qui me reste sur l'estomac d'une façon très simple. Et je n'ai pas du tout l'impression de me prostituer. Vulgaire, oui ! Le vulgaire : le peuple, le commun des hommes, selon le *Larousse*. Oui, je prends sur moi cette insulte. Je me réclame du vulgaire. Un vulgarisateur, comme Fernand Seguin. Une question de tempérament. Que voulez-vous ? Poulin se sent plus à l'aise au restaurant du coin qu'au Musée d'art contemporain. Moi, je me sens plus à l'aise dans l'Est que sur la rue Saint-Denis.

Moi, ce que je trouve grossier, ce sont les Grands Ballets Canadiens déguisés en Québécois sur une musique de Gilles Vigneault : en collants, avec ceintures fléchées et chemises à carreaux. Comme entreprise de mystification et de folklorisation d'un peuple, je trouve ça d'une subtilité ! Subtil, mais grossier et méprisant.

Grossière et méprisante aussi, l'entreprise de désinformation systématique de Radio-Canada. Les nouvelles et *Le Point*, quelle grossièreté ! On censure et on ment dans un français international. On trafique la nouvelle, on travestit la réalité, on nous dilue dans le grand tout, avec la bouche en trou de cul de poule. La véritable grossièreté, elle est là. Des vedettes cravatées, pomponnées, désodorisées. Des experts diplômés, autorisés, certifiés. Des penseurs patentés, gradés, achetés. Des serviteurs domestiqués, médaillés, repus. Des journalistes à gages, à *job*, à votre service. Énorme et grossier. Veule, mièvre et bas. Faux et sale. Je m'arrête encore une fois, avant de perdre carrément les pédales.

Il y a quelques années, j'avais vu Ti-Gus baisser ses culottes sur la scène de la prison Leclerc. Quatre cents détenus se tordaient de rire. Moi aussi. Les smates de Radio-Cadenas devaient trouver ça grossier. Ils préfèrent les Mimes Électriques. Je les ai vus aussi à la prison Leclerc. Après 10 minutes, pas un rire. Ils ont quitté la scène avant de se faire lyncher. Je n'ai pas vu *Gratton* quand on l'a passé à Leclerc, mais je suis sûr que...

Et on m'accuse ensuite de mépriser le peuple. Chaque fois qu'on m'a servi cette insulte, c'était par la bouche d'un petit bourgeois. Jamais par celle d'un prolo. Et ce terme de *petit bourgeois* n'est pas une insulte méprisante, mais une catégorie sociologique. J'en fais partie.

Peut-être nous racontons-nous des histoires. Mais pour nous *Gratton* c'est un hommage à la tradition populaire québécoise. C'est du Ti-Zoune intellectuel, du Ti-Gus politique, du Paul Berval philosophique, etc. Et c'est dans cette direction qu'on veut pousser. On en est encore aux balbutiements. Laissez-nous au moins le temps d'articuler quelques phrases. La tradition comique dans le cinéma québécois est inexistante. Pour avancer, il faut procéder par instinct, par essais et erreurs. Pour plusieurs, le deuxième *Gratton* est un échec. Peut-être ont-ils raison. Mais je crois dur comme fer qu'ils ont tort. Que voulez-vous, ce n'est pas un film de cinémathèque et c'est là que les jugements se font. De grâce, sortons du milieu et laissons le public porter son jugement.

Le deuxième est moins bon! Peut-être. Pis après? L'œuvre de tout cinéaste comporte des forces et des faiblesses. Et c'est votre jugement. Je n'y peux absolument rien, vous êtes aussi des spectateurs. Vous aimez ou vous aimez pas. C'est votre droit le plus strict. Ça ne me choque pas. C'est comme ça, c'est comme ça. Moi, personnellement, je vois dans le premier des faiblesses énormes. Je suis plus satisfait du deuxième, qui contient lui aussi sa part de faiblesses. C'est une recherche.

Avant Noël, nous avons mené à Longueuil une petite expérience. Rien de scientifique. Une projection au Centre culturel de Longueuil, histoire de sortir de la Cinémathèque, histoire de se remonter le moral, histoire de vérifier certaines hypothèses. On a présenté *Elvis I* et *Elvis II* à une cinquantaine de spectateurs de 7 à 77 ans. Première constatation : les rires sont plus fréquents dans le deuxième. C'est normal, les gags arrivent plus rapidement. Deuxième constatation : les rires s'effondrent dans le deuxième, vers le milieu du film, pour remonter vers la fin. Il y a un trou de deux ou trois séquences qui s'explique peut-être par le côté didactique : la dictature dans le tiers monde. Mais à mon avis ce n'est pas un drame. Les rires s'effondrent aussi dans le premier, dans la séquence de la pouceuse qui reste malgré tout un moment très fort. De toute façon, il y a un trou qui reste difficile à comprendre à moins d'une enquête plus approfondie. Dernière constatation : dans un vote à main levée, deux personnes sur trois ont trouvé *Gratton II* plus comique. Ça ne prouve absolument rien, mais ça remonte le moral.

Mais sortons de la philosophie un peu grossière d'Elvis Gratton pour revenir à certaines de vos remarques. Comique plus visuel et gratuit, moins politique, bonhomie du personnage handicapé, un personnage de mauvais goût, *build-up* de la mort, etc. Le chef de police et la drogue.

Procédons par ordre. Pour ce qui est du comique visuel et gratuit *versus* la critique sociale, le numéro trois et le numéro deux ne s'entendent pas. Ça arrive, mais j'aurais tendance à vous dire de vous brancher. Le pauvre scénariste ne sait plus où donner de la tête. Mais comme toujours il n'en fera qu'à sa tête. C'est encore le plus sûr. Vous allez sans doute nous trouver un peu fatigants avec Chaplin et Hulot mais, comme ce sont deux bonnes références de comique et de critique sociale, revenons-y. Loin de nous l'idée de nous prendre pour ces deux maîtres. On a déjà assez de trouble à se prendre pour Falardeau et Poulin sans multiplier les problèmes.

Chez Chaplin et chez Hulot, tous les gags ne tirent pas dans la même direction. Tous les gags ne servent pas directement la critique sociale. Impossible. Il y a chez les deux des moments de bouffonnerie pure, admirable. Des défis au talent du comédien, des

40

plaisirs que se paient le réalisateur et le spectateur, des moments d'état de grâce que procure le rire. Je pense ici, entre autres, à la scène sur le tremplin de la piscine. On n'est sûrs de rien. Poulin chie dans ses culottes et Falardeau espère. Si ça marche, ça peut être beau en christ, puisqu'on parle d'état de grâce. Personnellement, je ne crois pas que l'alliance du comique pur et de la critique sociale soit problématique.

La plus belle critique sur *Elvis Gratton* nous vient de Hollande, de M. Leon Spierenburg : «*A cream cake with shit inside*». Peut-être trouvez-vous qu'il y a dans le deuxième et dans le troisième trop de crème. Quant à nous, nous préférons y aller à petite dose. Un peu de crème, un peu... Pour faire avaler la pilule.

Je ne veux pas revenir sur le problème des liaisons. Parfois, il n'y a pas liaison mais opposition entre les séquences : le chaud-le froid, le dedans-le dehors, l'eau-la neige. La souffleuse et la soirée hawaïenne. La soirée hawaïenne et la patinoire. Je sais, ça a l'air un peu intellectuel, mais j'essaie de traduire la relation de mes contemporains à l'hiver.

On trouve *Les Vacances d'Elvis Gratton* moins politique que le premier. Il l'est à mon avis beaucoup plus. Les Québécois s'intéressent plus à la politique nationale qu'à la politique internationale. La difficulté est peut-être là. Elvis Gratton et le tiers monde. Les contradictions sont peut-être moins apparentes. La charge émotive est peut-être moins intense. Nos plaies sont peut-être moins vives. Mais creusez sous la surface d'*Elvis II*, c'est hautement intellectuel. Trop, peut-être.

La bonhomie du personnage. Quand même ! Bob Gratton est peut-être une grosse tarte, mais c'est un être dangereux. Ce n'est pas sa bonhomie qu'a remarquée la pouceuse. Je pense aux pauvres, aux pouilleux et aux crottés s'il prend le pouvoir. Son admiration pour le dictateur de Santa Banana me laisse songeur. Alors, sa colère... Mais ne nous énervons pas. Peut-être nous sommes-nous mal expliqués. Il s'agit d'une colère dans le style capitaine Haddock, rien de plus.

Quant au handicapé, je n'y vois aucun mauvais goût. Au contraire, c'est à peu près le seul personnage positif du film. Dans l'entourage de Gratton, il est le seul personnage intelligent. Il est le seul à comprendre que le gros Bob représente une nuisance. Un ami handicapé nous a conseillé d'en rire : « Si on veut les intégrer, il faut les passer au *cash*, eux aussi. » J'aime bien le voir sur sa chaise roulante pour lui demander : « Comment ça marche ? » Il rigole. Les gags les plus géniaux, c'est un groupe d'handicapés avec qui Poulin a fait du théâtre qui les a mis au point. Terrible, méchant.

Le chef de police et la drogue. Je n'insinue pas, j'affirme. Et je suis poli, et je suis gentil, et je me retiens même. Marchessault, ce n'est pas le fruit de mon imagination. Ni la police de Trois-Rivières. Ni celle de Mascouche. Alors !

La mort d'Elvis et la résurrection. Le *build-up*. Cher numéro un, si je ne vous comprends pas, vous voulez qu'on prépare la mort d'Elvis, qu'on l'annonce, qu'on vende la mèche. Je suis contre. C'est tout à fait le contraire qu'on voulait faire. Un événement inattendu. Une surprise. Faire mourir le héros d'une série comique, vous vous rendez compte ! Mais si je vous comprends bien, si vous voulez simplement montrer que Bob enfle pendant tout le film, alors je vous approuve. Ça nous avait échappé. Je vous remercie. Ça ne sera peut-être pas dans le scénario, mais ça sera dans le film. Les malentendus de la paperasse.

Quant au numéro trois, s'il veut dire eschatologique, je veux bien. Mais s'il veut dire scatologique, là j'avoue ne pas comprendre. À moins d'une coquille dans le scénario, je ne trouve nulle trace d'excrément. À moins que les mots n'aient plus de sens.

Pour en finir avec la mort d'Elvis, je reviendrai à ma philosophie du « Mort aux cons ! » La grenouille qui voulait se faire plus grosse que le bœuf. On dira ensuite qu'on n'est pas subtils. Et la résurrection ? Continuons dans la philosophie. La bêtise ne meurt pas. C'est une lutte perpétuelle. Un combat sans cesse à recommencer. Et pour vous faire plaisir, cher numéro deux, une façon de protéger nos arrières. Au cas où... Treize vous dites... On sait jamais, pour gagner son pain. Pendant qu'on est dans le pain, parlons-en. Ça va nous mener à la conclusion de ce texte déjà trop long. Le boxeur a mal aux jointures, d'ailleurs. En tout cas, ce n'est pas en représentant de trois mois en trois mois des tonnes de papier sur *Gratton* à des jurys de l'Institut qu'on mettra du pain sur la table. Si ça continue comme ça, on risque d'être morts d'inanition rendus au treizième. On va être obligés de remplacer Poulin après le cinquième. On risquerait d'être plus gros en fermant notre gueule, pis en prenant notre trou. Le corps raide, les oreilles molles. Serrez les rangs.

Treize. Où est le mal, si le personnage peut servir à exprimer le réel ? Et le pain... Ça m'enrage de voir le film faire le tour du Québec en première partie avec *Bonheur d'occasion*, *Rocky III*, *Le Monde selon Garp* et *Le Retour du Jedi*. Le distributeur reçoit, en moyenne, 35 $ pour une semaine d'exploitation d'une copie. Alors, lorsque ce dernier a pris sa quote-part et le producteur payé les frais de cassettes, copies, etc., il ne reste rien.

Le format d'une demi-heure n'est pas idéal pour la distribution. C'est un format bâtard, ou trop long ou trop court et pour les salles et pour la télévision.

Après le succès du premier *Gratton*, on nous a refusé un projet de long métrage. On nous conseillait de continuer à faire des courts métrages. Ça permettait d'acquérir de l'expérience. Parfait. On a donc entrepris un deuxième court métrage, toujours avec Elvis, en ayant en tête un troisième court métrage. L'expérience est très utile, mais travailler dans le beurre, c'est une perte de temps. Nous voulions réunir les trois *Gratton* et en faire un long métrage. Mais entendons-nous bien, un malentendu s'est installé. Probablement par notre faute. Manque de communication. Il ne s'agit pas d'un long métrage, comment dire, ordinaire, normal, traditionnel. Il ne s'agit pas de remonter les trois épisodes pour les faire tenir ensemble. Je ne vois pas très bien comment on pourrait y arriver. Si c'est ce que vous avez en tête, je suis 100 % d'accord avec vous quand vous parlez de problème de rythme, de structure, d'enchaînement, d'évolution des personnages, de début et de fin. Non, il s'agit de tout autre chose : un long métrage, en trois épisodes bien distincts. Un film à sketches. Trois épisodes qui s'enchaînent malgré tout assez bien, à cause du personnage et de l'action. En charriant, je dirai simplement qu'il s'agit de coller bout à bout les trois épisodes, titres et génériques inclus. On pourrait bien remonter quelques séquences moins bien réussies à l'intérieur de chacun des épisodes, mais sans jamais régler les défauts de fond. Vous doutez. Moi aussi. Mais la seule façon d'avoir la réponse, c'est d'essayer. Je peux pas vous affirmer que ça va réussir, mais j'ai vu le public réagir et je crois que ça peut marcher. C'est un long métrage de pauvres, mais on fait ce qu'on peut. Un long métrage de 475 000 $ (avec soufflage 35 mm). Quand même sympathique. Vous doutez. Vous êtes nombreux. On est à peu près les seuls à y croire. Avec un certain nombre de propriétaires de salles qui ont vu le public réagir et le distributeur des *Plouffe* et de *Bonheur d'occasion* qui a senti la même chose. Pour un rêveur gauchiste, je me demande si c'est rassurant ou épeurant. Enfin, pour terminer, signalons que le long métrage s'intitulera *Enfin, Elvis Gratton* en souvenir d'un jeune député aux dents longues.

Que trouver d'autre pour vous convaincre ? Peut-être le feu qui brille dans les yeux de Poulin quand on parle du tremplin, de la soirée hawaïenne, ou du salon mortuaire. Mais ça, vous ne le verrez jamais. Toujours le papier. Vous êtes condamnés aux papiers forcés.

Salut, Poulin

Court texte qu'on m'avait demandé pour une émission de télévision qui rendait hommage à mon ami Julien Poulin. À lire joyeusement. Je crois qu'il s'agissait d'une émission religieuse vers le début des années quatre-vingt-dix.

Salut, Poulin !

C'est Falardeau ! Comment ça va ? Je viens de finir le livre de Rodin sur l'art. Une pure merveille. C'est toi qui m'avais fait découvrir son œuvre, y a une couple d'années, tu t'en rappelles ? Quel homme !

Pas facile de vivre debout alors que la plupart autour attendent leur pitance, à genoux. Et que le reste rampent pour ramasser les miettes. Pas facile de vivre comme un homme libre au milieu d'une société d'esclaves... La servitude volontaire, comme disait Étienne de La Boétie. Pas facile de garder son âme, sa dignité d'être humain dans cet univers totalitaire de la marchandise. L'univers concentrationnaire de la consommation. Pas facile, un vivant parmi les morts ambulants. De survivre jour après jour dans un pays colonisé où la bêtise a été érigée en système. La bêtise entretenue délibérément. Comme méthode de pouvoir. La bêtise organisée, comme on dit « le crime organisé ».

Mais on va au moins continuer à rire. D'un grand rire terroriste... Terrible... Dévastateur. Par principe. Par plaisir. Pour leur montrer qu'on n'est pas morts.

Et plus tard, comme le mineur dans la chanson de Richard Desjardins, après 25 ans sous terre, on demandera à être enterrés debout, la tête au soleil. Et on rira un dernier coup. Bien fort. Pour les faire chier encore et encore.

Salut, ami.

ELVIS GRATTON N'EST PAS À VENDRE

Lettre envoyée au Devoir *le 24 novembre 1994. Publiée mais en partie seulement. Voici l'original. La même lettre, envoyée à* La Presse, *a été publiée en janvier 1995.*

> «Ce n'est pas le rince-doigts qui fait les mains propres ni le baisemain qui fait la tendresse.»
>
> Léo Ferré

«Elvis Gratton est vraiment un gros épais», titrait la publicité dans *Le Devoir* du 19 novembre 1994 et dans *La Presse* du 23.

Épais, je veux bien, mais le problème n'est pas là. On utilise maintenant le gros Bob Gratton pour vendre des téléviseurs géants *Sony*, *Mitsubishi* et *Toshiba*. Ça chie bas, en effet. L'agence BOS est le concepteur de génie de cette annonce. BOS avec un *s*. Ou peut-être BOSS, avec deux *s*, comme dans *Le Temps des bouffons*. Ou encore BOSSES, comme les bosses qu'ils porteront dans le visage si j'ai la chance d'en accrocher un par les cheveux.

Si les boss de BOS m'avaient demandé la permission pour transformer Elvis Gratton en vendeur de cochonneries, je me serais peut-être laissé acheter. Mais non. On ne m'a pas offert cinq cennes. Même pas une petite tévé en couleurs, comme à un politicien de village. Rien. C'est choquant, non? Chacun a son prix. C'est bien connu. J'aurais pu refuser aussi, drapé dans ma dignité d'artiste incompris, portant à bout de bras mon honneur bafoué comme une vierge offensée, avec de grands gestes théâtraux. «Je ne suis pas à vendre, monsieur.»

Mais non. On ne m'a même pas donné le choix. On m'a volé tout simplement. Je me suis fait fourrer par des petits voleurs. De toute façon, ce n'est pas tellement grave car j'ai toujours pensé que les faiseux d'annonces étaient des minables, que la publicité était une pure saloperie. Des minables prêts à n'importe quelle bassesse pourvu que ce soit vendeur. Utilisant la Joconde pour nous refiler des *hamburgers* avariés. Pillant la musique de Bach ou de Carl Orff pour nous passer du savon à vaisselle. Travestissant Chaplin ou la *Pietà* de Michel-Ange pour nous faire acheter de la crème pour le d'sour de bras. Se collant sur les artistes, comme des morpions, pour leur sucer leur imagination. Humant l'air du temps comme des charognards sur une piste. S'engraissant sur le dos des autres comme des parasites ou des champignons vénéneux. Dans la logique du marché, le marché aux puces, Gratton ou Einstein c'est du pareil au même. Ça sert à vendre. Point à la ligne. Après le hockey Molson, la littérature Molson et le cinéma Molson, on aura bientôt la grand-messe Molson. Ce n'est qu'une question de temps.

Mais quoi faire avec des petits voleurs plus minables que des voleurs de sacoches? Intenter des poursuites? Réclamer des dommages pour atteinte à la réputation? Engraisser des avocats à Mercedes et des juges à perruque? Non. Ils ne méritent tout au plus, comme des malpropres, que quelques bonnes claques sur le museau ou une série de bons coups de pied au cul. Pour l'instant, je me contenterai de leur cracher mon dégoût au visage.

Personnellement, j'ai toujours refusé de faire de la pub, peut-être par paresse ou par manque de talent, mais aussi par respect pour moi-même. Pour ne pas trop me salir. Pour ne pas rajouter à la pollution des cerveaux. Ça fait un peu ancien, je sais, mais c'est comme ça. Aux faiseux d'annonces j'ai toujours préféré les vidangeurs et les égoutiers. Ils font un travail honnête. Un travail utile aux autres hommes. Eux, ils ramassent les ordures, ils ne participent pas à en créer. Ils travaillent à la beauté du monde et non à l'accumulation des saletés.

J'ai toujours refusé de devenir un marchand-de-liberté-à-55-ans-à-tant-par-semaine, un commerçant-d'amour-garanti-100 000 $ -avec-jantes-en-acier-et-freins-aux-quatre-roues, un vendeur-de-bonheur-en-*spray*-ou-en-canne. J'ai toujours refusé de me mettre au service des marchands de bestiaux.

Et je me retrouve aujourd'hui, bien malgré moi, à participer à ce carnaval de la marchandise. Ça, c'est choquant. Pas le vol. Ça. Le fait de se faire embarquer. Pourtant, je sens autour de moi, comme un cave, qu'un grand nombre brûlent de participer à cette mascarade. Après 10 années d'école de théâtre, de petites comédiennes ne rêvent que de mettre leur face et leurs fesses sur grand écran à côté d'une boîte de manger à chien. Des cabotins jouent les pitres déguisés en vendeurs de saucisses, de capotes ou de téléphones et sont couverts de trophées comme des acteurs de génie. Des rédacteurs de catalogues Zellers se prennent pour des Prix Nobel de littérature. Des jobbeurs du cinéma se pavanent à travers le monde comme des paons, pétant plus haut que le trou et crachant sur un Québec trop petit pour leurs ambitions. Tout ça parce qu'ils font des *beauty shots* de dindes congelées et se prennent pour Fellini. Et les autres? Chaque petit faiseux de commerciaux te chie son petit tas et présente son pot de chambre enrubanné lors de galas snobs et prétentieux. Et toute cette marde, saupoudrée de paillettes et de plumes, se transforme en or, en argent et en bronze sous le regard amusé d'un animateur à steppettes. On finira ensuite par exposer les caneçons de Benetton au Musée d'art moderne en essayant de nous faire croire que la pub est devenue le huitième art. Pleins d'eux-mêmes, ces gens-là voudraient qu'on prenne leurs verrues pour des grains de beauté, comme aurait dit Victor Barbeau.

Habitués à vivre le nez dans leur petit tas, ces pauvres types font les yeux ronds quand on leur parle de la puanteur, incapables même de s'imaginer qu'on préfère vivre à l'air libre. Ils se croient tout permis parce qu'ils ont de l'argent, surpris quand on refuse, au nom d'une certaine vision de l'existence, de sortir leurs vidanges ou de filmer leurs bécosses. Le boss de BOS a réagi comme tous les *boss* quand je l'ai appelé pour l'engueuler. Surpris de mon accès de rage, il m'assurait qu'il m'avait rendu service en utilisant Elvis Gratton pour vendre sa camelote. À l'entendre, j'étais un ingrat. Il me procurait la gloire et la renommée. Dans sa petite tête de faiseux d'annonces, il me faisait un cadeau, ce morceau de cochon, il me rendait hommage, ce grossier personnage. Un implant au gel de silicone Dow Corning à la place du cerveau.

Je ne cherche pas ici à donner des leçons de pureté. Surtout pas. J'élève simplement la voix pour protester, pour dire mon désaccord. J'essaie simplement de vivre comme un homme libre. Déjà qu'il faut chaque jour se mettre à genoux pour gagner sa croûte, écarter les fesses pour garder sa job et fermer sa gueule pour nourrir sa famille, on va quand même pas dire merci en plus et ramper dans la bouette avec les rampants.

J'ai créé le personnage d'Elvis Gratton, avec mon camarade Julien Poulin, après le Référendum de 1980 pour, naïvement mais à la mesure de mes moyens, lutter contre la bêtise, pas pour y participer. Et ceux qui utilisent Gratton pour vendre des saloperies sont tout simplement des salopes.

P.-S. : Leurs gros écrans, d'après l'annonce, seraient moins épais qu'Elvis Gratton. Je n'en doute aucunement. Ce n'est pas très difficile. Je me demande par contre si la publicité à la télévision, la publicité en général, est moins épaisse sur un écran géant de Sony ? L'information, elle, est-elle moins épaisse sur un grand écran de Mitsubishi ? Et la télévision elle-même diminue-t-elle en épaisserie à mesure que grandit l'écran de Toshiba ? Et l'odeur ? Il est grand temps que la petite Larivière allume ses lumières. La vraie violence est là. Dans la bêtise. Dans la télévision elle-même, qui vend des spectateurs à des annonceurs.

LE SUPPLICE DE LA GOUTTE

Elvis Gratton, suite et fin. Publié dans Le Devoir et La Presse en février 1995.

Dans une réplique à mon article sur *Elvis Gratton* et les voleurs de sacoches déguisés en faiseux d'annonces, un certain M. Salvatore Scali me tombe sur la fripe. Ce M. Scali gagne sa vie comme concepteur-rédacteur en publicité. Il n'y a pas de sot métier, chacun fait comme il peut.

D'entrée de jeu, M. Scali me traite de fils de pub. J'aime bien. C'est original. Ça frappe l'imagination. Vendeur, comme on dit dans le milieu de la médiacratie. Ça dénote un talent certain et un sens de l'humour fort utile sans doute dans la jungle publicitaire. Malheureusement, et c'est un reproche que je faisais justement à la publicité dans mon article, M. Scali s'approprie là le bon mot de quelqu'un d'autre et ce, sans le citer. Encore ma mauvaise foi, sans doute. Cet emprunt, fait dans l'effervescence de la création, comme le dit si bien M. Scali, est sûrement un hommage à Séguéla. Le même Séguéla qui écrit :

«Ne dites pas à ma mère que je suis dans la pub, elle me croit pianiste dans un bordel.»

Mais laissons de côté ces hommages sans importance au fond et revenons à l'humour de M. Scali. Il me peint en défenseur un peu ridicule de la veuve et de l'orphelin. C'est de bonne guerre. Et là, je lui donne raison. Mais seulement à moitié. Va pour la veuve. Surtout si elle jeune et jolie. Même moins jeune. Par contre, étant de mœurs strictement orthodoxes, je n'ai aucun penchant pour l'orphelin. Que cela soit clair entre nous. J'avoue cependant un certain faible pour les moulins à vent. Très excitante, la passe du moulin à vent.

Monsieur Scali me reproche aussi de mépriser les artisans de la publicité et de ne pas baiser le cul de ces compagnies, si gentilles, qui les font vivre. Cela m'arrive parfois. Mon côté fou furieux. Je m'en excuse. Nul n'est parfait. Mais j'ai aussi plein d'amis que j'aime profondément, qui font des annonces comme réalisateurs, comme acteurs, comme techniciens. J'ai beaucoup de respect pour eux, malgré tout. Certains veulent mettre du beurre sur leurs épinards et je les comprends. D'autres, en plus du beurre, veulent ajouter le steak, la sauce, le dessert, le digestif, le cigare et la limousine. Je comprends moins, mais je respecte leur choix même si cela m'attriste de les voir perdre leur temps avec des niaiseries. D'autres encore, moins chanceux mais tout aussi brillants, veulent tout simplement mettre des épinards dans leur assiette, vide depuis longtemps.

Et toute cette tristesse dans leurs yeux, quand ils partent puncher à l'agence, eux qui rêvaient de jouer Shakespeare ou de refaire *Le Cuirassé Potemkine*. «C'est dur, Falardeau, ben dur!» Comment pourrais-je les mépriser, moi qui arrive encore à trouver des épinards sans trop me salir? Ça pourrait m'arriver demain d'y être obligé. Ça pourrait me retomber sur le nez. Et pour le beurre, bien, j'ai appris à m'en passer. Une simple question d'habitude. On s'y fait. Cinquante ou 100 prises pour faire glisser artistiquement une goutte de buée sur une bouteille de Molson, non merci! C'est payer trop cher la livre de beurre. J'aime mieux m'en passer.

Par contre, je ne connais personne qui se vante de faire des annonces. Entre nous, c'est un peu comme une maladie honteuse. On en parle à demi-mot. Comme du taré de la famille. Avec gêne. Et quand on tombe sur le sujet, c'est habituellement pour en rire. Le gars de l'agence est la tête de turc préférée des équipes de tournage. Ça détend l'atmosphère sur les plateaux quand le réalisateur se met à gueuler comme un malpoli ou que les acteurs commencent à faire leurs numéros. Moi, j'aime bien voir les équipes rigoler. Ça me rassure.

Monsieur Scali, lui, prend ça au sérieux, la publicité. Très au sérieux. Et c'est là qu'il est à son meilleur, dans le comique.

«Au moins, la pub est honnête : on sait toujours qui parle. La pub en fait, c'est de la liberté. Ou son signe le plus évident.»

Drôle comme du Marcel Adam ou du Lysiane Gagnon. Pissant comme du Claude Jasmin.

Si j'avais l'esprit tordu d'un journaliste hystérique du *Globe and Mail* ou de la *Gazette*, je ferais immédiatement le rapprochement, pour rester dans l'actualité, avec le fameux «Le travail c'est la liberté», de sinistre mémoire. Mais je ne descendrai pas aussi bas que ces gens-là parce que, d'une part, je connais leurs procédés pour y avoir déjà goûté et que, d'autre part, ce serait faux et inutilement méchant. Je ne tiens pas à avoir raison à tout prix.

Par contre, votre «La pub c'est la liberté» me rappelle la langue de bois décrite par George Orwell dans *1984*.

«L'esclavage c'est la liberté, l'ignorance c'est la force, la guerre c'est la paix.»

Votre «La pub c'est la liberté» résume bien, monsieur Scali, tout ce que je déteste dans la publicité, soit la perversion du langage. Cette perversion qui ratatine la pensée, qui rabaisse l'esprit, qui abrutit la conscience, qui rapetisse la vie. Cette perversion des mots qu'on nous enfonce dans la gorge, 1 000 fois par jour. Jour après jour. Sans fin. Comme le supplice de la goutte. Comme si on poursuivait, à l'échelle de la planète, l'opération militaire américaine au Viêt-nam baptisée «La Conquête des cœurs et des esprits». Le totalitarisme de la marchandise, c'est aussi du totalitarisme.

Cette perversion qui consiste à associer un produit à tout et à rien, dans le seul but de nous le vendre. Cette perversion qui permet de coller n'importe quoi à n'importe quoi pour donner une signification à ce qui est insignifiant. Cette perversion qui cherche à donner du sens à des objets sans bon sens en leur transférant des qualités qui n'existent que dans le cerveau vicieux des faiseux d'annonces.

Je regrette beaucoup, monsieur Scali, mais pour moi la liberté n'est pas une marque de yogourt. Quand je pense à la liberté, je pense à Chénier, à Spartacus, à De Lorimier, à Jean Moulin, à Geronimo et à Malcolm X. Je pense aussi à Gãndhi, à Luther King, à Hô Chi Minh et à Havel. Jamais à ce concepteur-rédacteur qui cherche à me faire croire que la liberté, c'est un téléphone cellulaire et qu'on peut acheter la liberté pour 24,95 $ par mois. La liberté de Bell-Mobilité, permettez-moi de trouver ça petit.

Quand je pense à la liberté, monsieur Scali, je pense à Pablo Casals, à Miron, à Gilles Groulx, à Siqueiros. Je pense à Vadeboncœur, à René Char, à Camus, à Étienne de La Boétie. Jamais à ce concepteur-rédacteur qui cherche à me faire croire que la liberté, c'est un tas de tôle fabriqué par General Motors, Toyota ou Chrysler. Un tas de tôle, en fait, qui ne sert qu'à transporter son gros cul d'un bungalow insipide à un centre d'achats déprimant.

Quand je pense à la liberté, monsieur Scali, je pense à Pierre Perrault, à George Orwell, à Gauguin et à Roussil. Je pense à Rodin et à Solanas. À Félix et à Beethoven. Je pense à Jean Guéhenno et à Jean Rostand. Je pense aussi aux combattants anonymes de la Commune de Paris et à ceux de l'insurrection du ghetto de Varsovie, comme à ceux de l'Intifada. À tous ces hommes et ces femmes qui, tout au long de l'histoire, ont voulu vivre comme des hommes et des femmes. Non comme des bêtes.

La liberté à 55 ans ou la liberté de choisir entre 5 sortes de papier de toilette, monsieur le rédacteur-concepteur, je vous la laisse si ça vous amuse. Moi pas. Ça fait pas le poids. Trop petit. Et quand j'entends le mot *liberté* dans la bouche d'un faiseux d'annonces, c'est simple, le cœur me lève. C'est plus fort que moi, je vomis. Pareil pour les mots *bonheur*, *plaisir*, *vie*, *amour*. Toujours cette perversion du langage.

Ma critique, cher monsieur Scali, contrairement à ce que vous pensez, n'est pas artistique ni étroitement idéologique (comme si votre discours à vous n'était pas l'exemple parfait d'une idéologie branlante mais qui règne malgré tout sans partage). C'est beaucoup plus profond. Ma critique est physique. Je dirais même biologique. La petitesse me donne mal au cœur. C'est viscéral.

L'ABSURDE N'EST PAS UN FANTÔME

Je ne me rappelle pas à quelle revue ce texte était destiné. Ni même s'il a été publié. Il date du milieu de la décennie quatre-vingt. Les années noires du tandem Bourassa-Mulroney. Quel cauchemar! J'en ai encore des frissons.

L'esclavage, c'est la liberté. L'ignorance, c'est le savoir. La pauvreté, c'est la richesse. La dépendance, c'est l'indépendance.

Dans les catalogues des clichés à la mode que sont devenus les médias, dans ces répertoires orwelliens du prêt-à-penser, les concepts bidon ne le disputent en popularité qu'aux raisonnements tordus et aux théories fumeuses.

Les barons de la finance, les princes du pétrole, les rois de la pizza congelée, hier encore exploiteurs du peuple, sont soudainement promus au rang de héros, de bienfaiteurs de l'humanité. «Patrons, ouvriers, même lutte, même combat.» L'esclavage, c'est la liberté.

Il faut gérer l'État comme une *business*. Place à la libre entreprise. Déréglementation. L'État doit cesser d'intervenir. Il faut laisser jouer les lois du marché. Sauf, bien entendu, dans le domaine des innombrables subventions déguisées à l'entreprise. Le mensonge, c'est la liberté.

Pour créer des emplois, il faut privatiser. Vendre à des monopoles pour fermer des usines, comme dans le cas de la raffinerie Gulf. Écraser les concurrents et s'emparer du marché, avec l'argent des citoyens, comme dans le cas de la Raffinerie de sucre du Québec. La pauvreté, c'est la richesse.

Libre-échange en même temps que souveraineté culturelle. Il faut pousser à bout la logique des affairistes, intégrer l'économie du Canada à celle de l'Amérique de Reagan et défendre la culture *canadian*. Pour l'impérialisme économique et contre l'impérialisme culturel. La dépendance, c'est l'indépendance.

Au chapitre des idées reçues, des idéologies habillées de modernisme ou de postmodernisme, selon les goûts du jour, la souveraineté culturelle détient sans doute le championnat toutes catégories.

Non mais... qu'est-ce que c'est que ce concept bidon, sorti des boules à mites par un *foreman* de l'Iron Ore promu premier ministre conservateur et dont l'unique exploit est d'avoir fermé la Côte-Nord ? Est-ce le même vieux concept, vide de sens, mis au point par un gérant d'épicerie du Parti libéral du Québec dans les années soixante-dix, réchauffé et servi à la sauce canadienne ?

Ce concept foireux de souveraineté culturelle s'appuie sur un autre concept tout aussi fumeux, la culture *canadian*. C'est quoi ça, la culture *canadian* ? Pour nos éditorialistes patentés, c'est une idée qui semble aller de soi, comme la pluie, Dieu ou la soupe aux pois. Mais, au lieu de tenter de noyer le poisson sous un déluge de mots, il faudrait peut-être la définir, cette culture *canadian*. Coïncide-t-elle avec la culture québécoise ? Recouvre-t-elle la culture esquimaude et la culture iroquoise avec la culture ukrainienne ? Est-ce une biculture, une postculture, une multiculture ou une transculture ? Délire d'intellectuels forts en thème !

Ce concept insignifiant ne prend son sens, n'arrive à recouper une certaine réalité que si on met de l'avant une vision tronquée de la culture, une vision essentiellement réductionniste. C'est la vision du Conseil des Arts du Canada. Une vision qui recoupe les fameux «Zarts-Zartistiques». On dira alors : «Il a de la culture.» On parlera de gens cultivés. Dans ce cas précis, certains ont de la culture, d'autres moins, d'autres encore pas du tout. Dans cette définition, on inclut la littérature, la peinture, la sculpture, la danse, le cinéma, le théâtre. C'est la vision adoptée par nos *foremen* et nos gérants. Il y a d'un côté le pain, le beurre, et de l'autre la culture. Et si j'ai bien compris le sens du débat, il s'agit de soumettre l'économie au libre-échange tout en protégeant ce que l'on appelle la culture.

Mais qu'est-ce que c'est que cette manie de découper la vie en tranches comme du saucisson ? Ici l'économie, là la politique, plus loin la religion, là-bas les arts. Il ne vient donc à l'idée de personne de découvrir des relations entre ces catégories ? Est-ce impensable pour les sous-doués qui éditorialisent, ou défendent-ils les mêmes intérêts que les *foremen* et les gérants d'épicerie qui nous gouvernent ?

En biologie, il n'y a pas le cerveau ici, l'estomac là-bas, les poumons plus loin, puis enfin les mains tout au bout. L'organisme vivant forme un tout. Pourquoi donc refuser de penser la totalité quand on parle de la vie d'un peuple ? Comme si la pensée d'un peuple n'était pas reliée à sa cuisine ou à son architecture. Comme si l'art d'un peuple n'était pas lié à l'économie et à la politique. Comme si la langue du peuple n'était pas liée à la technologie ou à l'urbanisme. Comme si la sexualité pouvait se vivre en dehors de l'organisation sociale et de la division du travail. Comme si la littérature pouvait s'écrire sans relation à une conception du temps ou à une idéologie.

Ce n'est pas si compliqué, à ce qu'il me semble. Même un gérant de banque ou de Steinberg peut comprendre. Même un éditorialiste payé à fort prix. Alors, pour préférer cette vision tronquée de l'homme, pour refuser cette conception totalisante de la culture, il faut vraiment être un innocent, comme disait ma mère, ou avoir des choses à cacher.

Protéger trois romans, deux films, quatre revues pourries ou cinq pièces de théâtre subventionnées, c'est un projet de société sans intérêt. Une cuillère de sucre pour faire avaler la pilule. Un mensonge pur et simple.

Au moins, ce bon M. Shultz, un ancien de Bechtel recyclé dans la *business* du libre-échange au Secrétariat d'État des États-Unis, y va plus clairement. Pas de tétage. Il prétend ne rien comprendre à cette idée *canadian* d'industries culturelles. Je n'ai habituellement pas beaucoup de sympathie pour ce genre de requin, mais il faut au moins lui reconnaître de la suite dans les idées. Sa logique capitaliste est sans faille. Cette souveraineté culturelle est un gag de mauvais goût.

Revenons un peu en arrière. Ce concept de souveraineté culturelle a d'abord été servi à la sauce Bourassa dans les années soixante-dix pour empêcher le nationalisme québécois de se réaliser pleinement. Il s'agissait d'empêcher l'accession du peuple québécois à son indépendance. Pendant des années nous a-t-on assez répété que le nationalisme était une idéologie du XIXe siècle, une idéologie rétrograde proche du fascisme, parente du tribalisme ! Après nous avoir enfermés depuis la Conquête dans un ghetto, on nous a reproché notre idéologie du ghetto. Après nous avoir assiégés et avoir tenté par tous les moyens de nous briser pendant plus de 200 ans, on nous a ensuite reproché notre mentalité d'assiégés. On nous a enfermés dans un *parking* appelé « la belle province » et on nous a reproché ensuite de vouloir construire un rideau de fer, un mur de la honte. On nous a maintenus dans la marge, séparés, et on nous a accusés de séparatisme. On s'est roulés par terre en entendant parler de québécitude.

Et aujourd'hui, cinq ans après le Référendum, les chantres de la canadienneté, sans rire, nous vantent les mérites du nationalisme canadien. Quelle hypocrisie ! Le nationalisme des montagnes Rocheuses, lui, n'est pas rétrograde. Ce n'est pas une idée du XIXe siècle. Soudain, ce n'est plus du fascisme ni du tribalisme. Allez, monsieur Mordecai Richler, une bonne main d'applaudissements. Allez, monsieur Trudeau, exécutez votre petite danse de la pluie avec votre veste indienne en imitation de similicuirette et votre canot d'écorce en plastique.

Les mêmes croque-morts qui ont tenté de réduire le nationalisme québécois à la ceinture fléchée, au rigodon, au sirop d'érable et au four à pain essaient de nous vendre aujourd'hui leur castor, leur Police montée, leur reine Elizabeth, leur cornemuse et leur feuille d'érable pour cacher ce qui leur reste de décence.

Alors, s'il vous plaît, un peu de sérieux. Cessez de nous prendre pour des caves avec votre souveraineté cuculturelle. Allez au bout de votre logique de marchand général. Grande vente de feu. Faites-vous les bardes du nationalisme américain qui n'est pas une idéologie fasciste, tous les Afro-Américains vous le diront. Vendez-nous leur cow-boy, leur Mickey Mouse, leur *rock and roll*, leur Rambo, leur *Kentucky Fried Chicken*.

Laissez-nous adhérer enfin à une véritable culture universelle, c'est-à-dire essentiellement américaine, et qu'on n'en parle plus. Lâchez de nous raconter des peurs et continuez donc en toute tranquillité votre petite vente de garage. Vous êtes à la hauteur. C'est ce qu'on attend des gérants de multinationales.

Mais n'oubliez pas une chose. Le cinéma algérien ne s'est pas développé pendant la période coloniale mais après l'indépendance. Le cinéma cubain ne s'est pas développé pendant l'occupation américaine, mais après. Le cinéma québécois et la chanson québécoise sont contemporains de la dernière phase de la lutte de libération nationale.

Votre souveraineté culturelle, ça passera. Comme sont passées ou passeront toutes les patentes à gosses que vous inventez de toutes pièces à tous les deux ans pour vous sortir du trou.

SUS À LA SOCIOLOGIE ASSERVIE AU FÉDÉRALISME

Me connaissant, ce titre n'est sûrement pas de moi. Sans doute une autre idée de génie du faiseux de titres du Devoir. *Mais, pour une fois que j'ai un article accepté, je vais arrêter de brailler. Il s'agit d'une réponse à un article de Pinard et Hamilton, deux « spécialistes » de McGill. Probablement au printemps 1981. Le titre original devait être « Spécialistes, mon cul » ou quelque chose d'approchant.*

À la lecture de vos articles des 12 et 13 mars sur les classes sociales et le projet souverainiste, on ressent précisément un profond malaise intellectuel. Auréolés du prestige universitaire, drapés du manteau de la neutralité scientifique, cachés derrière l'écran de fumée d'un certain nombre de chiffres, vous vous lancez dans une opération qui m'apparaît mystificatrice.

Sous le titre alléchant de «Classes sociales et projet souverainiste», on a droit en fait à la même vieille rengaine fédéraliste : l'indépendance du Québec est une idée d'intellectuels, les intellectuels sont coupés de la base... et tralala.

Publicité frauduleuse ? On attend toujours la marchandise. Vous nous annoncez des classes sociales et vous nous livrez un mélange de catégories professionnelles à l'américaine. Ces classes sociales ressemblent davantage à des classifications du ministère de l'Agriculture : catégorie *A*, petit, gros, extragros ! On croirait lire un reportage sur une soirée de boxe au Forum : lourds, mi-lourds, moyens, mi-moyens, mi-moyens *juniors*, légers, coqs, plumes. Mais depuis quand les intellectuels forment-ils une classe sociale ? Ça veut dire quoi au juste, une classe supérieure ? Supérieure à quoi ? Une classe supérieure moyenne ? Une classe supérieure inférieure ? Une classe moyenne inférieure ? Une classe moyenne moyenne ? Et pourquoi pas une classe moyenne mi-moyenne ! Et pourquoi pas une classe inférieure mi-moyenne *junior* ! On titre : «classes sociales» et on nous sert une échelle de salaires. On dirait deux cuisiniers découpant de la pâte avec des moules à biscuits. Quand la pâte refuse d'entrer dans le moule, on pousse un peu plus fort tout simplement.

Le procédé est connu. Comme une majorité d'intellectuels appuient la lutte d'indépendance du peuple québécois, il s'agit de les discréditer en les déguisant en mercenaires d'un parti politique. Il faut discréditer l'idée en faisant croire qu'il s'agit d'une prise de position partisane. Mais la lutte de libération nationale n'est pas le monopole d'un parti. L'indépendance, messieurs les professeurs, n'appartient pas au Parti québécois. Vous auriez peut-être intérêt à ajouter quelques classes dans votre classification.

Vous êtes allés à bonne école. Une école américaine, sans doute. L'école des American Social Sciences, sans doute. Ces *social sciences* qui, dans l'histoire de la pensée scientifique, ont si bien servi les spécialistes du marketing et des relations publiques, les ingénieurs industriels et les disciplines du taylorisme. Si les *social sciences* ont servi à motiver les ouvriers, à augmenter la production avec un peu de musique et plus d'éclairage, à accélérer les cadences avec les *motion and time studies*, à vendre du papier de toilette doux comme du coton ou des brosses à dents électriques, pourquoi ne serviraient-elles pas à vendre des idées politiques ou des images d'idées politiques : la Confédération, et ses barons du chemin de fer déguisés en pères de la Confédération, le libéralisme économique et son prédicateur charismatique à la Billy Graham, le fédéralisme et son James Bond national, fleur à la boutonnière !

Mais vous, messieurs les professeurs, vous ne défendez pas des intérêts aussi mesquins. Vous êtes des hommes de science. Vous regardez la réalité d'en haut, en toute objectivité. Vous êtes des observateurs neutres. Vous scrutez la société québécoise au travers du microscope de la science américaine, mais dans des laboratoires aseptisés, loin de la mêlée générale. Vous êtes des arbitres impartiaux, contrairement aux intellectuels indépendantistes qui, eux, défendent en fait des intérêts de classe tout en parlant des intérêts du peuple québécois. En luttant contre la bilinguisation forcée, pour le français seule langue de travail, les intellectuels défendent des intérêts de classe. C'est bien connu. La langue est affaire d'intellectuels. Les ouvriers n'en ont que faire pour affronter les patrons américains et anglais. Trop intellectuel pour eux. Vous avez bien raison, messieurs les professeurs de McGill, avec vos classes supérieures et inférieures. Et quand les indépendantistes réclament les richesses naturelles de leur pays, ils défendent encore des intérêts de classe. Les ouvriers n'en ont rien à faire de la reprise en mains de leurs richesses naturelles. La classe inférieure, comme vous dites si bien, ne s'intéresse pas à ces détails. Quand les indépendantistes québécois crient au vol de nos terres agricoles par des spéculateurs de Montréal, Toronto ou New York, c'est encore une idée d'intellectuels. Ça n'intéresse pas les cultivateurs québécois. Ils préfèrent le travail d'ouvrier agricole et le soleil de la Floride. Le colonialisme, le néo-colonialisme et l'impérialisme sont des inventions des intellectuels coupés de la réalité et n'affectent en rien la vie quotidienne de ceux que vous appelez les inférieurs.

Les intellectuels défendent les intérêts de classe en parlant d'indépendance, de lutte de libération nationale. Tandis qu'Air Canada, le CNR, la Canadian Imperial Bank, la Toronto Dominion Bank, la *Montreal Gazette* et d'autres défendent les intérêts du peuple québécois en donnant 2 000 000 $ à Pro-Canada. Mais ces petites choses n'entrent pas facilement dans vos classes et dans vos pourcentages. Monsieur Pierre Côté, de Canadian Celanese, membre du Parti libéral et président de Pro-Canada, est sans doute un missionnaire qui ne défend aucun intérêt de classe. Il en va sans doute de même pour MM. Pierre A. Nadeau et Maurice Sauvé, membres du comité du non et respectivement président de Petrofina et de Consolidated Bathurst. Les intérêts des «classes inférieures» sont entre bonnes mains. Et MM. Castonguay et Ryan du comité du non siègent sans doute à la commission trilatérale parce qu'ils n'ont pas d'intérêts de classe à défendre. Et Sun Life et Cadbury.

Mais vous, au fait, messieurs les professeurs, dans quelle classe vous situez-vous ? Dans celle des administrateurs et propriétaires ? Dans la supérieure moyenne ou la supérieure inférieure ? Dans la classe des néo-fédéralistes-pour-le-oui-mais ou celle des néo-fédéralistes-pour-le-non-peut-être-merci-ça-se-dit-bien-vous-en-reprendez-bien-une-cuillèrée-cher-ami ? Qu'est-ce que le néo-fédéralisme ? Quels sont vos intérêts de classe ?

Suis-je bête avec mes questions ! Pour un instant, j'avais oublié que l'homme de science est au-dessus de ces petites choses, dans une classe à part. Tiens ! une nouvelle classe. Beau sujet de conférence pour le prochain congrès de l'American Association of Social Sciences : «La classe à part et le projet souverainiste».

Sous le couvert d'une analyse scientifique, on a droit en fait à un ramassis de jugements de valeur, une suite d'énormités plus grosses les unes que les autres, une macédoine d'opinions qui valent ce qu'elles valent. Vous parlez des talents organisateurs des intellectuels, du haut niveau de consensus idéologique de ce groupe, de leur manque de sens critique face au parti au pouvoir, de leur conformisme, de la place des intellectuels dans les médias. Pour ce qui est des médias, par exemple, vous parlez beaucoup des indépendantistes, mais très peu de la propriété de ces moyens de production et de diffusion. Il y aurait pourtant de jolies relations de classe à faire entre le pouvoir économique et le pouvoir fédéral. Il y aurait de jolis pourcentages à découvrir en scrutant la composition des conseils d'administration qui contrôlent la presse, la radio, la télévision, le cinéma, l'art, l'université, l'industrie culturelle. Mais il faut comprendre que des concepts comme l'idéologie dominante ou les rapports de production ne font pas très bon ménage avec vos classifications mises au point dans des universités américaines financées par la fondation Ford ou Rockefeller.

Périodiquement, on rajoute des couplets à la vieille rengaine. Après : «le nationalisme est une idéologie du XIXᵉ siècle», on a chanté : «la mort du séparatisme». Puis on a turluté : «le fossé entre les intellectuels et les autres» et le «déclin du nationalisme», pour finalement entonner «la défaite cinglante du 20 mai». Depuis quelque temps, on nous chante le dernier couplet sur tous les tons. Les ténors, les choristes, les auteurs-compositeurs, les maîtres-chanteurs. On dirait que le disque est accroché : «Cinglante... glante... glante... 60 %... 40 %... 60 %... 40 %...»

Au Référendum, environ 1 600 000 Québécois ont voté oui. Un million six cent mille OUI. Ça fait du monde à messe ! Où est-elle, votre cinglante défaite ? Si on soustrait du total des électeurs un 20 % d'anglophones et d'immigrants qui votent en bloc pour le non, sauf quelques exceptions, c'est un francophone sur deux qui s'est prononcé en faveur de l'option souverainiste. Vous parlez de défaite cinglante? De deux choses l'une. Ou bien la classe supérieure (que c'est beau comme terme) des intellectuels est fort nombreuse au Québec, ou bien le fossé n'existe que dans vos têtes, messieurs les professeurs. De plus, si j'étais un intellectuel du non, comme Roger Doucet, Émile Genest, Michèle Tisseyre, Prosper Boulanger, Solange Chaput-Rolland, Gérard-D. Levesque, Claude Blanchard ou Jean Chrétien, je m'interrogerais sérieusement sur les faits suivants tirés d'une analyse de Pierre Drouilly, dans *La Presse*, au lendemain du Référendum : le vote pour le oui des francophones de l'Ouest de Montréal tourne autour de 55 % (sans doute tous des intellectuels coupés de la base). Monsieur Drouilly titrait : «Les plus solides appuis du oui se trouvent dans les milieux populaires francophones de l'Est de Montréal». Dans Laporte, Rosemont, Taillon, Fabre, Anjou, Bourget, Lafontaine, Gouin, Mille-Isles, Saint-Jacques, Sainte-Marie, Maisonneuve, le vote des francophones pour le oui se situe entre 50 % et 60 %. Où est-il, le fossé, messieurs? Dans la périphérie de Montréal, le oui est en avance chez les francophones. Dans le grand Québec, le oui et le non sont à égalité chez les francophones. En dehors de Québec, 4 centres urbains de plus de 100 000 habitants, soit Sherbrooke, Trois-Rivières, Hull, Chicoutimi-Jonquière, donnent un oui à 47 % chez les francophones. Défaite cinglante? Fossé intellectuel?

Les véritables analyses sur les classes sociales et la lutte de libération nationale restent à faire, messieurs les professeurs. Et nous n'attendrons sans doute pas les hommes de science «neutres», «objectifs» et «impartiaux» pour chercher à comprendre la réalité et poursuivre la lutte pour l'indépendance de notre pays. Au lieu de nous buter continuellement au fameux 60 %-40 % et de laisser l'autre tenter de nous déprimer, nous devons analyser concrètement les résultats pour mesurer le chemin parcouru, le chemin à parcourir. Nous sommes en période de faiblesse, l'ennemi veut en profiter pour donner le coup final. Ça pourrait un jour lui rebondir en pleine face. La lutte pour l'indépendance n'est pas un débat constitutionnel dans lequel on voudrait bien nous enfermer, mais une lutte quotidienne pour la vie. Sur tous les fronts.

Discours Québec français

Un discours prononcé en 1987, au centre Paul-Sauvé, lors d'une assemblée du Mouvement Québec français.

La Conquête de 1760. Une guerre brutale, sanglante, sans merci. Deux cent vingt-six ans plus tard, l'ennemi occupe toujours notre pays. Deux cent vingt-six ans plus tard, nous résistons toujours.

Ils ont tout. Nous n'avons rien. Ils ont l'argent, les journaux, les lois, la radio, la télévision, l'armée, la police, les juges. Nous n'avons que notre courage et notre volonté. Et ils nous parlent de *democracy*.

Un soir de mai, en 1980, certains de nos frères ont préféré courber la tête, encore une fois. Nous voulions vivre debout... ils ont préféré s'allonger. Ça semblait tellement plus facile. Ces gens-là, qu'on appelait nos frères, on les traîne maintenant comme un boulet. Ils nous ont forcés, comme peuple, à nous allonger. Mais à force de vivre couché, on finit par se faire marcher dessus. C'est inévitable.

Et ça dure depuis six ans. Depuis six ans, les ennemis de notre peuple profitent de notre faiblesse. Ils s'acharnent sur un peuple à terre. Ils veulent en finir, nous donner le coup de grâce, nous régler notre compte une fois pour toutes. Mais c'est une erreur qui va leur coûter cher. Très cher.

Après six ans, six ans de froid et de noirceur, le feu qui couvait sous les cendres s'est rallumé. Et nous sommes ici ce soir. Nous sommes quelques-uns à relever la tête. Ça fait du bien. On se sent moins seuls.

J'ai toujours pensé que la loi, elle était dans le cœur et l'âme du peuple. Pas dans les portefeuilles de quelques minables avocats nommés à la Cour suprême pour services rendus à la *gang* du *Liberal Party of Canada*. Allons-nous laisser quelques juges séniles, poudrés et cravatés, portant perruque blanche et tricorne dans la plus pure tradition du colonialisme anglo-saxon, décider de la vie ou de la mort de notre peuple?

C'est pourtant le choix du gérant d'épicerie qui nous tient lieu de premier ministre. Pour mieux masquer sa trahison.

Nous sommes ici ce soir pour dire non à notre tour. Pour leur renvoyer au visage leur *No, thank you*. Nous en sommes à ce stade-ci de la lutte. C'est assez triste, mais c'est le réel. Pour l'instant, notre lutte est défensive. Nous en sommes à ce stade-ci de la guerre.

Mais j'ai quand même hâte à demain. À demain quand nous reprendrons l'offensive.

Va-tu falloir leur arracher leurs perruques pis leurs cravates ?

Vive le Québec libre !

LES CANADIENS SONT LÀ

Proposition de long métrage documentaire soumise à l'ONF vers 1972 ou 1973. En fait, le film s'appelait Pea Soup *et il a été refusé. En effet, avec mon camarade Julien Poulin, on devait avoir l'air un peu ridicules. Deux jeunots qui débarquent et demandent une caméra pour tourner pendant un an. Trois cent soixante-cinq jours de tournage pour un premier long métrage, ça faisait beaucoup. Mais on l'a fait, le film, malgré tout. On a tourné en vidéo sur le bras pendant cinq ans. On l'a sorti vers 1977 ou 1978. Relisant ce texte aujourd'hui, je me rends compte comment il fallait pédaler pour avoir l'air sérieux devant les fonctionnaires. En fait,* Pea Soup, *c'était tout simple. Un film sur l'oppression. Mais il fallait cacher tout ça sous un discours à l'air scientifique. Voilà pourquoi j'ai toujours eu l'impression de vivre à Moscou ou à Varsovie. Du langage pour apparatchiks.*

Pour arriver à saisir une réalité sociale, plusieurs approches sont possibles. Approcher un groupe par le biais du rêve me semble une approche privilégiée. Chaque individu rêve. Les sociétés aussi n'échappent pas aux règles de l'inconscient, aux rêves collectifs.

Les rêves d'un individu ne s'élaborent pas au hasard. On ne rêve pas n'importe quoi, n'importe quand, n'importe comment. Les rêves de l'individu naissent des désirs refoulés, des frustrations de la vie quotidienne. Il en est de même pour les sociétés. Les rêves collectifs, les mythes, les rituels sont déterminés par le vécu spécifique de chaque société. Les rêves collectifs, les mythes, les rituels permettent de régler au niveau de l'inconscient les oppositions vécues, les contradictions non solutionnées d'une société donnée. Le mythe n'est donc pas coupé de la réalité. Au contraire.

Les mythes collent à la réalité sociale. Quand la réalité sociale change ou se transforme, le mythe évolue à son tour. Cette thérapie collective s'adapte continuellement aux situations nouvelles. De vieux mythes meurent, de nouveaux naissent pour les remplacer.

Pourquoi se perdre dans la complexité de la réalité ? Pourquoi ne pas aller directement à l'essentiel ? Pourquoi ne pas pénétrer le merveilleux de l'imaginaire, qui simplifie à l'extrême, qui rend compréhensible une réalité qui ne l'est pas ? Pourquoi ne pas sortir de la réalité pour mieux y revenir ensuite, pour mieux la saisir ? Au lieu d'attaquer la réalité sociale de front, pourquoi ne pas le faire par le biais du rêve, de la mythologie ?

Suivant la définition de Roland Barthes, le mythe est parole. La mythologie est un langage. Mais un langage à décoder. Le rêve ne parle jamais directement des problèmes qu'il tente de solutionner. Il le fait toujours de façon détournée. Il le fait toujours indirectement, en camouflant, en masquant les problèmes qu'il traite. Mais ce n'est pas parce qu'au premier abord le rêve nous semble incompréhensible qu'il n'est pas un langage. Le langage des rêves est autre que le langage articulé, mais il n'en demeure pas moins un langage. Pour assurer la communication à l'intérieur d'une société, l'homme ne dispose pas seulement de la parole. Il y a 1 000 autres façons de communiquer : l'image, le vêtement, le geste, la musique, les systèmes de parenté, etc.

Ce qu'il s'agit de saisir dans *Pea Soup*, c'est le langage de la mythologie québécoise contemporaine dans son ensemble. Au XXe siècle, l'homme se sert-il encore du mythe comme outil de communication ? La mythologie est-elle une façon de penser, un système de langage propre aux sociétés dites primitives ? Claude Lévi-Strauss, après avoir travaillé sur la mythologie des sociétés non industrielles, a fait quelques tentatives de compréhension des mythes modernes (*Le Père Noël supplicié*). Des gens comme Jung, Bettelheim, Barthes, Simonis, Reich ont tenté depuis de nombreuses années de comprendre les fonctions et les règles de fonctionnement du mythe dans les sociétés développées.

C'est donc à partir des théories structuralistes et psychanalytiques que nous essaierons de comprendre l'ensemble de la mythologie québécoise. Mais il ne s'agit déjà plus de tentative. Nous avons prouvé, par deux courts métrages, l'importance de la mythologie pour la compréhension de la société québécoise. Dans *Continuons le combat*, nous avions tenté de comprendre et d'expliquer les fonctions multiples d'un phénomène social comme la lutte. Dans *À mort*, nous avions approché avec succès le Parc Belmont avec la même grille d'analyse. Nous sentons maintenant le besoin d'aller plus loin. Nous sentons maintenant le besoin d'agrandir l'arène, d'agrandir le Parc Belmont. Nous sentons maintenant le besoin de toucher la mythologie québécoise dans son ensemble. Tentative hasardeuse, bien sûr. Ridicule même. Jamais nous ne le pourrons. Une telle entreprise est vouée à l'échec au départ. Mais l'important, à mon avis, serait de faire des recoupements, des rapprochements. Toucher de front plusieurs des grands mythes de la société pour voir quels sont les grands problèmes de la société québécoise. Il arrive souvent qu'un même problème soit traité de façons différentes par plusieurs mythes. Il arrive souvent qu'un même problème donne naissance non pas seulement à un mythe, mais à plusieurs. C'est cette phase de la recherche qu'il nous faut maintenant traverser : agrandir l'arène ou le Parc Belmont aux dimensions de Montréal.

Une autre des fonctions du mythe est de fournir aux membres d'une société des normes de comportement, des modèles. Ainsi, dans certaines sociétés, qualifiées à tort de primitives, on construira un canot, une maison, tout en récitant le mythe d'origine. Le forgeron fabriquera les outils du rituel en récitant le mythe d'origine du feu, etc. Dans notre société, quels sont les modèles proposés, d'où viennent-ils, où ont-ils été élaborés, qui les a mis au point ? C'est ce que *Pea Soup* veut essayer de comprendre. *Pea Soup*, c'est un film sur la culture québécoise contemporaine.

Tout ceci semble bien intellectuel. Pourtant, notre intention n'est aucunement de faire un film intellectuel. Au contraire. La force du langage mythique, c'est justement de ne pas tenir un discours intellectuel. Le mythe parle à notre sensibilité, à notre inconscient, à nos tripes. Le risque de vouloir transcrire le discours mythique en discours rationnel est justement de perdre tout ce qui fait la force mobilisatrice du mythe. Nous avons montré dans deux courts métrages précédents que nous pouvions traiter rationnellement des mythes sans qu'ils perdent leur intensité dramatique.

Nous avons choisi de montrer l'aliénation culturelle des Québécois par un amoncellement, un entrecoupement de mythes. Peut-être le spectateur sera-t-il surpris au début de passer d'un film de cape et d'épée à l'oratoire Saint-Joseph, puis de la taverne à Blue Bonnets, puis du Forum de Montréal à la remise des médailles des vieux employés de la Domtar, de Batman aux annonces de Jean Béliveau pour la Banque de Nouvelle-Écosse, etc. La forme du film est le collage. Mais un collage qui a un sens, une direction. Tout film, d'ailleurs, est un collage. Ce n'est pas parce que le film aura une forme autre que celle des histoires d'Hollywood qu'il sera un film ésotérique ou intellectuel. Je ne suis pas le premier dans le cinéma québécois à tenter de trouver une forme de cinéma d'ici différente de celle d'Hollywood.

Depuis que je connais le cinéma québécois, il me semble (et à moi et à plusieurs autres) retrouver une même problématique fondamentale : la recherche de l'homme d'ici. *Pea Soup* veut se situer dans cette ligne. Il n'est qu'un mince effort, une petite contribution de plus à la tâche entreprise.

PEA SOUP

À mon avis, il s'agit d'une demande de bourse au Conseil des Arts du Canada (le plusse beau pays, le plusse riche, le plusse toute, avec les Rocheuses et la Police montée en plusse). Ça parle de Pea Soup, *le « chef-d'œuvre » du cinéma mondial que j'ai fait avec mon vieux camarade Poulin. « Chef-d'œuvre » terminé à peu près en 1977 et vu par quelques milliers de privilégiés. Le texte a sans doute été écrit vers 1975.*

Dans le monde merveilleux de Walt Disney, où est la place de l'homme québécois ?

Dans le monde merveilleux d'International Telegraph and Telephone, du National Film Board, du *Holiday Inn*, de la Canadian Broadcasting Corporation, de *Howard Johnson*, de la Canadian Film Development Corporation, du *Kentucky Fried Chicken*, de Télé-Métropole, de General Electric, de Power Corporation, où est la place de l'homme québécois ?

Dans le monde merveilleux du cinéma, où est la place de l'homme québécois ? Jaws, le requin en plastique américain, a remplacé le marsouin de l'île aux Coudres. « Au lieu de faire *Pour la suite du monde*, on aurait peut-être dû faire *Flipper* ou *Skippy*», déclare Pierre Perrault dans un récent article.

Dans le monde merveilleux du cinéma, il y a de moins en moins de place pour l'homme québécois.

Avec *Pea Soup*, nous voulons redonner à l'homme d'ici une image de lui-même qu'on lui a volée toute sa vie, qu'on lui vole encore quotidiennement. Avec *Pea Soup*, nous voulons renouer avec la grande tradition du cinéma québécois, avec la grande tradition du cinéma direct.

Il y a quelques années, dans une étude commandée par l'Unesco, le critique français Louis Marcorelles voyait dans le cinéma québécois des «éléments pour un nouveau cinéma». Marcorelles citait en exemple au monde entier le cinéma québécois : un cinéma national, direct, original, différent, un cinéma collé à la réalité, un cinéma lié au quotidien, un cinéma lié au peuple, un cinéma en transformation comme la société d'où il tirait sa vie.

Que s'est-il donc passé ? Le cinéma direct se meurt. Pas de sa belle mort. On l'a assassiné. De 1958 à 1970, ce fut l'explosion : la naissance de l'équipe française à l'ONF. Les belles années du cinéma direct : une activité fébrile, des expériences extraordinaires, les caméras dans la rue, *Les Raquetteurs, Golden Gloves, Normétal, Voir Miami et mourir, Un jeu si simple, Les Bûcherons de la*

63

Manouane, *Pour la suite du monde*, *Saint-Henri le 5 septembre*, *La Lutte*, *Jeunesse Année zéro*, *Les Zouaves*, *Le Règne du jour*, etc. Lentement, ce fut l'effritement. On n'était plus intéressé à voir se développer un cinéma lié aux luttes du peuple. Écœurés, un à un les meilleurs quittaient la boîte. De plus en plus, on disait non au documentaire, on disait non au direct, on disait non à Grierson. La censure se développait. Et avec elle l'autocensure, ce qui est autrement plus grave. On transformait lentement mais sûrement la boîte en officine de propagande gouvernementale. Liberté de création ? Connais pas !

Les cinéastes d'ici se retrouvent finalement dans un cul-de-sac. D'un côté, un gouvernement qui pourrait développer un cinéma de la vie et intervenir dans la distribution, mais qui ne le fait pas parce que c'est un gouvernement soumis et contre la vie (seul l'État pourrait développer le cinéma direct). D'un autre côté, l'industrie privée, soumise à une économie de marché, soumise aux normes commerciales de la SDICC (le cinéma n'est pas un art, mais une industrie), en concurrence directe avec le cinéma américain de type hollywoodien (le bulldozer culturel insignifiant le plus puissant du monde) qui ne peut qu'accepter les normes esthétiques et idéologiques de l'impérialisme *yankee*.

Nos meilleurs cinéastes se retrouvent donc dans la position suivante : ou bien ils s'accrochent à la tradition du cinéma direct lié à la réalité sociopolitique et alors ils crèvent de faim et ne tournent plus de films (Gilles Groulx), ou bien ils acceptent de rejouer le jeu et retombent dans le documentaire folkloriste de la pire espèce (style la migration des oies sauvages ou les plaisirs de la marche) ou dans le cinéma-vedettes, le cinéma-histoire-cucul, le cinéma-éternel-triangle, le cinéma-revolver-et-plottes-chromées, le cinéma-à-papa, le cinéma-d'auteur-à-petits-problèmes-psychologiques, le cinéma-évasion-pour-grands-enfants-qui-s'ennuient-les-dimanches. Le cinéma-écran. Écrans à la vie. Classe-écran.

Nous disons non au cinéma-écran. Nous préférons continuer la tradition qui va de Brault à Groulx, de Flaherty à Perrault, de Vertov à Lamothe, de Klein à Gosselin, de Joris Ivens à Arcand, de Rouch à Marker, de Leacock à Émile de Antonio, de Santiago Alvarez à Fernando Solanas.

Nous préférons, dans les circonstances historiques du moment, la liberté du vidéo aux chaînes dorées du 35 mm. Nous préférons des images pauvres à la qualité du grain des productions insignifiantes. Nous préférons la notion de *tercer cine* de Solanas à *The Great Gatsby* et à *Love Story*. Nous voulons continuer à cerner la réalité des hommes d'ici et d'ailleurs. Mais la liberté de création, c'est aussi la liberté de crever de faim.

L'an dernier, le Conseil des Arts nous octroyait une bourse pour tourner pendant un an un collage : *Pea Soup*. Pendant un an, un cameraman et un preneur de son ont ramassé une quarantaine d'heures de matériel. Quarante heures d'images et de sons des gens d'ici. À l'École de police du Québec, à Nicolet, on a ramassé six heures de matériel. Pour le tournage de *Pea Soup*, on avait besoin d'images de police. On voulait parler de répression : la police en est une forme parmi tant d'autres (les autres sont autrement plus subtiles, autrement plus efficaces). On voulait des images de police. On les a eues. Après des démarches longues et pénibles, on a pu tourner, avec un certain nombre de restrictions, pendant six jours, la vie quotidienne des aspirants policiers. On s'est retrouvés avec six heures de matériel. C'était merveilleux. On s'est dit : «C'est idiot de brûler un si beau sujet pour quelques plans dans *Pea Soup*. On a assez de jus pour pondre un petit document. Faut pas laisser passer cette chance.» On a donc décidé de laisser de côté *Pea Soup* pour un temps et de se consacrer uniquement au montage de ce qui allait devenir *Le Magra*. Ça nous a pris 5 mois à tourner, à monter, à sonoriser, à publiciser, à lancer le tout. Ça valait la peine. Résultat : une bonne couverture des journaux, une interdiction de diffuser de la part de la police, des entrevues à la radio, plus de 1 000 personnes en un mois dans une salle de 50 places, ouverture de *Videostone* à Paris avec *Continuons le combat* en programme double avec *Le Magra*, des copies en 16 mm disponibles dans quelques jours. Ce n'est pas tout de produire, faut diffuser.

Tout ça, c'est bien beau. Mais ça nous a mis 5 mois de retard sur le dos. Cinq mois de tournage de *Pea Soup* à l'eau. Après 7 mois, on se retrouve avec 33 heures de matériel. C'est énorme. C'est peu. C'est beaucoup, mais insuffisant. Trente-trois heures d'images et de sons : le travail dans 4 usines de Montréal, entrevue avec le patron, entrevue avec un ingénieur industriel (démentiel, *time study*, *movement study*, les dernières découvertes dans l'organisation dite scientifique du travail parcellisé, mécanique), le Montréal touristique avec Murray Hill et la grande bourgeoisie montréalaise, le St. Lawrence Yacht Club, le Mount-Royal Country Club, une taverne du ghetto canadien-français de l'est le soir du tirage du million, la Ronde, le *Biergarten*, *Chez Bourgetel*, les créditistes dans la Beauce, le *Café Rodéo* sur la Main, le tir de chevaux à Lac Mégantic, la musique de la famille Bégin à Saint-Ludger, les Canadiens et la coupe Stanley, le carnaval de Québec, la manifestation du 1er Mai, l'histoire du Québec à partir du Musée de cire de Montréal, la consommation du XXIe siècle à l'Hyper-Marché, un orchestre haïtien à Saint-Georges de Beauce, le père Noël, les usines multinationales à Beauharnois, le colonel Sanders, un club de pêche sur la Côte-Nord, la filature Lemieux, la messe à Saint-Georges, un mariage à Beauce-Nord, les entrepôts de la Brasserie Molson à Montréal, des draps dans les rues du ghetto, un poulailler à Châteauguay, une parade de mode au Stade des Expos, des images de violence depuis 1963, de la publicité, du cinéma américain, etc.

Quel fouillis! En apparence seulement. Trente-trois heures en sept mois, c'est peu. Trente-trois heures en sept mois, c'est énorme. Trente-trois heures en sept mois, c'est insuffisant pour un collage sur l'homme exploité, l'homme opprimé, l'homme aliéné. Trente-trois heures, c'est peu : des moments extrêmement intenses, des images très fortes qui vous pètent au visage, des bouts extraordinaires, des morceaux de vie à grimper sur les murs, mais aussi des images moyennes, très moyennes, et là-dessus beaucoup de *scrap*, beaucoup de conneries. C'est la rançon du direct. C'est pas toujours extraordinaire. Faut mettre du temps, faut tourner des heures souvent pour quelques moments très forts.

Trente-trois heures, c'est peu pour un collage sur une idée, sur l'idée d'aliénation. Avec *Pea Soup*, on avait rêvé de faire une montagne. Après sept mois, on s'aperçoit avec désespoir que la montagne est une colline. Que faire? Commencer le montage, la rage au cœur, en rêvant à la montagne, en se disant que ça aurait pu être extraordinaire. Et puis non. Sept mois, ce n'est pas assez. Ça prendra un an, deux ans, trois ans. Non. Continuer à rêver à la montagne. Faire une œuvre au souffle puissant. Continuer à tourner. Tourner à tout prix. Être disponibles à la réalité d'ici, se coller à la vie quotidienne. Accumuler jour après jour les images et les sons de la vie d'un peuple. Ramasser jour après jour les moments significatifs d'une culture spécifique.

Ramassis. Fouillis, non. Il ne s'agit pas de tourner n'importe quoi, puis de voir ensuite ce qu'on va en faire. Il s'agit de trouver des éléments qui possèdent en eux-mêmes une signification. Mais cette signification augmente, se précise, s'éclaircit, se transforme, insérée dans une structure globale. Dans un second temps, ce ne sont pas tellement les éléments eux-mêmes qui sont importants mais plutôt les relations entre ces éléments.

Il s'agit donc pour nous de reconstruire une structure logique à partir d'éléments qui semblent au premier abord disparates. Il s'agit de reconstruire la vie d'un peuple à un moment donné de l'histoire, à partir d'éléments qui dans la réalité sont apparemment dissociés. Mais ces relations ne sont pas le fruit de l'imagination délirante d'un créateur ni le fruit du hasard. Elles sont le résultat d'une étude scientifique, anthropologique de la culture québécoise. On ne tourne pas n'importe quoi, n'importe quand. Au pif. Chaque élément est soigneusement choisi.

Par exemple, est-il possible de mettre en relation le colonel Kentucky et l'exploitation des richesses naturelles, le cinéma hollywoodien et la vie quotidienne, parcellisation du travail et Loto Olympique, pornographie et travail, alcool, sport et quotidienneté? Des relations que permet le montage-collage. Mieux. Souvent les relations sont déjà inscrites clairement dans le réel pendant le tournage. Le montage-collage n'est pas nécessaire. Les faits ne sont même plus disparates dans la réalité filmable.

Pour arriver à toucher l'ensemble de la culture québécoise dans le sens anthropologique du terme, on aurait pu passer par le biais d'un individu ou d'une famille. C'est la forme adoptée par Asen Balicksi avec sa série de films sur les esquimaux Netsiliks, c'est la forme adoptée par Oscar Lewis dans ses recherches sur la culture de la pauvreté au Mexique et à Puerto Rico. Nous avons choisi le collage : recréer un sens à partir d'éléments divers. Un défi plus intéressant à surmonter. Au niveau du montage, ça crée des problèmes fantastiques, ça donne des possibilités inouïes. Par-delà l'unité d'espace et de temps, on doit tout raccrocher à l'unité d'idée : aliénation du colonisé. Par-delà les lieux, les heures, les saisons, les années, recréer la signification dans des voies ouvertes par Dziga Vertov, Gilles Groulx, Pierre Perrault. Pourquoi perdre du temps ? Aller à l'essentiel. Ne pas laisser l'unité se faire autour d'un individu. Aller directement à l'idée. Montage percutant, antihollywoodien.

Le montage, dans *Le Magra*, est assez traditionnel, quoique... Je vous en envoie une copie. Vous pourrez constater le chemin parcouru. Ça vous donnera une petite idée dc notre travail avec des images et des sons. Pour nous, c'est un point important. Mais il faut se rendre plus loin. Notre gros morceau, c'est *Pea Soup*. Je vous envoie également quelques extraits d'un tournage à la taverne *Pivar* à l'occasion du tirage de la Loto Olympique. Il est bien important de noter que ce n'est pas un montage. Seulement des extraits mis bout à bout rapidement, pour donner une petite idée, faire une petite démonstration. La grosse démonstration est à venir.

On ne produit rien d'important en quelques jours ou en quelques semaines. Créer, travailler, faire, pondre, accoucher, ça prend du temps. Un an, c'est beaucoup et c'est très peu. Deux ans pour créer, c'est peu. Deux ans pour faire un film, c'est rien. À moins qu'on veuille de la production à la chaîne, style General Motors. Faire des images et des sons, fabriquer, ça prend du temps et des sueurs. Ça prend des conditions minimales.

Le vidéo a toujours été considéré comme un parent pauvre du cinéma. Le grand mythe de la facilité. Ce n'est pas facile. Ce n'est pas plus facile que le cinéma. Les cinéastes snobs-bourgeois-intellectuels-frets-privilégiés regardent ça de bien haut. Pour nous, le vidéo, ce n'est pas une bébelle pour grands enfants, un trip pour passer le temps. Le vidéo, c'est notre outil de travail, c'est notre arme de combat. C'est un moyen de communiquer. C'est une façon de montrer la vie, de comprendre la vie, de transformer notre vie collective.

Mais la création, ça ne se fait pas dans les nuages, dans un esprit fumeux (avec de la brume comme dans les pièces de théâtre de Radio-Canada). Une œuvre, ça se fabrique sur des bases matérielles. Pour créer, il faut un minium vital. On n'est quand même pas pour se mettre sur le Bien-être social. Un minimum pour nous, ça veut dire 2 personnes payées au salaire minimum (2,80 $ l'heure) comme la majorité des gens d'ici. Ni plus. Ni moins. À 40 heures par semaine (on travaille pas nécessairement de 9 à 5 comme des fonctionnaires, des fois c'est plus, des fois c'est moins), ça fait 112 $ par semaine. Un minimum vital pour nous, ça veut dire les salaires de 2 personnes pendant 1 an : 2 personnes qui sont tour à tour réalisateur, éclairagiste, interviewer, cameraman, preneur de son, publiciste, afficheur, photographe, dessinateur, monteur, monteur de son, responsable du mixage. (Dans le monde du cinéma, ils sont 7 à se pogner le cul juste pour tourner une interview.) Deux fabricants qui contrôlent leur produit du début à la fin. Deux travaillants au salaire minimum qui doivent se chauffer, manger, baiser, fumer, se laver, travailler, s'habiller, vivre comme tous les autres. C'est très romantique, l'image du créateur tuberculeux, écrivant à la chandelle devant la fenêtre aux carreaux brisés de son taudis, les doigts gelés ben dur, la morve au nez, le ventre vide, la fièvre au front, mais c'est juste bon pour les films d'Hollywood avec du givre en *spray* pour faire plus vrai.

Oui ou non à la création libre. Oui ou non au réalisme. Oui ou non à la grande tradition québécoise du cinéma direct. Oui ou non à un cinéma de la vie, à un cinéma de l'homme. Oui ou non à des images d'ici pour des gens d'ici. Oui ou non à un cinéma pauvre. Oui ou non à l'homme. Oui ou non à la vie.

Oui ou non.

LE TEMPS DES BOUFFONS, PRISE 1

Début 1993. Proposition de montage soumise à l'ONF d'un film qui est devenu par la suite Le Temps des bouffons. *Après le montage-image, quand j'ai parlé d'un commentaire violent on m'a gentiment mis à la porte. Je n'en voulais à personne. Au contraire, je remercie les gens qui m'ont permis de franchir l'étape cruciale du montage.*

Quand le film est sorti en cassette, la grande boss *de l'ONF s'est mise à grimper dans les rideaux. Elle cherchait des coupables. Il n'y avait pas de coupables. Elle voulait des têtes. Heureusement, personne n'a perdu la sienne. Quelques mois plus tard, j'ai gagné le prix du meilleur court métrage au Festival de Sudbury. Le prix de l'ONF. La grande* boss *a signé le chèque.*

«Il faut renverser les monuments pour voir les vers qui grouillent.»

Pierre Vadeboncœur

Chaque hiver, la bourgeoisie *canadian* se donne en spectacle à l'hôtel *Queen Elizabeth*, lors du souper annuel du Beaver Club.

Menu

Floralie d'omble de l'Arctique au caviar de Corégone
*
Consommé cock-a-leekie
*
Suprême de perdrix à l'étuvée de maïs nain
*
Loup-garou
*
Gilet de bœuf en bison
Galette de riz sauvage
Tendres pousses de fougère
Petites carottes au miel
*
Désir de pommes en cage
*
Moka
*
Péchés mignons et gourmandises
*
Macon Blanc Villages
Côtes du Rhône
*
Cuvée Champagne Charlie
sélection spéciale Beaver Club

Donc, champagne Charlie à la main, nos bourgeois des deux langues, c'est-à-dire bilingues, bombent le torse, se pavanent et font bombance à s'en faire péter la panse. Et les bretelles. Déguisés en bourgeois de l'ancien temps, ils défilent au son des cornemuses, du *Ô Canada* et du *God Save the Queen*. Le temps des bouffons. Tous les m'as-tu-vu de la bonne société se bousculent au portillon. Il y a ceux qui en sont et il y a ceux qui veulent en être. Il y a les petits et il y a les gros. Ils se font voir et veulent être vus mais entre eux, loin des foules ingrates et envieuses. Ils se font voir de la populace mais à travers le filtre protecteur et aseptisant des médias qu'ils contrôlent.

Mais qu'est-ce que le Beaver Club ? C'est une vieille institution coloniale née de la Conquête anglaise. Comme chacun l'ignore (à force de regarder *Dallas* ou *Les Dames de feu*), les commerçants britanniques prennent le contrôle du commerce des fourrures en 1760. Chaque année, à la fin de la saison de la traite, les barons de la fourrure se réunissent dans une auberge de Montréal pour fêter les fortunes accumulées. Toute la rapace de l'époque est là : McGill, Ellice, Grant, Todd, Benjamin, Frobisher, Taylor, Forsyth, Mackenzie, McGillivray, Fraser, Smith.

Avec l'argent de la fourrure et leurs influences politiques, ces hommes de bien font main basse sur tout ce qui s'achète et se vend : respectabilité, honneurs, prestige, médailles, pouvoir politique. La *gang* de la fourrure assit son pouvoir.

On leur donne des millions d'acres de terre à même le domaine public. On les élève au rang de *lord*, comme Donald Smith, par exemple, crapule notoire devenue Lord Strathcona (le Lord Robert Maxwell de son époque). Ils deviennent seigneurs comme à Terrebonne ou à Beauharnois. On leur construit des monuments.

Comme les honorables membres de la mafia, après une ou deux générations, assis sur des tas d'argent plus blanc que blanc, ils deviennent l'élite de la société, éminents citoyens, bienfaiteurs de l'humanité, honorables présidents, distingués philanthropes.

Dans cette partie de l'Empire britannique, la fourrure sera la base de l'accumulation du capital. De là naîtront la Hudson Bay Company, la Bank of Montreal, la Dominion Textile, la Anglo-American Land Company, le Canadian Pacific, le Canadian National, etc. De la fourrure et de la terre, on passera au bois, au textile, au papier, à l'alcool, aux mines, etc. Toutes les grandes fortunes de la bourgeoisie canadienne naissent au Beaver Club de 1785, la fête par excellence de l'exploitation coloniale et de l'accumulation de la richesse.

Et c'est à la fin des années cinquante que la bourgeoisie canadienne fait revivre le souper annuel du Beaver Club. Par nostalgie, sans doute. Nostalgie du paradis perdu ou réaffirmation du paradis à perdre. À mi-chemin entre le souper du Rotary Club et le carnaval de

Québec, le Beaver Club tient du rituel de la cabane à sucre. Mais une cabane à sucre de luxe, voyante, arrogante, avec le mauvais goût bourgeois en plus. On se demande s'il faut pisser de rire dans ses culottes ou vomir.

Le Beaver Club, c'est *Les Maîtres fous* de Jean Rouch, mais à l'envers. Dans le rituel africain de Rouch, des esclaves jouent le rôle des maîtres. Les esclaves se libèrent psychologiquement, symboliquement, en mimant la vie des colons blancs. Ils prennent la parole, sous couvert de crise de possession. Ils dénoncent le colonialisme en jouant la situation coloniale.

Dans le rituel du Beaver Club, il n'y a même pas cet interstice de liberté dans le béton armé des institutions néo-coloniales *canadian*. Le contrôle est absolu. La possession est affaire de maîtres. Possession de la crise et non crise de possession. Autoglorification. Dans le rituel *canadian*, ce sont les maîtres qui jouent le rôle des maîtres. Les colons miment la vie des colons. Les grands chefs miment la vie des grands chefs, leur propre vie, pour se rassurer, affirmer leur pouvoir. Dans ce rituel inversé, les esclaves jouent le rôle des esclaves. Chacun à sa place. Comme dans la vie.

Les bourgeois sont déguisés en bourgeois, toutes langues confondues, bilingues et biculturels. Les Indiens sont déguisés en Indiens de centre d'achats avec tam-tam et calumet de paix. Les musiciens et les *waiters*, évidemment, sont déguisés en Canadiens français. Ceinture fléchée et chemise à carreaux. Pas de raquettes. De porteurs d'eau, ils sont devenus porteurs de champagne et de petits fours. Dans le cas des *waiters*, les rôles de Canadiens français sont joués par des immigrés : Grecs, Portugais, Polonais, Bulgares et autres minorités invisibles qui forment la piétaille habituelle des grands hôtels montréalais. Pas de Noirs pour les rôles de Canadiens français. Pas de Noirs du tout, d'ailleurs. Sauf peut-être dans les coulisses, déguisés en laveurs de vaisselle. Les Français, eux, sont déguisés en grands chefs cuisiniers. La cuisine et le cul, dans la mythologie britannique, sont éminemment français. Dans le rôle du chasseur inuit, on a réussi à caser un jeune du *Chinatown*. Il y a là aussi quelques journalistes téteux déguisés en éditorialistes serviles.

Cette année-là, en 1985, ils sont tous là, pour fêter le bicentenaire du Club. Dans cette grande fête de la bonne entente et de l'unité nationale, ils sont venus déguisés en amiral, en général, en grand capitaine, en marquise, en gentilhomme. Non, il n'y a pas d'homme-grenouille, ni d'empereur romain, ni de Cléopâtre. On n'est pas à l'Halloween quand même !

À la table d'honneur, l'animateur de la soirée et néanmoins sous-chef de *La Presse*, Roger D. Landry, avec sa fausse barbe et son haut-de-forme en carton, échange des civilités avec le sous-chef de la *Gazette*. Les lieutenants-gouverneurs des diverses provinces qui forment notre beau et grand pays tètent leur soupe du bout des lèvres, entourés de quelques chevaliers de l'industrie. Des *foremen* qui discutent avec des *yesmen*. Des inventeurs de la pizza congelée qui discutent avec des gérants des ventes pour l'est du Canada. Tout au bout de la table, Andrew Delisle, déguisé non en *cigarette-girl*... mais en grand chef mohawk, rigole avec Kenneth Mackay, de la Cour supérieure du Québec.

Bref, tout le monde est là ou presque. Les gens de Power, ceux de chez Birks, de Bombardier, du CN, de Nordair, de Canada Steamship, de Canadian Utilities, etc. L'élite économique et politique, comme diraient les journalistes. Hommes d'affaires et politiciens s'échangent des sièges dans ce grand jeu de chaise musicale qui nous tient lieu de système politique. Dans le rituel comme dans la vie. Comme dans le bon vieux temps. Tragi-comédie. Un film comique, comme aurait dit Jacques Brel.

Ce film a été tourné un soir de janvier 1985, gratuitement, pour l'amitié et le plaisir de travailler ensemble, par Alain Dostie à la caméra et Serge Beauchemin au son. C'était un tout petit projet. Mais j'y tiens. Sentimentalité ! Peut-être. Tête de cochon ! Sans doute. Suite dans les idées ! Sûrement.

J'aime bien ce petit projet, parce qu'il correspond à un moment un peu sombre de ma vie. Quatre longues années de chômage. On ne voit pas le bout du tunnel. Les projets sont refusés de façon systématique. On se sent condamné au silence. Comme beaucoup d'autres. On cherche des raisons d'espérer. On se demande s'il ne faudrait pas se recycler : gérant chez Yellow Shoes Ltd, chauffeur de taxi, pileur dans une cour à bois. Bref, un travail honnête pour gagner sa vie honnêtement. Un travail utile comme pelleteur de fumier plutôt que fabricant de pub.

Ce petit projet, pour moi, était une raison d'espérer. Pour ne pas mourir, je tentais de continuer à faire des films, de la façon la plus autonome possible. Par entêtement, sans trop de moyens, je voulais arriver à produire, envers et contre tout, un film de 5 à 10 minutes par année. Continuer à intervenir à la mesure de mon impuissance. Continuer à provoquer. Je voulais faire des films simples, le plus simplement possible. À la Bolex à *spring* à la rigueur. Des films de quêteux. Quêteux professionnel, comme tout cinéaste. Des films qu'on peut tourner en un seul jour, deux ou trois au maximum, pour pas faire chier trop longtemps ceux qui acceptent de travailler gratuitement avec toi.

J'avais acheté une vieille Moviola à 100 $. Mais je passais plus de temps à jouer dedans avec mes tournevis qu'à jouer avec ma colleuse italienne volée. Finalement, ma paresse congénitale est venue à bout de mes belles résolutions. J'ai remisé le film inachevé dans ses boîtes et tassé le projet dans un recoin de mon cerveau. Finalement, je suis parti sus *Le Party*.

Mais j'ai toujours le goût de ce petit film, comme disent les critiques et autres définisseurs de ce qu'est l'art. Un petit film pas cher, à l'ancienne encore une fois, comme pour *Le Steak*. Un petit film comme on en faisait avant l'invention de la Nagra. Un petit film à commentaire, de 10 à 15 minutes. Un commentaire écrit et raconté par je. Un peu à la manière de Léo Ferré dans *Il n'y a plus rien*.

Un petit film pour prouver qu'on peut encore dire. Avec peu de moyens. À la mesure de ses moyens.

LE TEMPS DES BOUFFONS, PRISE 2

C'est le commentaire du film. J'y ai rajouté trois ou quatre phrases que j'avais soit oubliées lors de l'enregistrement, soit fait sauter au montage, faute d'espace. Écrit en 1993.

On est au Ghana en 1957, avant l'indépendance. Jean Rouch tourne un documentaire, *Les Maîtres fous*, sur la religion des Haoukas. Chaque année, les membres de la secte se réunissent pour fêter. Ils sont possédés. Possédés par des dieux qui s'appellent le gouverneur, le secrétaire général, la femme du gouverneur, le général, la femme du docteur. En 1957, le Ghana, c'est une colonie britannique... quelques rois nègres pour faire semblant, mais les vrais maîtres sont anglais. Une colonie avec tout le *kit*: *Union Jack*, *God Save the Queen*, perruques, cornemuses, pis la face de la reine en prime. Ici, on connaît.

La religion des Haoukas reproduit le système colonial en plus petit, mais à l'envers. Les colonisés se déguisent en colonisateurs, les exploités jouent le rôle des exploiteurs, les esclaves deviennent les maîtres. Une fois par année, les pauvres mangent du chien. Une fois par année, les fous sont maîtres. Le reste du temps, les maîtres sont fous.

On est au Québec en 1985. Chaque année, la bourgeoisie coloniale se rassemble au *Queen Elizabeth Hotel* pour le banquet du Beaver Club. Ici, pas de possédés, juste des possédants. À la table d'honneur, avec leur fausse barbe et leur chapeau en carton, les lieutenants gouverneurs des 10 provinces, des hommes d'affaires, des juges, des Indiens de centre d'achats, des rois nègres à peau blanche qui parlent bilingue. Comme au Ghana, on célèbre le vieux système d'exploitation britannique. Mais ici, c'est à l'endroit. Ici, les maîtres jouent le rôle des maîtres, les esclaves restent des esclaves. Chacun à sa place !

— Bonsoir, mesdames et messieurs. *Good evening, ladies and gentlemen. My name is Roger Landry. I am your president of the Beaver Club. It is my privilege to welcome you to the twenty-seventh annual dinner of the Beaver Club celebrating this year the two-hundredth anniversary of the Beaver Club in Montreal.* Sont réunis ici ce soir, dans cette illustre enceinte, des personnalités dont le seul nom évoque assurément la grandeur et l'honorabilité puisque, en fait, à cette table ils sont tous honorables. En titre... Mais rassurez-vous, ce soir, exceptionnellement, ils redeviennent tous humains et les règles du protocole sont dès maintenant abolies. Avant de ce faire, j'ai reçu, il y a quelques instants, *a few minutes ago this telegram : I am very sorry that I am unable to be with you tonight, but I am pleased to be able to send congratulations on the occasion of these anniversaries.* Je vous souhaite à tous une soirée agréable et au Club Beaver beaucoup de succès dans les années à venir. *The right honourable prime minister of Canada, Brian Mulroney.*»

Des bourgeois pleins de marde d'aujourd'hui déguisés en bourgeois pleins de marde d'autrefois célèbrent le bon vieux temps. Le bon vieux temps, c'est la Conquête anglaise de 1760 ; par la force des armes, les marchands anglais s'emparent du commerce de la fourrure. Chaque année, les grands *boss* se réunissent pour fêter leur fortune. Ils mangent, ils boivent, ils chantent. Ils s'appellent McGill, Ellice, Smith, Frobisher, Mackenzie. C'est ça, le Beaver Club il y a 200 ans. C'est la mafia de l'époque. Ils achètent tout : les terres, les honneurs, les médailles, le pouvoir, tout ce qui s'achète. La *gang* de la fourrure forme lentement l'élite de la société. Les voleurs deviennent tranquillement d'honorables citoyens. Ils blanchissent l'argent sale en devenant banquiers, seigneurs, politiciens, juges. C'est ça, le Beaver Club au début.

Deux cents ans plus tard, leurs descendants, devenus tout à fait respectables, font revivre cette fête par excellence de l'exploitation coloniale. Le gros Maurice, ministre des Forêts, devenu *boss* d'une multinationale du papier. Jeanne Sauvé, sa femme, administrateure de Bombardier, d'Industrial Insurance, et gouverneuse générale. Marc Lalonde, ancien ministre des Finances, maintenant au conseil d'administration de la City Bank of Canada. Francis Fox, ministre des Communications, engagé par Astral Communications. Toute la *gang* des Canadiens français de service est là, costumée en rois nègres biculturels. Des anciens politiciens devenus hommes d'affaires. Des anciens hommes d'affaires devenus politiciens. Des futurs politiciens encore hommes d'affaires.

Toute la rapace est là : des *boss* pis des femmes de *boss*, des barons de la finance, des rois de la pizza congelée, des mafiosos de l'immobilier. Toute la *gang* des bienfaiteurs de l'humanité. Des charognes à qui on élève des monuments, des profiteurs qui passent pour des philanthropes, des pauvres types amis du régime déguisés en sénateurs séniles, des bonnes femmes au cul serré, des petites plottes qui sucent pour monter jusqu'au *top*, des journalistes rampants habillés en éditorialistes serviles, des avocats véreux, costumés en juges à 100 000 $ par année, des liche-culs qui se prennent pour des artistes. Toute la *gang* est là : un beau ramassis d'insignifiants chromés, médaillés, cravatés, vulgaires et grossiers avec leurs costumes chics et leurs bijoux de luxe. Ils puent le parfum cher. Sont riches pis sont beaux ; affreusement beaux avec leurs dents affreusement blanches pis leur peau affreusement rose. Et ils fêtent...

Au Ghana, une fois par année, les pauvres imitent les riches. Ici, ce soir, les riches imitent les riches. Chacun à sa place... Les bourgeois anglais se déguisent en bourgeois anglais, les collabos bilingues s'habillent en collabos bilingues, souriants et satisfaits, les Écossais sortent leur jupe écossaise, les Indiens se mettent des plumes dans le cul pour faire autochtones. On déguise les Québécois en musiciens pis en *waiters*. Les immigrés ? Comme les Québécois, en *waiters* ! Chemises à carreaux et ceinture fléchée. Manque juste les raquettes pis les canisses de sirop d'érable. Des porteurs d'eau déguisés en porteurs de champagne. Alouette, gentille alouette !

C'est toute l'histoire du Québec en raccourci. Toute la réalité du Québec en résumé : claire, nette pour une fois, comme grossie à la loupe. Ce soir, les maîtres fêtent le bon vieux temps. Il fêtent l'âge d'or et le paradis perdu. Ils crient haut et fort, sans gêne, leur droit au profit, leur droit à l'exploitation, leur droit à la sueur des autres. Ils boivent à leurs succès. Ils chantent que tout va bien, que rien ne doit changer, que c'est pour toujours... toujours aux mêmes, toujours les mêmes.

Ils sont pareils partout... à New York, à Paris, à Mexico. Je les ai vus à Moscou vomir leur champagne et leur caviar sur leurs habits *Pierre Cardin*. Je les ai vus à Bangkok fourrer des enfants, filles ou garçons, pour une poignée de petit change. Je les ai vus à Montréal dans leur bureau avec leurs sales yeux de *boss*, leur sale voix de *boss*, leur sale face de *boss*, hautains, méprisants, arrogants. Des crottés avec leur chemise blanche pis leur *Aqua Velva*. Minables avec leur Mercedes pis leur raquette de tennis ridicule. Comme des rats morts. Gras et épais avec leurs farces plates pis leurs *partys* de cabane à sucre. Pleins de marde jusqu'au bord à force de bêtise et de prétention. Crosseurs, menteurs, voleurs. Et ça se reproduit de père en fils. Une honte pour l'humanité !

Au Ghana, les pauvres mangent du chien. Ici, c'est les chiens qui mangent du pauvre. Et ils prennent leur air surpris quand on en met un dans une valise de char.

— Ensemble, merci au chef, nos applaudissements, nous lui disons merci. *Ladies and gentlemen, together let's thank magnificently.* Bravo ! Et maintenant, *as president of the Beaver Club, may I say to you the following : never any club has been so honoured and so magnificently rewarded on its two-hundredth anniversary to have such a magnificent membership as you are.* À vous tous, nos membres, à nous tous, applaudissons-nous. *We are magnificent people and I raise my hat to all of us.* Bravo. *Your are as beautiful as I think I am. Thank you very much. Good evening.* Bravo. *Good night.* Tout le monde, les serviettes, on fête, on témoigne notre appréciation. *Everyone, yes, that's right !* Bravo.

Applaudissons-nous. *We are magnificent people.* Quelle bouffonnerie !

— Bravo. *God bless you.*

«Ils ne sont grands que parce que nous sommes à genoux.»
La Boétie

La distribution, un travail de Vietnamien

Écrit pour le catalogue d'une exposition canadian *de vidéo. Je ne me rappelle plus quand exactement. En 1978, sans doute. Je me rappelle seulement m'être ennuyé à mourir dans ces congrès bilingues. On réunissait des artistes de la vidéo et on devait se parler. J'ai jamais trop compris pourquoi, d'ailleurs, on se réunissait autour d'un outil. Un outil, c'est un outil. L'important, c'est ce que tu fais avec, pas l'outil lui-même. Un peu comme si on faisait des congrès d'utilisateurs de marteaux ou de porteurs de lunettes.*

«L'apprentissage de la haine»
Pierre Perrault

«À temps de guerre, art de guerre...»
David Alfaro Siqueiros

Je résiste : je suis québécois. Je travaille à libérer mon pays du néo-colonialisme et de l'impérialisme. Je lutte contre l'oppression, l'exploitation et le génocide. Je me bats comme des millions d'autres depuis maintenant 218 ans. Je résiste.

Je me bats avec des images, des sons, des cadrages, des mots, des éclairages, des cris, des montages, des rythmes, des musiques. J'ai voulu parler de mon peuple, de sa vie quotidienne, de sa lutte, de sa misère, de sa force, de sa beauté, de sa tristesse, de sa soif de vivre, de la bêtise organisée, planifiée, encouragée, monnayée. On m'a dit non. J'étais naïf. Je suis encore naïf. Moins. Je comprends mieux qu'il n'y a rien à attendre de l'ennemi. L'ennemi, qui possède les outils de production des images et des sons, connaît bien l'importance des moyens de communication dans sa guerre contre le peuple québécois.

L'ennemi aime bien parler de la migration des oies sauvages, de la culture des tulipes d'Ottawa, des Jeux olympiques, de la vie secrète des plantes, du stress et du cave à Selye.

Mais l'ennemi n'aime pas qu'on parle du peuple québécois. Touchez pas à ça. Interdit. *Private property. No trespassing.*

Pourtant, il faut. Il faut parler de la vie, du peuple, du pays à libérer. Par n'importe quel moyen. À tout prix. Même avec de la broche à foin. Il y a des petits moyens, mais il n'y a pas de mauvais moyens. La valeur d'une œuvre se mesure-t-elle à la grosseur de la caméra ? Dans les tranchées, les cinéastes vietnamiens ont montré la lutte de leur peuple en super 8. Alors... Le vidéo serait-il déshonorant ? Pour certains, oui. Des caves qui pètent plus haut que leur trou.

Pourtant, plusieurs ont plongé dans la vie de leur peuple, en vidéo, sans attendre l'autorisation en trois exemplaires des bureaucrates de l'image. Finie la censure. La seule censure devient la paresse, la pauvreté, le manque d'imagination, le peu d'audace. Quand même, l'ennemi devait bien rigoler. Sony également. Pendant qu'on joue avec nos bébelles, on fait pas de bruit. L'ennemi t'attend à la sortie. Tu croyais l'avoir fourré au niveau de la production, il se reprenait au niveau de la distribution. On croyait qu'il ne contrôlait que la production. On avait oublié le contrôle sur la distribution. Après des années d'artisanat, de bouts de ficelle, de système *D*, on se retrouve face au monstre du système de distribution. Comme un cave, tu deviens dépendant de la supermachine distributrice de l'ennemi. Tu te trouves soudain à la merci de l'émetteur, de l'antenne, du satellite, du bidirectionnel, du câble, de la salle de projection, du terminal, du cerveau électronique, du marketing. Rage et impuissance.

Tant qu'à produire de façon artisanale, pourquoi pas distribuer de façon artisanale ? Le satellite, c'est bien beau pour la mort de Paul VI ou pour la visite de la reine en Nouvelle-Zélande, mais pour le peuple québécois... Écran de fumée. Fumisterie.

Moi, je m'en crisse du satellite, du cerveau électronique, du consommateur américain betamaxisé, de la télévision *coast to coast*. Ça change rien à ma vie, la couleur, la stéréo, le tridimensionnel. Ça ne nous permet pas plus de renvoyer au peuple les images et les sons de sa vie. Un jour, il faudra bien s'emparer du satellite et de tout le bataclan. Pour l'instant, on n'en est pas là. Distribuer, c'est comme produire. On a besoin de beaucoup de bras, de jambes, de têtes, d'imagination et de courage. Aller vers le peuple par-dessous le satellite ennemi, devant l'ordinateur ennemi, malgré l'émetteur ennemi. L'homme est plus précieux que la machine. C'est fou le nombre d'affiches que tu peux coller à deux gars en deux jours. Si on multiplie un peu, c'est drôlement efficace.

Il ne s'agit pas d'être marginal, ni *underground*, ni parallèle. Il s'agit d'être efficace avec des moyens réduits. Il s'agit de vaincre.

Je veux bien d'un système de distribution au Canada. Je n'ai rien contre un système de distribution à l'étranger. Je trouve même ça important que le peuple canadien comprenne la justesse de la lutte du peuple québécois et ne se laisse pas embarquer par les bandits qui nous exploitent dans une quelconque entreprise de répression.

Mais je crois plus important encore de construire un système de distribution au Québec. L'essentiel est là. Rejoindre le peuple québécois. Lui permettre de parler, lui permettre d'entendre, lui permettre d'écouter, lui permettre de vaincre.

Suivant les circonstances historiques, certaines choses sont importantes. Mais d'autres plus importantes encore.

À force de courage...

Morts de rire

Petite contribution pas très drôle au phénomène collectif du comique qui nous a frappés dans les années sombres de l'après-Référendum. Et la noirceur persiste. La longue nuit canadienne. Publié dans l'Aut'journal il y a quelques années sous le titre « Le Temps des bouffons ». J'ai repris le titre plus tard pour un pamphlet cinématographique. Inconsciemment. Ou peut-être halzeimer.

L'humour. Le Québec. Je ne vois vraiment pas ce qu'il peut y avoir de drôle et je n'ai pas précisément le goût de rire. Par les temps qui courent, je préfère rester caché sous mon lit ou, encore mieux, m'enfermer dans le garde-robe. C'est à pleurer. Après tout, c'est peut-être pour ça que le monde a le goût de rire. Peut-être justement parce que c'est à pleurer. Rire pour au moins survivre mentalement. Comme pendant la Crise de 1929, quand on suivait les *stars* dans les lancements de films : champagne, limousines, fourrures... Rêver. Rêver coûte que coûte. Pour pouvoir durer une journée de plus. Pour ne pas se tirer une balle. Pour oublier.

Comment essayer de penser en dehors des clichés ? Sans être partiel, partial, injuste ou prétentieux ? On l'est sans doute inévitablement. Comment ne pas penser avec ses pieds ? Librement. Au risque de se tromper et de dire des grossièretés. Comment essayer de réfléchir sur le réel quand le seul réel qui me parvient est le réel préfabriqué par des journalistes morons ? Le réel tordu, aseptisé, rendu conforme et acceptable par la presse, la radio et la télévision. Des tartes qui interviewent des tartes. Des tartes de bon goût. Les pires.

Dans ma jeunesse, je pensais que les artistes étaient des gens intelligents. On peut se tromper. Ça arrive. C'est pas parce que Stéphane Richer est un génie de la *puck* dans le *net* qu'il est intelligent. Pareil pour les artistes. Avant, je croyais que les artistes étaient des prophètes. Les prophètes des temps modernes : ils annonçaient les idées à venir. Ils avaient une longueur d'avance sur le plan de la pensée collective. Je crois aujourd'hui que seuls quelques-uns y parviennent. Les autres ne sont que des reflets, avec ou sans talent, de l'état mental de leur société. Des éponges qui absorbent toutes les modes. Dans leur désir d'être aimés et de faire carrière, ils s'adaptent, se transforment, se changent, se déguisent pour essayer d'être au goût du jour. Cheveux longs ou courts, blancs ou noirs, graisseux ou frisés, verts ou rouges, ils flairent la direction du vent. C'est leur plus grand talent. On peut donc saisir l'esprit d'une époque, d'une société, du moins en partie, au travers du travail des artistes.

Humour absurde. C'est ainsi que nos brillants critiques caractérisent l'humour de l'époque. Nos gérants d'estrades se sont inventé une étiquette : l'absurde. Moi, je veux bien. Mais on est loin de l'absurde qui a mené Camus à *L'Homme révolté*. Je crois plutôt que l'absurde est principalement en dehors du texte de nos humoristes. L'absurde est à côté. Autour.

Dans la bouche de nos brillants analystes, l'absurde n'est que de la poudre aux yeux. Une justification pseudo-intellectuelle pour masquer le vide de la pensée comique. Il faut faire rire à tout prix, mais surtout sans rien dire. De toute façon, personne ne veut rien entendre.

On devrait parler plutôt d'un comique du rien. Un comique du trou noir. De l'amnésie. Un comique qui tourne en rond pour refléter une pensée qui se mord la queue.

Des imitateurs imitant des imitateurs en train d'imiter. Du comique Xcrox. Du comique Guinness dans le cas du petit chien savant capable d'imiter 534 chanteurs de charme en 2 min 27 sec. Et nos journalistes colonisés de mouiller leurs culottes de plaisir en regardant Johnny Carson. La prochaine étape sera sans doute l'imitation du livre de téléphone au complet.

La pensée collective telle que réfléchie par l'humour serait-elle une pensée vide ? L'absurde, à mon avis, est à l'extérieur du discours comique actuel. Il serait plutôt à chercher dans la récupération de l'humour par les marchands de petits pois, de capotes ou de cheddar canadien en tranches. Un humour engagé... par les annonceurs. Nous vivons l'époque des comiques engagés comme on disait «un homme engagé». Des comiques à gages. Des mercenaires du rire. Chaque agence de publicité finit par s'en payer un pour vendre sa cochonnerie. Il suffit d'y mettre le prix. Et je ne juge personne. Je constate tout simplement, avec tristesse. Point.

Conscience, honnêteté, responsabilité, vérité, respect de soi, justice, liberté. Non. La seule liberté de l'époque, c'est la liberté vendue par les compagnies d'assurance à 55 ans. L'époque est à la piasse. Tout s'achète. Tout se vend. Même les comiques. Surtout les meilleurs. Chacun a son prix. Il est là, l'absurde.

Elle est peut-être là, notre pensée collective ? L'absurde n'est pas dans l'humour, il est dans notre tête. Le gars de Saint-Henri lave toujours le char du *boss*, mais maintenant c'est au service de General Motors.

L'époque est à la fête. On fête quoi, au juste ?

PORNOGRAPHIE

Paru dans la revue Lumières *à l'automne 1991. Les réalisateurs de films du Québec dénonçaient le rapport Arpin, qui préconisait le rapatriement au Québec de tout ce qui touche à la culture.*

«Une chose qui prouve, selon moi, que l'art est complètement oublié, c'est la quantité d'artistes qui pullulent. Quand je songe que quantité de gens de lettres maintenant jouent à la bourse, si cela n'est pas à faire vomir. Comme tous ces poètes-là eussent été de bons épiciers il y a cent ans, quand il était impossible de gagner de l'argent avec sa plume, quand ce n'était pas un métier. Il y a plus de bourgeoisisme pur dans les gens de lettres que dans les épiciers.»

Gustave Flaubert

Dans mon bout, près de la rue Ontario, y a une immense bande-role : «La prostitution c'est fini, les voisins surveillent.» Les bonnes âmes du quartier ont déclaré la guerre aux putes. Mort aux pauvres. Cela est admirable : éliminer les effets en oubliant la cause. Nier la pauvreté en la balayant sous le tapis, en la repoussant vers l'est.

Et les putes du cinéma ? Putes de luxe à l'abri des regards indiscrets des voisins.

Par les temps qui courent, les artisses se garrochent sur le rapport Arpin. Putes de bas étage, poules de luxe, putes à la petite semaine, putes d'occasion, putes de grand chemin, il y en a pour tous les goûts. C'est à qui baisserait ses culottes le plus vite. C'est à qui écarterait les fesses le plus grand. Grande vente de liquidation du cinéma québécois. Annonces classées.

«Échangerais position fédéraliste contre subventions, médailles de tout ordre, vieux trophées, voyages à l'étranger, petits ou gros chèques et autres bénéfices marginaux.»

«Pays à vendre. Artiste prêt à tout pour jouer avec Kodak (gros de préférence). Vendrais père et mère. Je suce, je rampe, je me fouette, je liche les pieds ou les culs, c'est selon. Satisfaction garantie.»

«Spécialiste de la vente de n'importe quoi à n'importe qui vendrait idées politiques tordues au bon peuple. Références : Molson, Bell, GM, *McDonald's*, Banque Royale, etc.»

«Génie méconnu, à l'aise dans films sans odeur, sans saveur et parfaitement inoffensifs. Toutes les offres, même non sérieuses, acceptées. Vue de cul ou film de monstres, même pub sur Pierre

Elliott Trudeau, ce très grand héros de notre temps. *Ready for a fast buck.*»

«Échangerais pinottes du Québec contre miettes du Canada. Ne veux pas perdre mes montagnes Rocheuses, ma télévision en couleurs, ma pension de vieillesse et surtout mon chèque du Conseil des Arts.»

«Créateur gras dur échangerait collier de chien de fonctionnaire, en cuir, contre collier de chien de producteur privé, en similicuir. Je marche à la baguette. Je coupe des séquences au doigt et à l'œil comme un chien savant.»

Ce sont des artisses. Critique du rapport Arpin, je veux bien, mais faudrait pas confondre la cuisine et les idées politiques, les structures ou les fonctionnaires en place et les principes. Ce sont des artisses. La théorie fédéraliste des deux robinets d'inspiration trudeauiste leur tient maintenant lieu de pensée. Ils ont ajusté leur morale à l'épaisseur de leur portefeuille.

Ce sont des artisses. Ils passent du statut de quêteux à celui de putes. Ce sont des assistés sociaux qui parlent comme des entrepreneurs de la chambre de commerce. Cinéastes et Conseil du patronat, même lutte même combat.

Ce sont des artisses. Ils voulaient changer le monde, ils ont simplement changé d'idée. Aujourd'hui, ils veulent changer de *job*, de char ou de set de salon. Point. Ils ont été indépendantistes, *hippies*, maoïstes, granolas, féministes, *peace and love*, marxistes-léninistes et finalement *new wave*. Ils sont devenus de jeunes ou de vieux *yuppies* pleins de marde.

Ce sont des artisses. Drapés dans leurs costumes de créateurs pour cacher leurs habits trois-pièces, leur *power suit*, ils défilent au nom de la liberté des artisses. Luttes corporatistes, comme celles des fonctionnaires québécois en 1980. Un chèque, un vote! Une piasse, un oui!

Ce ne sont pas des citoyens, mais des artisses de variétés. Et contrairement à Ferré, ils ne s'intéressent qu'à l'Art avec un grand A. L'art au-dessus de l'histoire, l'art au-dessus des classes sociales, l'art au-dessus des luttes. Culture, *my ass*! Marx s'est trompé. Ce sont les *boss* qui n'ont pas de patrie. Suce-la-cenne et baise-la-piasse du monde entier, unissez-vous!

«Un des moyens de contrebalancer l'attrait du séparatisme, c'est d'employer un temps, une énergie et des sommes énormes au service du nationalisme fédéral. Il s'agit de créer de la réalité nationale une image si attrayante qu'elle rende celle du groupe séparatiste peu intéressante par comparaison. Il faut affecter une part des ressources à des choses comme le drapeau national, l'hymne national, l'éducation, les conseils des arts, les sociétés de diffusion radiophonique et de télévision, les offices du film. »

Pierre Elliott Trudeau,
Le Fédéralisme et la Société canadienne-française

LE CINÉMA POLITIQUE DE WALT DISNEY

Critique-fleuve ou roman interminable envoyé à Format-Cinéma *et publié sans doute dans les années 1976-1977. Je m'ennuie de ce petit quatre pages sans prétention écrit par des camarades du milieu du cinéma. Je m'ennuie surtout des gens que j'y côtoyais : André Paquet, Jean Chabot, Jacques Leduc, Maurice Bulbulian. Les pauvres qui devaient subir mes longs papiers. Merci, les gars.*

«Laisse faire les vues, il y a déjà assez d'écrans à la vie.»

Gilles Groulx

Quand on connaît les liens financiers qui existent entre les multinationales du cinéma et les marchands de canons, les chaînes hôtelières, les compagnies d'aviation, d'électronique, de location de voitures, de chèques de voyage, on ne se surprend pas que le cinéma soit une industrie ni que la critique soit industrielle.

Les cinémas Odéon sont contrôlés par la Rank Organization, un des multiples canaux des capitaux amassés par la compagnie d'assurances britannique Eagle Star. Le président du club de hockey Canadien siège aussi au conseil d'administration de la Eagle Star Insurance et quatre des directeurs du club sont aussi directeurs de la Trizec Corporation, une filiale de la multinationale britannique English Property Corporation, un autre des canaux utilisés par la Eagle Star Insurance. Les Rangers de New York appartiennent à Gulf and Western Industries, qui contrôlent Paramount Pictures.

On fabrique du cinéma et de la critique comme on fabrique du désodorisant ultrasec, ou des capotes de couleur. Par le biais du divertissement, en douce, mine de rien, l'impérialisme en arrive à contrôler nos esprits, à nous faire intégrer ses valeurs, à mouler nos comportements à son avantage. La grande force de l'idéologie dominante véhiculée par ce cinéma, c'est de se définir comme non idéologique. Plus efficace qu'un discours de Jean Chrétien. Plus subtil, plus global, plus sournois.

D'abord, le cinéma devenu réalité, *Disney World, Florida, America*. 1976, l'année du bicentenaire des *USA*. Dans ce lieu sacré du rêve américain, les pèlerins sont venus nombreux oublier les enfants du Viêt-nam, Nixon, la CIA au Chili, Rockwell en Iran, les F16 en Palestine. Les grands prêtres de la multinationale Walt Disney Productions ont bien fait les choses. En plus de l'attaque du fort par les Indiens en *running shoes*, de l'hippopotame en plastique qui rase de manger le bateau, du tour de sous-marin *20 000-lieues-sous-les-mers* en véritable imitation de papier mâché, les croyants ont droit en prime cette année au défilé de l'indépendance revu et corrigé par les théologiens du monde merveilleux de l'enfance. *In gold we trust.*

Premier char. Maman! Quelle merveille! Donald Duck joue de la flûte, Mickey Mouse du tambour et Goofy porte bien haut le drapeau américain. *Yankee Doodle*, le chant de l'indépendance. Derrière eux, un globe terrestre immense. En plantant ses serres dans notre Terre, pardon leur Terre, un aigle gigantesque couvre le trio «révolutionnaire» de ses ailes protectrices. Des milliers d'enfants, les yeux ronds, la bouche ouverte, et leurs parents applaudissent à tout rompre. En toute innocence, ils apprennent l'Amérique plantant ses griffes sur le monde. En toute innocence, ils apprennent l'Amérique maître du monde. En toute innocence, ils apprennent: «Le monde appartient de droit aux *USA*.» Donald Duck, Goofy et Mickey l'affirment, c'est clair. Quelle efficacité! Le cinéma politique américain atteint un nouveau sommet (voir: *Donald Duck l'Imposteur*, d'Armand Mattelart). Les héros de l'écran apparaissent dans le réel. Quel tour de force! Le rêve devient réalité. Dans le cinéma politique réactionnaire d'Hollywood, l'écran masque le réel, remplace le réel, devient le réel. Après ça, Walt Disney va essayer de nous faire coller qu'il ne fait pas de politique. Après Disney World, les tatas de Radio-Canada et de Télé-Métropole qui refusent nos films vont essayer de nous faire coller qu'ils ne font pas de politique. Quand PET, avec son manteau de fourrure et sa rose, vient botter le ballon pour la coupe Grey, c'est pas politique. Quand on passe *Love Story* dans le temps de Noël, c'est pas politique. *Gang* de crosseurs, va!

Pendant ce temps-là, le monde se garroche pour aller voir le dernier *James Bond*, ce Donald Duck pour adultes qui s'ennuient le dimanche. Je me suis garroché aussi. Je le confesse avec une certaine honte. Sans doute mes tendances masochistes qui refont surface. Peut-être la grisaille du quotidien. Ou bien le désir de voir les dernières niaiseries dont nous abreuve l'ennemi. Je ne sais trop.

Quoi qu'il en soit, c'est la dernière fois que je vous parle de cinéma américain. C'est un film britannique, je sais. Mais au fond, c'est du pareil au même. Donald Duck ou James Bond, c'est le même discours sous des apparences différentes. C'est toujours l'Occident chrétien qui déverse son idéologie.

Le plus intéressant dans *The Spy who loved me* (traduit quelques mois plus tard en langue indigène, ça donne *Cet espion qui m'aimait*, original n'est-ce pas?), c'est le générique. On y trouve la clef du film. «Nous remercions les montres Seiko, les motos Kawasaki...» etc., la liste est longue comme d'ici à Saint-Antoine-Abbé. Comme un cave, je les ai oubliés, vous me pardonnerez. Mais ça donne à peu près ceci : merci à la compagnie d'aviation Trans-World Airline, à l'hôtel *Rio Blanco*, aux hélicoptères Sikorsky, à Pierre Cardin, aux magasins Eaton, aux automobiles Lotus. Comme on n'est pas encore au cinéma sentant du *Meilleur des mondes*, il n'y a pas merci à *Chanel n° 5*. Tout juste.

Faut pas être gêné pour faire un film comme ça. Faut avoir encore plus de front pour le vendre. Un front de beu, dirait ma mère. Plus fort que le canal 10. On a souvent parlé de cinéma commercial. Mais là, il faut prendre les mots dans le sens le plus strict. Commercial, commandiaire. Le dernier *James Bond*, un commercial de long métrage : 130 commerciaux d'une minute. À la télévision, les commerciaux, tu les subis, mais au moins ça coûte rien. Te faire payer 3,50 $ pour voir ce commercial-marathon, ça constitue un coup de génie. On appelle ça la bosse des affaires. Des cinépiciers hors pair. En plus, on va essayer de nous vendre le disque, le chandail, les chaussons, les caleçons, les combines James Bond.

Sous l'avalanche de cadeaux laissés par Santa KKKlaus, on distingue mal la lutte de libération nationale. La vaste campagne de propagande du bicentenaire américain porte ses fruits. On saute sur les machines à boules *Spirit of 76*, on s'arrache les chemises *U.S. Army* et *University of New York*. On s'achète des jeans *Lee* et des chapeaux de cuir *Leone*. On tripe à Old Orchard (les intellectuels de gauche vont à Ogunquit en pensant que ça fait moins réactionnaire). On se défonce avec Kiss et Alice Cooper. On se peigne rétro, comme dans *rétrograde*. On se presse pour voir *Star Wars* et James Bond.

Henri Lefebvre avait déjà parlé de consommation de spectacles qui sont eux-mêmes spectacles de consommation. Le dernier *James Bond*, l'homme-sandwich, est un sommet du genre. Le record reste à battre. On assiste à un curieux mélange d'annonces de voyages, de mode, d'automobiles, d'avions, d'hôtels-motels, de plages, de ski, le tout ficelé (je n'oserais pas dire cousu de fil blanc tellement les coutures sont énormes) dans un scénario extrêmement original, inédit, absolument nouveau, encore jamais porté à l'écran : l'histoire du gros méchant savant qui veut contrôler le monde. Johnny Rougeau et Abdullah le Boucher sont beaucoup plus subtils.

La première scène du film nous met d'emblée dans l'action : une plantureuse blondasse (comme dans tout commercial qui se respecte) couchée négligemment sur une peau d'ours (ça fait toujours plus cochon) se fait faire la grande passe par l'homme-sandwich (*the man with the golden gun*, ici prière de prendre *gun* dans son sens le plus vulgaire). Bond, James Bond reçoit un appel d'urgence (sans doute la mode des C.B.), grâce à sa montre-télex (en vente dans toutes les bonnes pharmacies). L'homme-*gadget* se relève, très digne, enfile son habit de ski d'un jaune serin très sobre et ses élégantes bottines de ski rouge stalinien, sort de sa cabane (ma cabane au Canada, il ne manque que la Police montée de la même couleur que les bottines) et saute sur ses skis pour aller tuer une demi-douzaine d'agents secrets russes (comme dans les bons vieux *westerns*, un coup de carabine et 10 Indiens qui tombent).

Ça ne donne rien de vous raconter tout le film, j'aurais l'air d'un critique de cinéma connu. De toute façon, ça continue comme ça jusqu'à la fin. Entre le ski et le générique, le commercial se poursuit. On a droit aux multiples changements de costumes, aux promenades à dos de chameau près des pyramides d'Égypte, aux tours de yacht sur la Côte d'Azur, à moins que ce soit la Costa del Sol, Plattsburgh ou le Maroc, aux poursuites en minounes sur les routes en lacets du sud de la France. Génial, quoi !

Moi, des courses de chars sur les routes en lacets du sud de la France, j'ai dû en voir 10 000. Vous aussi sans doute, comme les scènes d'aéroport ou d'avion. Moi, je peux plus supporter ça, comme les millions de plans de raccord de personnages qui marchent pour permettre au metteur en scène de continuer son roman-savon. Je viens bleu. Ça et le gars qui se verse un éternel verre de whisky, à l'éternel bar dans le salon. Ça m'endort.

J'oubliais. Évidemment, dans le dernier *Bond, James Bond*, pour mieux faire avaler les commerciaux, faut pas oublier la scène classique avec la boucane, les étincelles, les mitraillettes, la sauce tomate, les tas de viande carbonisée. Encore une fois, très original, génial, jamais vu. Ça manquait dans l'histoire du cinéma. La prochaine fois, faudra mettre une couple de Romains, la cavalerie américaine, d'affreux S.S., des hordes de Jaunes, quelques Zoulous. On va en avoir pour notre argent. Après, on n'en parle plus.

Les critiques de cinéma ont l'air d'aimer ça à mort, la boucane, les étincelles, les mitraillettes, la sauce tomate ou les requins en caoutchouc. C'est à qui ferait les plus gros titres avec la prochaine bouse de vache fabriquée à Rome, Paris, Londres ou Hollywood. Des bouses de 10 000 000 $, ça fait un gros tas. Faut en parler. Le *boss* aimerait pas ça si on parlait d'autre chose. On risquerait de manquer de champagne ou de scotch au prochain cocktail de lancement.

Comme le cinéma est une industrie, la majorité des critiques font de la critique industrielle, de la critique-marketing. Ça fait partie de la campagne de promotion du film. On dirait des chargés de relations publiques de la United Artists. Avec la majorité des critiques, on a l'impression de se retrouver avec les commentateurs de la soirée du hockey, directement payés par l'organisation du club Canadien. «*La Soirée du hockey* est la propriété des commanditaires.» C'est arrangé avec les gars des vues. Arrêtez donc de parler de *Star Wars*, de *King Kong*, de *New York, New York*, de *Close Encounters of the Third Kind*, de *Ben Hur*. On n'a pas de temps à perdre.

Perdez donc pas des énergies à noircir du papier là-dessus. Il y a plus important à faire. Parlez-nous donc de la vie, du réel, au lieu de niaiser en nous racontant l'histoire minable de *Rocky*. Il y a plus urgent à faire.

Pour revenir à *Bond, James Bond*, j'ai hâte de voir ça à Radio-Canada. On va d'abord avoir droit au tata de service qui, dans son *Parisian French*, va nous raconter que c'est un scénario génial mené de main de maître (il ne faut pas mordre la main du maître, surtout du maître brasseur, le gros brasseur d'affaires, les affaires sont les affaires). Ensuite de ça, on aura droit à deux heures de commerciaux : le commercial de long métrage entrecoupé d'une bonne trentaine de commerciaux de court métrage. Ça va ajouter un peu de couleur locale à *Bond, James Bond*. Entre deux scènes de voyage, on aura droit à *Noël Disco* de Ketel. Entre deux plottes chromées, on pourra voir *Les parfums Guy Lafleur* et Tex le vendeur de grosse Mol. Du vrai cinéma québécois, quoi ! Deux heures ininterrompues de commerciaux. La Société de développement de l'industrie du cinéma canadien en sera jalouse. Vous n'êtes pas de taille dans le commerce, les p'tits gars.

Laissons de côté la SDICC et revenons aux choses sérieuses. Dans l'histoire, pour garder un minimum de cohésion, toutes les sociétés ont mis au point des mythes et des rituels. Nos sociétés n'y échappent pas. Les classes dominantes créent chaque jour de nouveaux mythes, de nouveaux rituels qui véhiculent les idées, les valeurs, les modèles qui leur permettent de garder le pouvoir. Par exemple, le cinéma, le sport, la mode, la publicité sont des mythologies nouvelles qui remplacent les anciennes religions. Et la force de la mythologie, c'est de nous parler au niveau de l'inconscient. L'homme n'est pas que parole et conscience. *Bond, James Bond* s'attaque à l'inconscient.

La grande force du mythe Bond, c'est de présenter un visage attrayant de l'impérialisme. Dans le monde entier, l'impérialisme exploite, extermine, emprisonne, tue, écrase, viole, et pourtant l'idéologie impérialiste arrive toujours à se rendre attirante pour des centaines de millions d'hommes. Voyons comment fonctionne le mythe Bond.

D'abord, à cause du phénomène d'identification au héros, on en vient à intégrer en nous l'image de notre pire ennemi. Comme système de contrôle, on ne peut pas trouver mieux. De la même manière, les jeunes Noirs qui lisent *Tintin* s'identifient corps et âme au héros-missié-blanc. Pareillement, dans *Black Sunday*, le spectateur ne peut que s'identifier au héros sioniste. Le méchant Palestinien étant représenté sous les traits d'un fou dangereux : les Bronfman, qui possèdent le Canadien, les Expos, Pathé Bellevue Cinéma et Seagram, doivent rire dans leur barbe. La mécanique fonctionne sans problème. En plus de te voler, de te fourrer au coton, ton pire ennemi arrive même à contrôler ton inconscient. L'identification du colonisé au maître se poursuit.

De plus *Bond, James Bond* charrie à merveille l'idéologie de la consommation. Dans ce monde de *gadgets*, dans ce monde sacré de la marchandise, dans ce monde bureaucratique de consommation dirigée (pour reprendre une autre expression de Lefebvre), dans ce monde de l'homme-*gadget*, dans ce monde merveilleux de la couleur, le spectateur écrasé par l'objet devient lui-même *gadget*. Dans ce monde aseptisé de l'électronique et du désodorisant à l'héxachlorophène, l'homme en arrive à douter de lui-même. Il finit par admettre le bien-fondé du développement capitaliste à l'américaine.

Ajoutez à cela le modèle de mâle proposé par *Bond, James Bond*, plus les modèles de relations homme-femme, et on cerne un peu mieux le caractère globalisant du mythe.

À un autre niveau, *Bond, James Bond* nous parle de l'invincibilité de l'impérialisme. James Bond est invincible. Rien ne peut l'abattre. James Bond est imbattable. Et c'est ainsi que l'impérialisme veut être perçu, indestructible. Par le biais d'un agent secret de celluloïd, l'impérialisme, la CIA, la *U.S. Army* et les multinationales tentent de nous faire croire à leur invincibilité. James Bond, le bonhomme Sept Heures de l'Amérique. C'est pour l'Amérique une façon de dire aux peuples du monde : «Restez tranquilles, on va venir vous manger, on est imbattables, la preuve : James Bond.» Par le biais d'une ombre sur un écran, on réussit à nous faire peur. On y croit dur comme fer que l'ennemi est invincible. Le mythe de l'invincibilité de Bond retombe sur toutes les polices du monde. Elles en profitent toutes. Les brûleurs de granges de la RCMP peuvent bien nous terroriser. Le fou à Denson fait l'épouvantail à moineaux avec ses chars d'assaut *Pirannahs* et *Léopards* (George Jackson dirait : «Faut pas s'énerver avec ça. Dans un chasseur à réaction, l'important c'est le pilote. Il suffit d'une lame de couteau entre les côtes, fini le chasseur à réaction.»). PET menace. On y croit dur comme fer à son invincibilité.

Bon, j'ai comme l'impression que la mythologie bondienne joue aussi à plusieurs autres niveaux que je ne parviens pas encore à identifier. J'ai la tête trop petite. J'arrête. Je suis au bout du rouleau. Il y a pourtant beaucoup de choses à dire. Faudrait pousser les recherches sur le cinéma-opium que les marchands nous offrent, sur le cinéma-écran que la majorité des critiques encensent. On a du pain sur la planche. On a aussi un cinéma nouveau à faire, un troisième cinéma, un cinéma national, un cinéma populaire, un cinéma de lutte. Il faut dire, il faut parler, il faut crier malgré «la fatigue culturelle du Canada français». Merci bien, Aquin, pour ton beau texte.

À l'avenir, on essaiera de parler du cinéma et des cinéastes québécois en lutte. Ça fait bien du monde à la messe. Plus qu'on pense. Malgré toutes nos faiblesses, il y a ici une extraordinaire richesse créatrice qu'on essaie et qu'on réussit à nous cacher. On va tenter de les connaître et de les faire connaître. Il faudrait aussi parler de nos alliés du tiers monde ou d'ailleurs. Ici ou ailleurs. Donner la parole aux cinéastes, aux films, aux critiques, aux manifestes, aux idées d'ici ou d'ailleurs, sur une base progressiste très large. Il y a tellement à faire et on ne sait plus exactement où commencer, de peur d'oublier du monde.

RAN-BO

Critique du film Ran *de Kurosawa, probablement parue dans* Format Cinéma. *Quand? Vous vous rappelez de la date de sortie du film à Montréal? Non. Moi non plus. Pas bien grave.*

Billets à 100 $. Champagne espagnol. Crevettes fanées. Biscottes trempées. Olives défraîchies. Sardines de luxe. C'est l'événement cinématographique de l'année.

La critique délire, se déchaîne, mouille ses petites culottes. D'abord, la critique internationale : «Magistral, grandiose, majestueux, raffiné, fascinant, vigoureux, étourdissant, éclatant, magnifique». Un chef-d'œuvre. Un triomphe. Un très grand film.

La critique locale, comme dirait l'autre, reprend en chœur : «Magistral, grandiose, majestueux, raffiné, fascinant, vigoureux, étourdissant, éclatant, magnifique». Un chef-d'œuvre. Un triomphe. Un très grand film.

Copie conforme de sous-développés. Clichés de pages sportives. Cinéma Kraft. Provinciaux complexés. Colonisés à la page.

Une petite gérante d'estrades de Radio-Cadenas, prétentieuse et hypersophistiquée, donne dans la critique-marketing. Elle n'a pas vu le film, mais parle de chef-d'œuvre. Sans importance. On en dit tellement de bien. Pour elle, le génie se mesure au nombre de figurants. Le chef-d'œuvre s'évalue au coût des décors. La grandeur d'un film se juge au nombre de «chevaux spécialement entraînés, amenés directement des États-Unis par avion, ma chère». Le complexe de *Cleopatra* refait surface, enveloppé de postmodernisme à la graisse de bines. Le complexe des *Dix Commandements* renaît avec l'accent de Villa-Maria ou de Marguerite-Bourgeois.

Chose du *Devoir* y voit: «Un film magistral orchestré avec grand art et chorégraphié avec maestria». Sans doute un nostalgique de l'attaque des Cheyennes stoppée par la cavalerie américaine. Un peu éculé, non? Après tout, c'est peut-être ça, le grand art: remplacer les chapeaux de *cow-boy* par des casques *Star Wars* et les Indiens en *running shoes* par des fantassins japonais en gougounes de plastique. Il faut quand même reconnaître que ces petits drapeaux multicolores se déplaçant en bon ordre dans la campagne japonaise sont du plus bel effet. C'est joli. C'est gentil. C'est guilleret... comme un calendrier Kodak. Après la mode de Marilyn Monroe, de Humphrey Bogart et de Clark Gable, on aura sans doute droit à Roy Rodgers et John Wayne. Déjà que les critiques français smats parlent du cinéma d'auteur de Clint Eastwood.

L'autre de *La Presse* y voit: «Un modèle d'ordre, de précision et de maîtrise... Un très grand film... Deux batailles qui risquent d'être gravées longtemps dans la mémoire des cinéphiles. *Ran* ressemble à un opéra d'images et de son». Un opéra d'images et de son. Faut le faire. On croirait entendre Brian Mulroney. À moins de se laisser abuser par cette esthétique exotico-folklorique pour grands explorateurs du Club Med, je ne comprends pas très bien. Pendant certaines séquences particulièrement sanguinolentes et grand-guignolesques, j'avais l'impression de me retrouver au Musée de cire près de l'oratoire Saint-Joseph, il y a 20 ans. Les lions mangés par les chrétiens. Les chaudières de ketchup qu'on garroche sur les murs, je trouve ça aussi gros que les bras de Stallone. On est loin de la simplicité et de la sobriété de *Hara-Kiri*. Parlant de précision et de maîtrise, revoyons l'interminable pique-nique du début. Trois plans, quatre au maximum, en dessous du conventionnel, toujours les mêmes, repris interminablement. Ça s'étire. Ça s'étire. Ça s'étire. Une orgie de couleurs dans laquelle l'œil n'arrive pas à se fixer. Un éclairage grossier comme dans n'importe quelle vue de cul. Une mise en scène aussi figée que le découpage. Bon, je veux bien respecter les vieux maîtres, mais qu'on arrête de nous les gonfler avec les histoires des Clubs de l'âge d'or.

L'autre qui sévit à je ne sais plus quelle émission y voit : «Une fresque gigantesque dénonçant la folie humaine dans toute sa violence et sa démesure. Un grand événement cinématographique.» Ou comment enfoncer les portes ouvertes sans trop se mouiller. Un événement.

Remarquez, on est un peu en retrait par rapport au fou furieux du *Cincinatti Enquirer*: «À 16 ans, Newton inventa le calcul infinitésimal. À 21 ans, Einstein formula sa théorie de la relativité. À 17 ans, Bach composa sa majestueuse *Toccate et Fugue en ré mineur*. Et alors, à 75 ans, Akira Kurosawa nous donne *Ran*, un chef-d'œuvre légendaire.»

Moins délirant que le critique de service au *New York Time*: «*Ran* est un film dont la splendeur se compare à *Naissance d'une nation* de Griffith, *Napoléon* d'Abel Gance et *Ivan le Terrible* d'Eisenstein.»

Moins sauté que le crétin du *Suburban*: «Au sens purement visuel, il a surpassé tout autre film depuis la création du cinéma.»

La petite aux fesses serrées a bien raison. C'est l'événement cinématographique de l'année. Mais un événement créé de toutes pièces par les médias encore une fois. Un pseudo-événement. Un génial coup de marketing, savamment orchestré. Ils sont là, la précision, la maîtrise, la maestria, la chorégraphie, le chef-d'œuvre. Pas dans le film, mais dans la campagne de presse. Comme dans le cas du beaujolais nouveau, une campagne publicitaire géniale : autour d'un vin somme toute assez ordinaire, on crée un événement. Plus. Le produit lui-même devient l'événement. Ça, c'est génial.

Dans la société bureaucratique de consommation dirigée, tout se produit, tout se consomme. La marde comme le luxe. Il y en a pour tous les goûts. Il faut consommer, même la culture. Et c'est le matraquage, le tordage de bras, le terrorisme intellectuel. Pensez donc ! Shakespeare. *Le Roi Lear*. Le théâtre nô. Les 75 ans du grand Kurosawa. C'est sans appel. Sans réplique. On clôt le bec aux béotiens.

D'un film somme toute assez ordinaire, ni très bon ni très mauvais, on nous fabrique de toutes pièces un produit de luxe à consommer absolument. Un *must* de Cartier. À grands coups de pied dans le cerveau. Une consommation qui joue son rôle véritable : permettre à l'individu de se différencier, de se faire reconnaître, d'affirmer sa position, de se situer dans l'échelle sociale. Comme la Jaguar ou la Mercedes. Il y a les consommateurs de *Ran* et il y a les consommateurs de *Rambo*. *Ran* n'a rien à voir avec le génie ou le chef-d'œuvre. Ça reste simplement un *Rambo* pour cinéphylitiques en mal de distinction.

P.-S. : Les temps sont difficiles. Un journal lance un film en collaboration avec une station de radio. Le critique dudit journal, qu'est-ce qu'il fait ? Il ferme sa gueule, il produit son papier de promotion et il passe à la caisse.

LE RÊVE EST LA PRÉFACE DE L'ACTION

Paru à l'automne 1990 dans un numéro de la revue Lumières *consacré au désir.*

Le titre de cet article pourrait être de Groulx, le Lynx inquiet. En fait, il est d'un autre Groulx, sur lequel on crache allégrement en criant au fascisme et au racisme. Oui, il s'agit du petit homme à la soutane noire et au ceinturon violet.

Des morons qui n'ont jamais lu deux lignes de son œuvre hurlent haut et fort : « Et *L'Appel de la race*, hein ! Qu'est-ce que vous faites de *L'Appel de la race* ? » C'est tout ? Des caves vraiment. Comme si le sens des mots était à jamais fixé, pour l'éternité, en dehors de l'évolution historique. Ainsi le mot *sauvage*, par exemple.

Hô Chi Minh serait donc lui aussi un fasciste, lui qui, dans les années vingt, à la tête du Parti communiste indochinois, parlait de la race vietnamienne. Un mot de son temps pour parler du peuple vietnamien, de la nation vietnamienne.

Des tartes qui utilisent sans doute *démunis* pour parler des pauvres, *résidants* pour parler des prisonniers, *petites personnes* pour parler des nains, *malentendants* pour parler des sourds, et ainsi de suite. *Bénéficiaires. Intervenants. En voie de développement.* Suivant les modes de la pensée. Comme si les hommes avaient commencé à penser en 1980 en lisant *En Lutte* ou *La Forge*, en 1990 en feuilletant *Voir* où l'on distingue à peine les éditoriaux des annonces de futons et de restaurants smats. Et ça nous fait chier avec les *baby-boomers*, comme si ce concept démographique passe-partout était devenu la clef unique pour la compréhension de l'histoire du monde. Comme si les classes sociales avaient miraculeusement cessé d'exister parce que les penseurs à gages ont décrété la mort des idéologies. Restons-en donc à la publicité pour bains flottants ou pour massages chinois. C'est le gros max.

Mais je m'égare, je déraille comme d'habitude. Ah oui! Le Québec!

De ce temps-ci, je pense souvent à mon père, un autre petit homme, chauve, à lunettes. Après avoir vendu des cravates dans une mercerie pour homme, il a travaillé à la Caisse populaire de Châteauguay à sortir du trou des petites gens comme lui étranglés par les compagnies de finance. Des cultivateurs, des ouvriers, des petits cols blancs qui s'en sont sortis à coup de 5 cennes, à coup de 10 cennes, ensemble. Cet homme qui m'a fait découvrir le Québec, un soir au *Monument national*, à l'époque de la bataille pour la nationalisation de l'électricité. J'avais 12 ans. Il se battait pour ça depuis 30 ans. Quelques jours plus tard, il gagnait ses premières élections. Il avait 48 ans.

Mon père m'aura appris la ténacité. La ténacité du rêve. Rêver. Rêver malgré tout. Malgré les défaites. Malgré nos faiblesses, nos contradictions, nos trahisons, nos petitesses. Les choses n'arrivent pas toutes seules. C'est long et c'est dur. Dur en tabarnak.

Je pense aussi à ma mère, qui, son diplôme de maîtresse d'école sous le bras, pliait des boîtes de carton chez *Tooke* à Saint-Henri. Elle n'arrivait pas à faire fonctionner sa machine : elle collait ses boîtes avec sa langue. Je pense à elle, à l'Imperial Tobacco quand les *boss* anglais essayaient de la tasser dans un coin. Je pense à mes tantes, les doigts meurtris par les nervures des feuilles de tabac qu'il fallait déchiqueter pour faire les Players ou les Sweet Cap. Ma mère est devenue maîtresse d'école à 45 ans après avoir élevé 4 enfants.

Elle m'aura appris, à sa façon, le désir. Le désir comme dans *El Sur* de Solanas. Le désir de liberté. Le désir comme preuve du vivant. Le désir de durer contre la génération des morts qui impose son pouvoir. Quand le désir s'émousse, c'est la défaite, la mort. La victoire est dans le désir. Durer. Toffer. Nous en sommes là.

Chaque film, chaque maison, chaque poème, chaque robe, chaque chanson que nous créons fait exister le Québec, un peu plus chaque jour. Nos chefs-d'œuvre, comme nos cochonneries. Parce que ce sont nos cochonneries. Le Québec existe dans nos rêves. Par nos rêves. Et le jour où nous cesserons de rêver, le pays mourra.

Et j'ai de plus en plus le goût de faire des films pour ma mère et pour mes tantes. Par-delà le temps et les frontières. «Pour la suite du monde». Pour ces gens sur lesquels, aussi, on a craché allégrement. Comme des morons.

Salut, Martineau

Écrit en décembre 1990 en réponse à une lettre personnelle du jeune loup qui fait figure d'éditorialiste à l'insignifiant magazine Voir. *Le texte n'a jamais été envoyé pour la bonne raison qu'il n'a jamais été terminé. J'avais sans doute mieux à faire. Comme par exemple d'aller acheter des bébelles pour les enfants. On est à neuf jours de Noël.*

Salut, Martineau !

Je suis touché que tu aies pris du temps, sans doute précieux, pour répondre à mes grossièretés de *Lumières*. On n'a pas gardé les cochons ensemble, mais je vais laisser tomber le *vous*. Quand on me dit *vous*, j'ai l'impression d'avoir 98 ans.

Pour paraphraser San-Antonio et aussi la manie de *Voir* de jouer avec les titres, je dirais que «Les critiques ont la peau tendre». Va falloir apprendre à te blinder contre les conneries de Pierre, Jean ou Jacques, sinon tu survivras pas longtemps. Tu connais pourtant la *game*, Martineau. Le plaisir d'un critique de régler le cas de quelqu'un en deux ou trois coups de cuillère à pot, l'impossibilité de résister à un bon mot d'auteur sur le dos d'un adversaire incapable de se défendre, la possibilité de se faire un nom en montrant qu'on a des griffes, le désir de la majorité des journalistes d'avoir l'air plus intelligents que celui qu'ils critiquent. Y a aussi l'inverse. Le syndrome Grimaldi. Tout le monde il est beau, tout le monde il est gentil. Mais c'est pas moi qui vas t'apprendre les règles du jeu. Tu me trouverais affreusement *baby-boomer*, vieux et paternaliste.

Je suis malheureusement un affreux provocateur, baveux et grossier. J'ai beaucoup de misère à me faire des amis et j'ai souvent tendance à mordre la main qui me nourrit, juste pour voir si j'ai encore des dents à 43 ans. Penses-tu que je pourrai encore avoir ma photo en couverture de *Voir* dans deux ou trois ans si jamais je réussis à faire une autre vue ? J'ai jamais liché de culs dans ma vie ni baisé de pieds, alors je vois pas pourquoi je commencerais maintenant. Je ne vois pas très bien le rapport entre mon mépris supposé pour *Voir* et la première page. J'ai eu ma tête dans *Le Devoir* et je trouve Lévesque toujours aussi épais. C'est pas parce qu'on parle de moi dans *La Presse* que soudain Roger D., le père de Youppi, est devenu un grand homme. Tout ça pour dire que ma face en première page de *Voir*, d'*Allô-Police* ou d'*Écho-Vedettes*, c'est pas le but de mon existence. J'étais bien content, ça fait un petit velours, pis après... je m'en sacre.

Donc, tu ne portes pas de jeans avec des *patchs*. J'en suis ravi. Moi non plus. Ni avec *patchs* ni sans *patchs*. Ça serre trop les gosses. Pour ce qui est de la barbe, c'est ma paresse congénitale. « La mode a changé. » Oui, je sais, mais la mode est aussi le dernier de mes soucis. Vous pouvez bien avoir les cheveux mauves ou verts, ça ne m'énerve pas beaucoup. Vous pouvez bien vous faire teindre les poils du cul en fluo si c'est à la mode, c'est pas ça qui m'empêchera de dormir. Vous pouvez bien porter un anneau au prépuce, ça ne m'excite pas le poil des jambes. C'est pas ça qui permet de penser.

Votre journal s'intéresse, comme tu le dis si bien, aux « malheureux » et aux « gagne-petit ». Tu vois, la différence, elle est là. Moi, je m'intéresse aux exploités et aux exploiteurs, pas aux « malheureux », aux opprimés et aux oppresseurs, pas aux « gagne-petit ». Tu saisis ? J'ai horreur des bons sentiments.

Juste un exemple avant de terminer. Semaine après semaine, vous nous les cassez avec les quatre ou cinq « fascistes » du KKK de l'est de la ville. Mais tout ça, c'est du folklore. Des histoires de Petit Poucet pour faire peur aux matantes. Le vrai totalitarisme, il est dans la société bureaucratique de consommation dirigée, il est dans la pensée unique des médias. Les fascistes de l'an 2000 ont renoncé depuis longtemps aux chemises brunes, aux cagoules, aux hymnes hitlériens. Ils portent des habits trois-pièces, conduisent des Mercedes et siègent à des conseils d'administration. Ça, vous en parlez plus rarement. *Jamais* serait un terme plus exact. Vaut mieux rester dans les *jack-straps* en cuir ou les caneçons en chaîne. C'est moins dangereux que les Hell's Angels.

Encore un effort, Martineau, et tu finiras éditorialiste chez Power Corporation comme le subtil Marcel Adam ou la pétillante Lysiane Gagnon.

LES CHIENS SAVANTS

Jacques Godbout m'avait proposé en 1984 d'écrire pour la revue Liberté. *Je me sentais comme un* pee-wee *débarquant dans le vestiaire du Canadien. Les gens qui écrivaient là étaient pour moi comme des* stars *que j'admirais. J'ai présenté mon texte, tout tremblant comme un gamin à la petite école. La maîtresse a pas voulu me coller un petit ange dans la marge. Elle a même pas voulu de mon texte. Je suis retourné chez moi la queue entre les jambes, mon petit papier sous le bras.*

Je me disais que la maîtresse avait sûrement raison. Après tout, c'était LA maîtresse. Mais j'ai toujours eu au fond de l'âme un petit doute. Tous ces gens de Liberté *qui gagnaient leur vie au FM de Radio-Canada... Il y avait un problème. Un tout petit doute.*

> «*Circus dogs jump when the trainer cracks his whip but the really well-trained dog is the one that turns his somersault when there is no whip.*»
>
> George Orwell

> «Nous vivons un âge où le silence n'est pas un crime, mais un suicide.»
>
> James Baldwin

Dans un pays où *Liberté* est aussi et surtout une marque de jeans, où le seul processus révolutionnaire est une méthode de nettoyage à sec, où l'*Absolu* est un bar topless, où le National est une école de conduite automobile, je me sens ridicule avec ma feuille de papier et mon crayon à mine.

Pour attaquer un moulin à vent comme Radio-Cadenas, à grands coups de crayon, il faut une bonne dose d'inconscience et de naïveté. Un moulin à vent. Littéralement. C'est-à-dire une boîte qui produit du vent. *On the air.* Silence, on tourne. Le moulin à prières de l'information ronronne gentiment. Silence, on ment.

On a souvent, face à l'information, une réaction de type *cargo cult*. Les indigènes de Nouvelle-Guinée croient que les bateaux transportant les marchandises des Blancs sont envoyés par les dieux. Les indigènes que nous sommes croient que l'information est un cadeau du ciel tombé des nues par l'opération du Grand Chef Rédacteur Blanc. On comprend mal que l'information se fabrique comme on fabrique des suppositoires ou des bandages herniaires. On s'imagine face au réel, alors que le réel présenté est manipulé, filtré, trituré, travaillé. Quand il n'est pas créé de toutes pièces. On pleure sur le sort de l'information dans les pays de l'Est, en brandissant comme un flambeau notre liberté de presse occidentale et chrétienne.

La seule différence entre Radio-Cadenas et la *Pravda*, c'est que là-bas tout le monde sait que c'est de la vulgaire propagande. «*Freedom of press is limited to those who own one*», disait Mencken. Ici, même les plus avertis s'y laissent prendre quotidiennement, par habitude, la vigilance étant une disposition de l'esprit trop épuisante quand elle doit être continuelle et systématique.

Mais pourquoi Radio-Cadenas? Pourquoi pas *La Presse*? Pourquoi ne pas s'attaquer à «la putain de la rue Saint-Jacques» comme disait Olivar Asselin? Ça ne manquerait pas de piquant, surtout depuis que Power Corporation a légalisé sa situation de putanat avec le pouvoir fédéral par des liens matrimoniaux plus avantageux et moins illégitimes. La fille de Chrétien avec le fils de Desmarais. Au pouvoir, comme dans les familles royales d'Europe, on croise les rejetons. Gare à l'hémophilie et au crétinisme ! On recrée aujourd'hui le *family compact*. Il y aurait beaucoup à dire depuis que le père de Youppi a remplacé le roi du creton au poste de *pimp* en chef. Pourquoi pas *La Presse*? Par respect pour Foglia, le bouffon de service. Comme toujours dans l'histoire, seul le fou du roi peut se permettre de dire la vérité. Sans ramper. Merci. Et pour Réjean Tremblay.

Et par respect pour la magistrature de ce beau pays. Dans l'affaire *La Presse*–Télémédia–Gesca, l'un des procureurs de Power Corporation déclare devant la commission d'enquête de l'Assemblée nationale sur la liberté de presse, en 1969 : «Power Corporation ne détient d'ailleurs aucun intérêt dans les entreprises *La Presse* ni dans Gelco.» Ce procureur fut ensuite nommé juge en chef de la Cour supérieure du Québec en 1973, par Pierre Elliott, pour services rendus et service à rendre. Avant de poursuivre sa brillante carrière dans ce beau monde, cet honorable crotté rendit un jugement célèbre sur la *Loi 101*. Cet éminent membre du Barreau s'appelait Jules Deschênes. *Fuck Bill 101*! Vive la liberté de presse, gros chien.

Alors, pourquoi Radio-Cadenas et pourquoi pas «la péripatéticienne de la rue Saint-Sacrement» pour les gens de bon goût ? Avec un déficit de 900 000 $, je me demande si le mot *péripatéticienne* n'est pas exagéré. On ne se vend pas, au *Devoir*, on se donne. On ne travaille pas pour de l'argent, mais par amour. Amour du pouvoir. Le pouvoir de flairer le vent qui vient maintenant d'Ottawa. Le pouvoir de suivre le courant. Le pouvoir du prestige. Le pouvoir de pontifier sur tout et sur rien. Le pouvoir de l'intelligence pseudo-critique, *coast to coast*, au-dessus des partis, dans le vide. Le pouvoir terroriste des mots. Le pouvoir du juste milieu, assis entre deux chaises, comme l'a enseigné le maître. «L'éjarrée de la rue Saint-Sacrement» est dans le trou. Un juste milieu de 900 000 $. On peut rêver, non? Leclerc se recyclant à *Allô-Police*, Lesage à *Écho-Vedettes*, les autres au *Semainier paroissial*. En attendant que Péladeau prenne la relève, les journalistes du *Devoir*, comme les autres, pourront continuer à attaquer le gouvernement du Québec. Cette critique systématique les rassure. Pliés en deux, face contre terre devant le fédéral, ils s'imaginent encore debout.

En parlant de Péladeau, pourquoi pas *Le Journal de Montréal*, Télé-Métropole? *Le Journal des Vedettes*? En effet, pourquoi pas? C'est épais. Ça se feuillette rapidement. Ça s'écoute distraitement.

Mais ce serait trop facile. Je préfère laisser ça au cynique et bénin Marc Laurendeau. Vous me direz que Radio-Cadenas, c'est aussi épais quand on y regarde de plus près. Brillant par-dessus et épais par en dedans. Épais et prétentieux en plus. Plein de pédants surprétentieux, la bouche en trou de cul de poule hémorroïdique, atteints du complexe du *Scott Towell*: double épaisseur pour plus d'efficacité. On masque la bêtise sous une couche de vernis : le français international à la Sophie Barat, à la Brébeuf, à la Stanislas.

Mais pourquoi Radio-Cadenas ? Parce que. Parce que le jupon dépasse. Le bas-culotte aussi. On voit même le porte-jarretelles ainsi que les shorts. Même la gaine 18 heures au panneau doigts de fée. L'information 18 heures qui repose et maintient. L'information gainée. Et par les temps qui courent la gaine idéologique n'arrive plus à contenir les bourrelets. C'est affreux. C'est monstrueux. C'est laid.

Comme si journalistes et patrons avaient étudié à l'Université McDonald's. L'université du hamburger. De l'information *fast-food*. Le *fast-food* de l'esprit. Après le McCroquette, le McPoulet, le McMuffin et le McPoisson, avant le McBaloney et le McPâté chinois, Radio-Cadenas invente la McInformation.

« Prends-en donc une vraie. »

L'information à Radio-Cadenas, c'est du réalisme qui masque le réel, du réalisme qui remplace le réel, du réalisme qui se surimpose au réel. Du surréel. Du surréalisme. Du travail créateur. Du travail de Création, comme Dieu dans le catéchisme.

Quand Radio-Cadenas, par exemple, couvre la course au chef du Parti libéral ou le congrès du Parti conservateur, on fait œuvre de surréalisme. Quand on réunit éditorialistes soumis et patentés, journalistes vaincus et diplômés, commentateurs vendus et médaillés, spécialistes insignifiants et certifiés pour discuter de la pensée politique de Brian Mulroney, on fait de la création. On crée littéralement. C'est-à-dire qu'on fait à partir de rien. Du vide, on fait naître Brian Mulroney. À partir de maintenant, il existe. Je passe à la tévé, donc je suis. Si nos spécialistes radotent jour après jour les mêmes clichés usés, si nos grands journalistes explorent, en profondeur s'il vous plaît, la pensée politique d'un chef élu par des enfants et des robineux (je ne parle pas des sénateurs), c'est que cette pensée doit exister.

« Donnes-y la claque, Laurentide. »

Du surréalisme encore, notre beau, grand, fantastique, merveilleux, unique, génial et extraordinaire pays. Après le coup des montagnes Rocheuses, on nous fait le coup des Franco-Terre-Neuviens, des Franco-Saskatchewanais ou des Franco-Territoire-du-Nord-Ouestais. Non mais, faut le faire ! Quelle imagination ! Quelle puissance créatrice ! Quelle force évocatrice ! On se croyait en plein surréalisme et on débouche sur la science-fiction. Vraiment, l'avenir est au Canada. Mais pour ce qui est du présent, vous repasserez. Bientôt, les Franco-Québécois. On appelle ça le pays des régions.

Les francos, à Radio-Cadenas, c'est leur marotte. Un véritable supplice chinois. Goutte à goutte. À petite dose chaque jour. Sur le crâne. Dans le crâne. Au bout de deux ans, on est convaincu qu'ils existent, les francos. L'important n'est pas la nouvelle en soi, mais la régularité. L'important n'est pas le jeu, mais les règles du jeu. L'important n'est pas le journaliste complice qui tourne en rond avec son bla-bla habituel, mais celui qui fixe les règles du jeu. Comme si les Pinkerton qui contrôlent l'entrée contrôlaient également la circulation des idées. À Radio-Cadenas, la censure commence à la porte.

Vers la fin des années cinquante, selon Gérard Laurence, du département des communications de l'Université Laval, la moitié du temps, aux affaires publiques de Radio-Cadenas, était consacré à des sujets québécois. Les problèmes internationaux et étrangers occupaient 21,5 % de l'ensemble. Les affaires fédérales se classaient au troisième rang avec 13,6 %. Pourquoi ? Parce qu'on ne trouvait pas à Ottawa de responsables maîtrisant suffisamment le français. Aujourd'hui, on ne se casse pas trop la tête avec ça. Enfin, les problèmes montréalais n'occupaient que 6,6 % du temps. Refaites les mêmes calculs en 1984. Pas besoin d'avoir inventé les boutons à quatre trous pour comprendre le style *El Mercurio* de la boîte de chiffons *J* de la rue Dorchester.

« Une bière brassée sans compromis. »

Aujourd'hui, Radio-Cadenas vit à l'heure de l'après-Référendum. Le Québec n'existe plus. N'a jamais existé. N'existera jamais. On n'en parle tout simplement pas. À partir de maintenant, il faut sortir de sa coquille, renier la tribu, s'ouvrir sur le monde. Comme si un mémo avait interdit l'emploi des mots *Québec* et *Québécois* sur les ondes de la télévision fédérale et libérale. On a ainsi droit, chaque soir à 10 heures, à la greffe du rein d'un citoyen de Moose Jaw, à l'ouverture d'une garderie pour chiens à Flin Flon, à une brillante déclaration de Mulroney à Thunder Bay, aux problèmes de la pêche à la barbotte à Prince Rupert, aux délibérations du conseil municipal de Medecine Hat, à la dernière brunette de E.T., Pierre de son prénom, à Darmouth, à la grève des professeurs de français à Corner Brook, aux problèmes d'intégration d'une famille cambodgienne à Tuktoyaktuk, à la disparition des élévateurs à grains à Saskatoon, à un feu dans une galerie d'art de Kitchener, à l'élevage du chevreuil dans le parc industriel d'Oshawa. On a droit aussi généralement à une ou deux nouvelles sur le Québec. Généralement, c'est le plumé à moustache qui pleurniche d'un ton dramatique sur le contrat Comtern-Matra, entre les cotes de la bourse et le dollar canadien qui s'effoire. J'y suis, j'y reste.

Même si 87 % des téléspectateurs et 82 % des auditeurs francophones de Radio-Cadenas sont au Québec, cette société fédérale et surréelle y compte moins de stations et n'y consacre que 38 % de ses journalistes. Abitibi, Estrie, zéro. Côte-Nord, Gaspésie, zéro. Le zéro et l'infini. Le vide infini. Le néant. Le Québec : le rêve délirant de vieux nationalistes attardés. C'est la canadianisation forcée, accélérée.

« Radio-Canada produit des émissions de radio ou de télévision en français dans 9 villes hors du Québec contre 6 au Québec même. Elle y affecte 99 journalistes à ses émissions d'informations locales hors Québec, contre 60 au Québec. À Windsor, par exemple, l'auditoire hebdomadaire de la radio française n'est que de 12 000 personnes et celui de la télévision de 6 000. Regina, où la Société a de nouveaux studios, n'a que 4 000 auditeurs à la radio et 21 000 à la télévision. Pourtant, on y affecte 11 journalistes et on y produit 3 heures d'informations par semaine. »

Gilles Paquin, La Presse, 28 novembre 1983.

« On l'a, la twist. »

Le fond du baril. Non. Ça va être pire. Selon Normand Caron, président de l'Institut canadien d'éducation des adultes, le fédéral précise dans son projet de loi C-20 que l'information à Radio-Cadenas devra porter davantage sur les dossiers nationaux, c'est-à-dire canadiens, et « refléter davantage la grande diversité de la vie canadienne ». On avait déjà défini des objectifs identiques en 1968. Faut croire que c'était insuffisant. Non mais... Et ce n'est qu'un projet de loi. Déjà que les scénaristes de l'information-fiction doivent se torturer les méninges pour accoucher de leurs inventions grossières. Ça promet.

En attendant, revenons à nos nouvelles Star Wars. On a droit chaque soir également au concours de beauté du Parti libéral et à la course à la chefferie du Parti démocrate aux USA. Mondale visite une usine de préservatifs au Wyoming. Hart embrasse des enfants de cultivateurs à casquette du Kentucky Fried Chicken dans le Montana. On appelle cela pompeusement notre intégration à l'Amérique du Nord. Ne cherchez surtout pas à comprendre la politique de l'Empire américain. Ça s'arrête là à Radio-Cadenas. On préfère nous faire chier semaine après semaine avec la navette spatiale. Et le bras canadien. Le bras canadien ! Pourquoi pas le moignon ougandais, la choucroute mexicaine ou le kangourou finlandais ? Le bras canadien pour nous repomper le patriotisme larmoyant soir après soir. Après la reine Elizabeth, Team Canada et la Police montée, le bras canadien. Ça nous fait une belle jambe. On nous prend vraiment pour des pieds. Tout dans les bras, rien dans la tête. Comme la grosse femme au Parc Belmont. La fierté du cul-de-jatte. Les bras à Ottawa, la tête à Washington. Le bras dans l'espace et le cul à l'eau.

«C'est l'heure de la Miller.»

Mais c'est rien, ça. Même que ça soulage du nationalisme des tulipes de la colline parlementaire. Attendez le nationalisme du pape et le nationalisme de l'astronaute canadien-français-bilingue-de-service. L'apothéose de l'ère Trudeau. La seule réalisation concrète du rêve de ces cerveaux universels, de ces internationalistes de *party*, de ces hommes au-dessus des contingences géographiques, culturelles ou linguistiques, de ces pourfendeurs du nationalisme québécois («une idéologie du XIXe siècle») aura été ce nationalisme canadien servi à la moderne.

Tout ça relayé, retransmis avec un sans-gêne déconcertant par nos chiens savants. *Meanwhile*, les mêmes journalistes à gages, branchés sur la trans-avant-garde-postmoderne-flamboyante de New York, s'acharnent sur la ceinture fléchée, les raquettes et le sirop d'érable. Le four à pain leur bloque la vue. Le rouet et le métier à tisser les empêchent de voir plus loin. On appelle ça de la fixation. Un processus mental qui permet ensuite de mettre en pratique dans le domaine politique la pensée des frères Dalton : se vendre soi-même pour toucher la prime. Comme dans l'histoire de mon ami Gordon : au lieu de gruger sa patte prise dans le piège, un renard, pour se libérer, mord sa patte restée libre. Ce n'est pas parce que le gouvernement du Parti québécois commet des erreurs grossières – on en fait tous – qu'il faut dénigrer systématiquement l'idée d'indépendance. La lutte de libération nationale n'appartient ni à un parti, ni à un groupe, ni à une classe. C'est la lutte de tout un peuple. Toute analyse qui propose une adéquation entre le parti et le projet collectif est manipulatrice.

«Ouvrez-vous une Lowenbrau.»

Revenons à notre bulletin d'informations. Des nouvelles internationales pour boucher le trou, étirer le temps jusqu'à l'arrivée de notre *Alberto VO5* et de sa chère Denise. *Le Point*. On maquille le réel comme on maquille les vedettes. *Le Point*. À s'ennuyer de Patof et du capitaine Bonhomme. Avec, de temps à autre, un reportage à l'étranger particulièrement intéressant. Souvent, c'est fait par une équipe de journalistes étrangers, plus rarement par des journalistes «canadiens d'expression française». À l'étranger, pas trop de problèmes. On nous fera des analyses de classes remarquables au Chili, des reportages sur la répression politique en Argentine, des topos sur le fascisme sud-africain, des films sur l'exploitation des travailleurs émigrés au Mexique ou sur des scandales financiers en République centrafricaine, sans trop de problèmes.

Ici, ni vu ni connu. Silence complet. *Black-out* total. C'est vrai que l'étranger, ce n'est pas tellement menaçant. Ça permet aussi de garder ouverte une soupape de sûreté, de se donner une image de libéralisme. On peut se permettre d'être franc. De temps à autre. Tandis qu'ici... À quand une analyse de classes au Québec ? À quand un reportage sur les tentatives de déstabilisation du gouvernement fédéral au Québec ? À quand un film sur l'histoire édifiante du Canadien Pacifique : comment le peuple a engraissé et engraisse encore les *bums* de la libre entreprise, les assistés sociaux du capitalisme canadien pacifique ? À quand une analyse sur la nomination des juges ? Par exemple, celle du juge Melvin Rothman nommé à la Cour d'appel du Québec par Mark MacGuigain : le lendemain, je dis bien le lendemain, Rothman ordonnait l'arrêt des procédures contre sept membres de la Royal Canadian Mounted Police accusés du vol de la liste des membres du Parti québécois.

À quand une série sur les extraordinaires pères de la Confédération : leurs relations avec les compagnies de chemin de fer ? Et les scandales où furent coincés Macdonald et Cartier ?

À quand une émission sur le projet Allsands : 84 % des coûts directs et indirects assumés par les gouvernements, mais le contrôle donné au secteur privé, plus l'assurance aux compagnies pétrolières de ne payer aucune taxe jusqu'au remboursement de leurs emprunts ? Ces taxes sont évaluées à 10 milliards.

À quand une enquête sur Pétro-Canada qui a payé Pétrofina trois fois la valeur aux livres de la compagnie : 1,05 milliard de plus ? Deux ans plus tard, l'ancien p.-d.g. de Pétrofina, Pierre A. Nadeau, un militant du non, devenait président de la campagne de financement du Parti libéral du Québec. On est loin des pinottes de Tricofil avec lesquelles les journalistes nous ont cassé les pieds pendant des années.

À quand un reportage sur Victor Zenkovich, propriétaire de 1 600 lots à Saint-Hubert qui attend avec angoisse la prise de pouvoir par les libéraux à Québec : en abolissant ou en réaménageant la *Loi de protection du territoire agricole*, il pourra continuer à spéculer. À quand un reportage sur l'immobilier au Québec ?

À quand une émission sur Fred Gibson : après avoir été directeur du groupe de travail sur la Constitution, il dirige la naissance du nouveau service de sécurité à Ottawa. Vous pourriez ensuite nous parler de John Starnes, l'ancien chef des services de sécurité de la RCMP. Son grand-oncle avait combattu les troupes de Louis Riel avant de devenir commissaire de la Police montée. Westmount mène à tout.

À quand un *Beau Dimanche* sur les banques au Canada? Au cours du deuxième trimestre de 1982, la Royal Bank et la Bank of Montreal n'ont payé aucun impôt, malgré des gains nets de 85 millions et de 60 millions respectivement. Ni au fédéral ni au provincial.

À quand un dossier sur les 50 000 $ de la *Montreal Gazette* versés à Pro Canada? Et les 75 000 $ de la Canadian Imperial Bank of Commerce? Et les 37 000 $ de la Toronto Dominion Bank? Combien ont versé Air Canada et le Canadien National? Et les autres?

À quand une étude en profondeur du scandale de Maislin? La Banque Nationale, la Canadian Bank of Commerce, la Chemical Bank et la Citycorp Bank récupéreront la totalité des montants de leur prêt. Les 1 160 travailleurs ne toucheront que la moitié de leurs dûs. Un cadeau de 10 000 000 $ aux banques. Merci, Ottawa.

À quand l'histoire vraie de la famille Molson? Comment on accumule une fortune dans une colonie? Les achats de terres après la Conquête, leur rôle pendant la Rébellion de 1837-1838, leurs tours de passe-passe dans les chemins de fer, leur monopole garanti dans la navigation, leurs opérations illégales sur la monnaie, leur *racket* de l'orge, assimilable à du prêt usuraire avec les cultivateurs, leur rôle dans la faillite frauduleuse de la Commercial Bank of Canada.

Et après, *gang* de cornichons, vous nous raconterez encore que l'indépendance n'intéresse plus le peuple. Seulement le pain et le beurre. Justement, parlez-en donc un peu du pain et du beurre au lieu de braire les insignifiances du Board of Trade.

À quand... Restons-en aux points de suspension. Avec vous, on sait à quoi s'en tenir. Pas de chicane, les enfants. Comme dans une grande famille. Comme si la mère Plouffe, avec les Pinkerton, était responsable de l'information.

« Ben voyons donc ! »

Mais, au fait, quels sont les responsables? Pour Pierre Olivier, les responsables se nomment Juneau et O'Neil. Juneau, un ancien de *Cité Libre*, un ancien de l'ONF, un ancien du CRTC, un ancien candidat libéral, un ancien honorable sous-ministre-de-je-ne-sais-plus-quoi est devenu le nouveau grand chef de Radio-Cadenas. La boîte est maintenant dirigée directement d'Ottawa. C'est clair. Lumineux. Et ancien.

Quant à O'Neil, ancien attaché de presse au bureau de Pierre Elliott, il devient grand *boss* de l'information. Arrivé à Radio-Cadenas dans la foulée du Parti québécois, il termine la *job* de bras, la *job* de canadianisation de son prédécesseur, Marc Thibault.

En haut lieu, Thibault aura sans doute été jugé trop mou : toujours la loi de 1968, l'unité et la réalité canadienne. Maintenant, c'est du sérieux. Il avait raison. Finies les folies.

Après avoir surveillé pendant quelques mois l'orthodoxie fédéraliste des journalistes du *Point* par-dessus l'épaule de Bruno Gauron, le rédacteur en chef, le grand *boss* prend lui-même les choses en main. Gauron, paraît-il, était épuisé. C'est vrai que le mensonge organisé, c'est fatigant. Maintenant que les journalistes savent exactement jusqu'où ne pas aller trop loin, qu'ils ne font la grève que pour la climatisation de l'air, la disposition des bureaux et le rembourrage des fauteuils, on peut travailler sérieusement. «Chronique des années de plomb», pour plagier Marguaret Von Trotta. Ou encore «Pensez béton», le slogan des frères Miron, pour faire davantage couleur locale. L'ordre règne. Le système est en place. La rébellion ne viendra pas de l'intérieur. Faut bien gagner sa vie, dit la formule passe-partout qui absout comme par enchantement toutes les complicités, les lâchetés et les saloperies.

La résistance viendra de l'extérieur. Elle sera passive. On a beau vouloir manipuler le réel, il finit toujours par vous rebondir en pleine face. En septembre 1983, 532 000 spectateurs. En octobre, 511 000. En mai 1984, 157 000. La force d'inertie. Le surréalisme bat de l'aile. L'information *Star Wars* se désintègre. Le maquillage craque. Le mascara coule et laisse des traces. On devra de toute urgence amorcer une opération *face-lift* qui s'appellera sans doute «Pierre Nadeau» pour remplacer la chère Denise, qui de ce temps-ci raconte ses malheurs et ses états d'âme dans les chroniques à potins. Les complices qui braillent sur mon épaule, je trouve ça indécent. La chère Denise! Quel itinéraire exemplaire! Une grande gueule qui parle haut et fort dans ses années de jeunesse, pour qui on n'est jamais assez à gauche, et qui finit par se ranger, déçue et morose. Les déçus, les anciens croyants, les trouveurs de paradis, rien de plus dangereux quand le *trip* est fini. Je pense à Lise, à Lysiane et à Jean Pellerin. Quant à l'autre avec ses airs de chanteur de charme, peigné à la multigrade 10-30, rien à dire. Le comble du gnangnan.

Ainsi donc, on va remplacer Denise par Pierre. *So what*? Changer le *dummy*-au-sourire-pepsodent-et-à-la-coiffure-de-démocrate-chrétien qui s'écoute et se regarde parler. *Big deal*! C'est comme s'acharner sur le haut-parleur ou le gramophone quand le disque est mauvais. Le système est en place et bien en main. On le rode depuis 16 ans.

C'est en 1968 que Pierre Elliott prend le pouvoir : sur son agenda en juin, 12 questions prioritaires :

> «Les problèmes envisagés touchaient à des sujets aussi vastes que les affaires extérieures, l'énergie, l'environnement et la protection du consommateur. Une fois ces questions classées en fonction de leur urgence par le cabinet, il apparut que la gestion

du personnel gouvernemental, autrement dit la fonction publique, venait au deuxième rang des priorités. La première étant le problème des communications entre gouvernants et gouvernés. »

C'est Christina Mc Call-Newman qui s'exprime ainsi dans *Grits, an Intimate Portrait of the Liberal Party*. Pour elle, la

«*red machine* représente, après plus d'un demi-siècle de pouvoir à peine interrompu, le système de favoritisme le mieux huilé à l'ouest de Suez».

Je ne sais pas ce qui est arrivé des 10 autres priorités, mais dans le cas de Radio-Cadenas, les 2 premiers points sont une réussite totale. Tellement qu'on ne distingue plus la première priorité de la deuxième. Tout est en place. Le moulin à vent peut relayer les mensonges les plus gros. Quand on ne les fabrique pas, on se contente de les transmettre : la *gimmick* du dialogue Nord-Sud, le *hold-up* de la Constitution, le *racket* du voyage pour la paix, le *deal* de Pétro-Canada, le *frame-up* de la fuite des sièges sociaux, le *shylock* du non au Référendum, le *scheme* du bilinguisme et du multiculturalisme, le *burn* des mesures de guerre. Plus le mensonge est gros, plus c'est facile. Il ne reste qu'à le répéter 10 fois par jour, à satiété. Ça finit par aller de soi. On finit par y croire.

« Bud, Bud, Bud, y a rien qu'une Bud. »

Mais ce qui est fascinant, c'est de voir les journalistes raconter leurs âneries le plus sérieusement du monde en bons élèves des collèges classiques. Des comédiens remarquables. Ils récitent leur texte sans rire. L'Union des artistes devrait marauder le Syndicat national des communications. Y a une piasse à faire.

En attendant, le prince peut se retirer dans sa maison de style art déco. Le style, c'est l'homme. Rétro. Pompeux. Pompier. Cucul. Fret. Nouveau riche. Cet homme d'avant-garde, pourfendeur des «idées du XIXe siècle», peut se retirer dans sa maison d'un autre âge. Ça tourne rond dans le moulin à vent.

Les relations entre Radio-Cadenas et le Parti libéral ont toujours été excellentes. Ainsi, Lina Allard, l'adjointe administrative de O'Neil, est l'ancienne directrice du cabinet de Claude Ryan. Et ça marche dans les deux sens, comme pour Roger Rolland et Jean Lemoyne : après Radio-Cadenas, ils sont allés écrire les discours du grand chef. Le sens du *showbiz*, faut que ça serve.

Comme l'entreprise privée. Comme Maurice Sauvé, le mari de la gouverneuse générale qui passe du ministère des Terres et Forêts au conseil d'administration de Consolidated Bathurst.

Comme à la grosse *Presse*. Comme Claude Frenette, chef de cabinet du mari de la même gouverneuse générale ; de la présidence de l'aile fédérale québécoise il passe au conseil d'administration du journal à Youppi. Comme Gérard Pelletier, en sens inverse.

Dans le monde merveilleux de l'information, la famille est une famille unie. Une famille qui doit prier en attendant les élections. Les autres espèrent un changement de gouvernement. Vivement les conservateurs pour faire le grand ménage ! Comme s'il y avait une différence. « Une bouse de vache, disait un vieux cultivateur crédi- tiste, que tu la tournes d'un bord ou ben de l'autre, c'est de la marde. » Comme si le Brian chef conservateur était plus gentil. Comme si les lois sur la télédiffusion, l'unité nationale et la réalité canadienne n'étaient pas au-dessus des intérêts particuliers des partis fédéraux, de gauche, de droite ou de centre. Comme si les journa- listes grassement payés allaient devenir soudain moins cocombes. Comme si les chiens savants n'allaient pas tout simplement conti- nuer à sauter dans le cerceau du fédéral.

Jamais je ne reprocherai à un dompteur de chiens de gueuler des ordres. Il fait son travail. Pourquoi reprocher sa puanteur à une bête puante ? Pourquoi reprocher son exploitation au capitaliste ? Par contre, ceux qui pourraient marcher et qui rampent me font vomir. Ils n'ont qu'à se tenir debout. Les pleurs des victimes me tombent sur les rognons. « Moi, je suis pas responsable. Je suis syndiqué. C'est pas ma faute. Faut bien gagner sa vie. Je suis un travailleur salarié. C'est la faute à la direction. Si c'est pas moi, ça va être un autre. J'obéis aux ordres. » J'ai déjà entendu ça quelque part. Après tout, j'ai peut-être tort de reprocher leurs pirouettes aux chiens savants. Peut-être ne font-ils que leur travail ? Comme ailleurs.

Ces jours-ci, en Argentine, les crimes de la dictature font la manchette des journaux. Le vent a tourné. Les journalistes- girouettes, nez au vent, s'alignent. Hier, ils gagnaient leur vie, ils recevaient les ordres, ils transmettaient la pensée officielle. Ils ne sont pas responsables. Silencieux sous le règne des militaires, ils retrouvent aujourd'hui la parole. Faut bien gagner sa vie. Quelques gradés serviront de boucs émissaires. Puis, tout rentrera dans l'ordre. Les mêmes juges. Les mêmes policiers. Les mêmes gardiens de prison. Les mêmes soldats. Les mêmes journalistes. Comme avant. Comme en Allemagne. Comme en France. Comme en Italie. Comme partout. Comme toujours. L'ordre.

Ici ? Comme ailleurs. Je charrie ? À peine. La même race de crisses se perpétue quel que soit le régime. La même *gang* de sales se survit à elle-même. Le tas de pourris fait des petits.

Pour Pierre Olivier,

« il y a trois sortes de journalistes qui peuvent travailler aujour- d'hui à Radio-Canada : 1) celui qui ne pense pas (et il est majoritaire); 2) celui qui s'écrase; et a) se ratatine même physiquement, b) plastronne, gueule très fort, fréquente les bars et donne dans l'humour noir; et 3) celui qui pense comme la direction».

Dans un semblant de pays où la plupart se taisent, Olivier a eu le courage de parler. C'est rare. La tactique habituelle pour éviter le débat, pour enterrer la réalité, c'est de miner la crédibilité de celui qui ose se tenir debout. On a dit qu'Olivier charriait. On a dit qu'Olivier était un obsédé sexuel : d'ailleurs, lisez son livre. On a dit qu'Olivier écrivait mal. Bref, on tente de faire passer Olivier pour un fou.

En ce qui me concerne, je vous simplifierai la tâche. Vous n'aurez pas de crédibilité à miner, je n'en ai pas du tout. Ensuite, vous n'aurez pas à prouver la folie. Je vous l'avoue, je suis fou. Fou furieux. Comme le moineau de Félix perché sur une antenne de télévision. Fou furieux à force de vous regarder et de vous entendre. De deux choses l'une : ou bien vous êtes de parfaits idiots, ou bien vous êtes des mangeux de marde de première catégorie. Le résultat est le même. Et je vise également ici les trous du cul pincés de ce qu'on nomme à Radio-Cadenas les «variétés». Ils poursuivent en douce le même travail de sape. Ils complètent de façon plus subtile la propagande fédérale de l'information. C'est peut-être plus insidieux parce que d'apparence plus inoffensive.

Des lèche-bottes, des vendus, des soumis, des *yesmen*, des baise-moé le cul, des lâches, des arrivistes, des *yeswomen*, des ambitieux, des téteux, des colleuses, des pue-la-pisse, des chieux, des mitaines, des chiens savants. Et que ceux qui se tiennent debout, qui résistent malgré tout, à la petite semaine, me pardonnent.

Je suis fou furieux. En écoutant Radio-Cadenas, je sombre un peu plus chaque jour dans la folie meurtrière. Des instincts sadiques venus du fond des âges assaillent mon cerveau fatigué. Je capote tranquillement. Je me fissure petit à petit. Je fends par le milieu. Je vire sur le couvert lentement.

Épuisé par les cauchemars de Radio-Cadenas, je fais des rêves d'exterminateur professionnel. Estimation gratis. Voiture non identifiée. Travail garanti. Tout y passe : coquerelles pomponnées, puces calamistrées, teignes instruites, mites diplômées, punaises maquillées, rats cravatés, bêtes puantes costumées, bureaucrates malfaisants, truies désodorisées, larves fardées, frelons outremontais, morpions souriants, chiens savants.

Faut vraiment être fou pour rêver à ça. Et comme tout bon Québécois depuis 224 ans, j'ai honte. Et je transforme mon sadisme en masochisme. Je me sens coupable de tant de rage accumulée. Je me dis que c'est de la jalousie, de l'envie, de l'amertume.

Oui, je suis jaloux. Oui, je vous envie. Parce que vous avez la parole. Vous avez la parole et vous fermez vos gueules. Même les animaux protestent quand on les met en cage. Même les cochons hurlent quand on les égorge. Et vous vous taisez. Un système patiemment mis en place réduit notre peuple au silence et vous vous taisez. Et quand vous parlez, c'est pour dire des niaiseries. Et vous le savez.

« On ne voit rien par le trou des cadenas. »

André Duchesne

En avril 1963, la police désamorçait une bombe près de l'antenne de Radio-Cadenas. Je comprenais mal le geste du Front de libération du Québec, mais j'étais déçu. Aujourd'hui, je comprends. Ça ne règle rien, mais c'est un début.

La philosophie de bottine

Lettre refusée et non datée, envoyée à La Presse *en réponse à un article intitulé « Les tricotés serrés » de Francine Pelletier dans lequel l'auteure prend la défense d'Alliance Québec et de la « pauvre » minorité anglophone lâchement attaquée par la Société Saint-Jean-Baptiste à propos du retour du bilinguisme. On doit être quelque part vers le milieu de la décennie de la petite noirceur.*

Francine Pelletier pense avec ses pieds. On peut en rire, on peut en pleurer, au choix. Ainsi, samedi dernier, elle terminait un article sur le Québec et la Société Saint-Jean-Baptiste en écrivant :

« Ce n'est pas sans rappeler ce qui se passe en Israël. Là aussi, on réussit à lever le nez sur les droits de la minorité au nom de la survie de la nation. »

On croit rêver. On relit. Mais non, c'est écrit, en noir sur blanc. On essaie de comprendre cette comparaison Québec–Israël. *Town of Mount Royal* et Kafr Kassim, même lutte, Westmount et Gaza, même combat. Nicole Boudreau, dans la peau de Sharon, de Kahane, ou de Shamir. La SSJB dans le rôle des tueurs de l'Irgoun ou du gang Stern. La *Loi 101* et le dynamitage des maisons, les os fracassés par les matraques, les expulsions, les colonies de peuplement, les balles contre les pierres, les enfants contre l'armée...

Non, décidément, je n'arrive pas à comprendre la comparaison de Francine Pelletier. Ce n'est plus de l'analyse politique mais du délire, une crise de schizophrénie. On prend le jour pour la nuit. La mort pour la vie. L'esclavage pour la liberté. L'oppresseur pour l'opprimé. Comme si on regardait le réel en se tenant sur la tête, les pieds à la place du cerveau. Une insulte à l'intelligence. Une insulte à la mémoire des 300 morts de la révolte des pierres. Vraiment n'importe quoi !

Vous chantiez ? Eh bien !
DANSEZ MAINTENANT

Lettre au Devoir *écrite le 15 avril 1987. Refusée. Dans* Le Devoir *du 14 avril, Mme Chaput-Rolland, du papier Rolland, alors membre d'une quelconque commission bidon, la cent vingt et unième ou la deux cent quatre-vingt-quatrième des dernières années, publiait «À table, messieurs, la Constitution est servie». Cette lettre était ma petite contribution au débat qui n'a pas eu lieu. Y veulent pas, y veulent pas. Faut se faire une raison.*

Vous chantiez ? Eh bien ! dansez maintenant...

Pas encore ! Trop, c'est trop ! Assez ! Ça suffit ! La cour est pleine ! N'en jetez plus ! Y a toujours un maudit boute ! Stop ! Arrêtez ! Non merci !

Non merci, madame Chaput-Rolland, ça ne vous rappelle rien ? Non merci, comme vous disiez si bien il n'y a pas si longtemps.

Voilà maintenant quelques années que vous venez régulièrement pleurnicher sur l'épaule de l'opinion publique dans les pages du *Devoir*. Il est trop tard, chère madame. L'opinion publique, elle s'en sacre comme de l'an 40. L'opinion publique, elle est retournée à ses petites affaires. Elle se fait bronzer, l'opinion publique. Elle rénove son condo, l'opinion publique. Elle regarde monter la toile du Stade, l'opinion publique. Elle surveille les cotes de la bourse, le prix de l'or, le taux de change, le REA, le REER. L'opinion publique, elle engraisse. Elle s'extasie devant *Les Dames de cœur*. Elle fait du conditionnement physique. L'opinion publique, elle rote de contentement, assise sur sa convention collective, les fesses bien au chaud. L'opinion publique, elle célèbre maintenant la religion des entrepreneurs. Elle adore les dieux de la finance, les chevaliers de l'industrie, les rois du panneau gaufré.

Vous avez dit non un certain soir de mai, en 1980. Et maintenant, vous venez vous plaindre. La première fois, c'était triste. La deuxième fois, c'était pathétique. Mais la vingtième fois, tant de larmes, ça commence à être carrément indécent. De grâce, cessez vos pleurs, chère madame. Il est trop tard. Il fallait y penser avant. C'était pourtant clair. Il suffisait d'ouvrir ses lumières, comme on dit.

Vous criez à la trahison. Quelle trahison? Il n'y a pas de trahison. Il n'y a que la logique de ce pauvre M. Trudeau. Relisez vos classiques, chère madame. Relisez «La Grève de l'amiante»: la conception coloniale de la société québécoise si chère à ce bon monsieur est là, tout entière. Relisez *Cité libre*: la *Loi des mesures de guerre*, le rapatriement de la Constitution sont là, en filigrane. Une logique implacable. La logique du pouvoir. Votre angélisme et vos bons sentiments n'y changeront rien.

Et au-delà de l'individu Trudeau, des politiciens de circonstance, pas de trahison non plus. L'ordre des choses, tout simplement. Une logique de fer, d'un océan à l'autre. De la Conquête à la Rébellion des Patriotes. Du *British North American Act* au *Canada Bill*. La manière a changé, bien sûr. En douce, comme dit Vadeboncœur. Mais la logique est la même.

Alors, s'il vous plaît, chère madame, épargnez-nous ces larmes de complice contrit. Arrêtez ce petit jeu des pleureuses grecques. Cessez de vous lacérer le visage, d'étaler vos moignons en public, d'exhiber les blessures de votre âme, les plaies de votre mauvaise conscience, les meurtrissures de votre naïveté politique.

Il est trop tard. Le temps des pleurs est terminé. Maintenant il faut payer. Et on n'a pas fini de payer, chère madame. Collectivement. Alors, vos recettes de cuisine constitutionnelle, ça commence à bien faire.

On n'arrête pas le progrès

Lettre envoyée au Devoir *et refusée, vers la fin des années soixante-dix, en réponse à un article de Robert Lévesque, ancien attaché de presse au Parti québécois recyclé dans la critique de variétés. Comme l'ancien trotskiste devenu éditorialiste pour Power Corporation, ou l'ancienne militante du Rassemblement pour l'indépendance nationale qui fait du papotage profédéraliste à La Presse, il n'y a rien de pire que les amants repoussés. Repoussant.*

Lévesque continuera, au cours des années, à développer ce concept de nationalisme geôlier d'inspiration trudeauiste au profit d'un théâtre teinté d'universalisme abstrait. Un théâtre des « vraies affaires » comme il dit, c'est-à-dire essentiellement basé sur les histoires de cul d'une fiferie pourtant bien locale. Un théâtre de chapelle. Un théâtre d'arrière-garde ne rejoignant que d'autres arrière-gardes, déguisées en avant-gardes, dans les coins à la mode de la planète. Un théâtre où, pendu par les pieds une flashlight *dans le cul*, on se récite des poèmes en serbo-croate ancien ou en allemand classique, gigotant dans la terre, l'eau ou le *Cheez Whiz*. Un théâtre-pour-les-tizamis que le public a déserté depuis longtemps. Un théâtre qui se mord la queue mais avec style. Un théâtre des effets et de la poudre aux yeux. Un théâtre essentiellement formaliste, décoratif et par là foncièrement réactionnaire.

Dans *Regards sur la littérature des années 70*, Robert Lévesque jette un œil sur la contre-culture et ce qu'il appelle le nationalisme geôlier. Dans l'autre œil, il se met le doigt jusqu'au coude. Vive la contre-culture.

Dans sa brillante analyse littéraire, Lévesque affirme que

« le geste des felquistes est un geste conservateur, posé à contre-courant de l'évolution culturelle (qui) créera une confusion anticréatrice (et) réduira au silence plusieurs esprits ».

Et tout ça par la faute du nationalisme geôlier. En nous faisant accéder à l'universel, la contre-culture serait la véritable libération. Francis Simard doit être heureux d'entendre parler de libération. Ça doit lui rappeler le psychiatre en prison qui le trouvait « un peu renfermé ». Jacques Rose doit être content d'apprendre que son véritable geôlier n'a pas été le fédéralisme rentable, mais le nationalisme québécois. Bernard Lortie doit être ravi d'apprendre qu'il n'a été prisonnier que de lui-même. Paul Rose doit être satisfait devant les libérations conditionnelles, en apprenant que la seule vraie libération, c'est dans la tête. « Fais de la méditation transcendantale, Paul, paraît que ça libère. Si ça marche pas, essaie le *rebirth*, les graigraines, la massothérapie ou le cri primal ; libération garantie. La contre-culture, c'est la clef de ta prison. »

Et Jacques Lanctôt, et la centaine d'autres qui dans la lutte d'indépendance ont purgé 555 ans de captivité. Ainsi, le geôlier de notre prison collective ne serait pas le néo-colonialisme canadien et l'impérialisme américain, mais notre conscience du génocide en douce. C'est vrai qu'un génocide en douce, ce n'est pas très spectaculaire. Se suicider en écrivant des vers, c'est plus tripant, non ? Mourir d'une *overdose* en priant Dieu de lui donner une Mercedes Benz comme Janis Joplin ou dans son bain comme Jim Morrison, c'est le boute. Quant à ceux qui meurent quotidiennement d'une *overdose* de misère, y a rien là, *man. Overdose* de travail, *overdose* d'exploitation, *overdose* de bilinguisme, *overdose* de mépris, *overdose* de vol légalisé, *overdose* de chômage, *overdose* de Big Macs, *overdose* de Disneyland, *overdose* de constitutionnalistes patentés, *overdose* d'amiantose, *overdose* d'unité canadienne, ça manque de grandeur. Y a pas de culture à construire là-dessus, *man.*

Quant à Péloquin, «le grand-prêtre d'une certaine contre-culture», il n'est toujours pas mort. Il se serait recyclé, à ce qu'on m'a dit, dans l'immobilier. Après avoir vendu sa salade, le poète de la rue Crescent vend des terrains dans le Sud aux adorateurs du soleil venus du Nord. La libération par le Club Med. Dans la contre-culture, la vente mène à tout.

«Cinq individus s'étaient déshabillés sur la scène du *TNM* en égorgeant un coq et deux colombes devant un public hagard.»

Ça c'est révolutionnaire, *man.* C'est au boute de toute. Aujourd'hui, ils travaillent sûrement pour Canada Packers ou Flamingo. Ils se sont sans doute recyclés dans la musique *new wave.* Peut-être sont-ils devenus fonctionnaire fédéral, gardien de phare du socialisme mondial, professeur de cégep durement exploité, communard du bien-être social, *hare krishna* ou recherchiste pour Jacques Languirand. La révolution par l'acide, la macrobiotique, les bains en bois, la côte Ouest, les gourous, la dianétique, l'art conceptuel, les pantalons mauves, le *no wave.* T'as raison, *man,* il faut laisser de côté notre culture tribale pour s'ouvrir à la culture universelle de la Californie et de New York. Surtout la culture internationale de CBS Music ou de RCA Victor.

Pour un Front de libération dirigé par Sam The Recordman. L'indépendance, *man,* c'est dans la tête; le territoire imaginaire de la culture.

«L'affirmation, sinon l'indépendance, était chose faite et ne pouvait plus être le moteur de la création.»

Il fallait aller voir plus loin : au boute du boute. Tout est dans la tête, *man.* Dans la tête. Mais, comme dit Miron : «Tant que l'indépendance n'est pas faite, elle reste à faire.» La lutte de libération nationale ne peut plus être le moteur de la création! Et si on en parlait avec les poètes palestiniens, les *jazzmen* afro-américains, les cinéastes portoricains, les écrivains kurdes, les artistes basques et les patriotes irlandais? Et si on en avait parlé avec le peuple algérien, le peuple vietnamien, cubain, chinois ou mau-mau?

Je me méfie du nationalisme américain, français, anglais, russe ou allemand. C'est débile et réactionnaire, le nationalisme des grandes puissances. Mais je ne puis condamner les petits peuples qui luttent pour conserver et développer leurs différences culturelles, le mien en premier. Je pense que résister au nivellement des cultures, au bulldozer de la culture impérialiste américaine, fût-elle contre-culturelle, n'est pas un geste conservateur et peut être un moteur de création. Une lutte pour la diversité culturelle est une lutte pour l'enrichissement de l'humanité. Je comprends que certains voudraient nous limiter à la sauvegarde de nos fours à pain ou réduire la lutte de libération nationale à une lutte constitutionnelle. À mon avis, c'est plus vaste que ça et ça n'appartient en exclusivité ni à un parti ni à un groupuscule. C'est une lutte pour la vie. On a le dos au mur. On veut notre peau et notre terre. Cette terre, c'est nous qui la travaillons, elle nous appartient.

Alors, qu'on arrête de nous faire chier avec le nationalisme ou avec les vertus libératrices de la contre-culture. Dans ma situation, Péloquin, *Mainmise*, Janis Joplin, Jim Morrisson, Tom Waits et les emballages de Cristo, je trouve ça sans intérêt. Dans ma situation, la *universal sub-culture* des enfants gâtés du monde merveilleux d'Hollywood et de l'industrie de guerre californienne, je trouve ça réactionnaire.

Dans ma situation, la culture des fils et filles de Victoria décorés par Elizabeth, c'est non merci.

Et en cherchant, jour après jour, la richesse et la pauvreté des lambeaux de culture qu'il me reste, je découvre d'autres nationalismes créateurs. Et vice versa. La musique de Vigneault et d'Alain Lamontagne, mais aussi celle des nationalistes jamaïcains, afro-américains ou irlandais. Parce que j'aime le cinéma de Perrault, Groulx, Lamothe, Bélanger ou Leduc, j'aime aussi le cinéma profondément enraciné de Solanas, Rocha, Alvarez, Chahine, Wajda et Sanjinés. Fanon et Memmi m'ont fait apprécier Vadeboncœur. Et j'ai encore le goût de relire James Conally, Amilcar Cabral et George Jackson.

Ta patente à gosse de nationalisme geôlier, c'est du délire, gros cave. Ta contre-culture, gros taré, n'a jamais empêché Paul Desmarais, Earle McLaughlin, Elliott Trudeau ou le sénateur Molson de dormir.

Octobre malgré les erreurs, oui !

Les 101 dalmatiens de Lysiane Gagnon

Lettre à La Presse, *envoyée le 23 janvier 1995, en pleine crise d'hystérie anti-Bourgault. Il faut trancher la tête du prophète. Refusée.*

Décidément, dans le monde merveilleux de l'information en liberté surveillée, nous sommes entre bonnes mains. On peut dire ou écrire n'importe quoi. Certains gérants d'estrades, toujours les mêmes d'ailleurs, ont toute liberté d'écrire vraiment n'importe quoi. Ils ne se gênent pas.

Ainsi Lysiane Gagnon à propos de Bourgault. Ajoutant son grain de sel à la campagne pancanadienne de désinformation, créée de toutes pièces à partir de rien du tout, la bonne dame en remet. Toujours à partir de rien du tout. Dans sa chronique du 21 janvier, elle nous décrit l'entrevue de Pierre Bourgault au *Point*, où ce dernier tentait de s'expliquer.

«Encore jeudi soir à la télé, il projetait une image de radicalisme. Flanqué d'un berger allemand agressif, il lançait rageusement...»

Madame Gagnon fait dans la poésie. Mais on est loin du réel. À côté de tout, en fait. Un peu d'analyse littéraire pour comprendre. Remarquez bien le procédé d'écriture. D'abord, mettre en place la bête. Dans la réalité, ce chien est tout bêtement un bon gros bâtard au poil fou. Sous la plume de Madame, le toutou est devenu «un berger allemand agressif». Comme son maître, sans doute. Et voilà créée de toutes pièces une certaine «image de radicalisme». Ensuite, il n'y a plus qu'à poursuivre avec un choix de verbes appropriés. Pierre Bourgault aurait pu «dire que», «expliquer que» ou «déclarer que». Mais non, la chère dame écrit qu'«il lançait rageusement que»...

On aurait filmé Bourgault à côté de son poisson rouge et Madame nous aurait parlé de son grand requin blanc ou de son piranha. À côté de sa perruche, la chère dame nous aurait sans doute parlé de dangereux rapace ou d'oiseau de proie terrible. Des vessies pour des lanternes. Des verrues pour des grains de beauté.

Incapable de faire la différence entre un chihuahua et un berger allemand, entre un loulou de Poméranie et un bull-dog, la chère Lysiane nous fait des leçons de morale. Et si ses états d'âme politiques étaient du même niveau que son discours poético-zoologique? Je comprends bien que tout est bon pour démoniser l'adversaire.

Mais il faut faire une différence entre le courrier du cœur et l'analyse politique, entre le roman policier, la science-fiction et la chronique d'humeur. On peut pousser, mais faut pousser égal.

Pour sa prochaine entrevue avec les hystériques du *Globe* et de la *Gazette*, je suggère à Pierre Bourgault de porter un masque de Ronald MacDonald's, la multinationale de la philanthropie qui remplacera bientôt l'Unicef et la FAO. Il évitera ainsi de passer pour un mangeur de petits Anglais crus. Il ne lui restera plus qu'à parler comme Passe-Partout ou comme Maman Fonfon pour adoucir son «image de radicalisme» et transformer la lutte de libération nationale du peuple québécois en fête des tizamis de la garderie. On est tous des tizamis, n'est-ce pas, monsieur Adam?

VIVE L'IRLANDE LIBRE

Réponse à un article de Marc Laurendeau publié dans La Presse *du 20 mai 1981. Refusée.*

Bobby Sands vient de mourir dans une prison anglaise, après une interminable grève de la faim pour la reconnaissance du statut de prisonniers politiques aux détenus de l'Armée républicaine irlandaise. Dans un communiqué émis récemment, la Société Saint-Jean-Baptiste salue Bobby Sands, mort pour la libération de son pays, et Marc Laurendeau se scandalise. Je ne comprends pas.

La Société Saint-Jean-Baptiste salue des milliers d'hommes et de femmes morts depuis plus de 800 ans pour une Irlande libre et Marc Laurendeau se scandalise. Je ne comprends pas.

La Société Saint-Jean-Baptiste salue des milliers d'hommes et de femmes morts ou emprisonnés depuis plus de 200 ans pour un Québec libre et Marc Laurendeau se scandalise. Je ne comprends pas.

Mais, à bien y penser, je comprends très bien. C'est clair. Lumineux. Le message de solidarité de la Société Saint-Jean-Baptiste a choqué ce cher Marc Laurendeau. Moi? Pas du tout.

Il est vrai que M. Laurendeau, cet ancien comique troupier récupéré par Power Corporation et Radio-Cadenas, fait maintenant dans le commentaire politique dit sérieux. Et pour faire plus sérieux, pour assurer sa crédibilité, il fait régulièrement dans la larme de crocodile. Il se scandalise comme ça de temps à autre, mais à peu de frais, sans trop se mouiller. La dernière fois, c'était pour l'exécution de Lord Mountbatten par les patriotes irlandais. Les combattants de l'IRA avaient placé une bombe dans une des cages à homard de ce digne représentant de la famille royale britannique. En vacances en Irlande du Nord, sur son domaine, le bon lord se livrait régulièrement à la pêche au homard à bord de son yacht princier. Alors qu'il remontait sa dernière cage, la bombe lui a pété au visage. Fin du bon lord. Moi, j'étais plutôt content. Il y a quand même une justice dans ce bas monde. Marc Laurendeau, lui, était scandalisé à nouveau. Il pleurait la dernière victime des méchants « terroristes irlandais » comme il le dit si bien.

Ça vous a choqué, vous ? Pas moi. Pourquoi ? Parce que je me suis rappelé que ce cher lord dirigeait les opérations à Dieppe quand les Canadiens français se sont fait massacrer pour tester les défenses allemandes. Test réussi. C'est vrai qu'entre mourir en servant de chair à canon pour l'Empire britannique ou mourir à petit feu dans les usines des capitalistes anglais du Québec, il n'y a qu'une différence de degré. Pas une larme.

Je me suis rappelé aussi que Lord Mountbatten avait été vice-roi des Indes. Sa mort valait bien celle des milliers d'Indiens sans défense assassinés par les colonialistes britanniques. Pas une larme.

Pensez-vous que son exécution a scandalisé les Indiens ? Pensez-vous que la lutte des patriotes irlandais scandalise les peuples qui ont connu de près les colonialistes britanniques ? Les peuples de Rhodésie, d'Afrique du Sud, d'Égypte, de Nouvelle-Guinée, de Malaisie, d'Aden, du Kenya, de Jamaïque, d'Iran, d'Afghanistan, de Chine et de Palestine n'ont pas le scandale aussi facile que M. Laurendeau. Et le peuple québécois ? Pourquoi se scandaliserait-il du message de solidarité de la Société Saint-Jean-Baptiste ? Nous les avons pourtant bien connus, les colonialistes anglais. Nous connaissons bien leurs descendants. Alors ! Où est le drame ?

« Le Québec n'est pas l'Irlande. » Personne n'a jamais affirmé le contraire, cher monsieur Laurendeau. Le Québec n'est pas non plus le Kenya ni la Rhodésie. Et pourtant ! Le Québec n'est pas non plus Porto Rico, le Pays Basque ou la Pologne. Et pourtant !

Pourtant, cher monsieur Laurendeau, le colonialisme c'est le colonialisme. L'impérialisme c'est l'impérialisme, qu'il soit anglais, canadien, américain, espagnol, portugais, russe ou chinois. L'oppression et l'exploitation, sous quelque forme que ce soit, ça demeure toujours l'oppression et l'exploitation.

Cher monsieur Laurendeau, vous trouvez imprudent le message d'appui de la Société Saint-Jean-Baptiste à la lutte des patriotes irlandais à cause des relations souvent difficiles entre Québécois et immigrants irlandais. Votre vision de l'histoire est bien aussi tordue que vos idées sont courtes. Courtes et facilement monnayables, sans doute. Vous étiez à votre place dans le comique.

Bien entendu, ces relations ont souvent été tendues. Cela est pourtant fort compréhensible. Quand on s'entre-déchire déjà entre soi pour ramasser les miettes qui tombent de la table de nos capitalistes anglais locaux, on ne voit pas d'un très bon œil l'arrivée d'un autre groupe de pauvres qui veut lui aussi sa part des miettes. Quand on sait aussi que le but des colonialistes britanniques a toujours été de noyer le peuple québécois dans une mer anglophone par une immigration massive, on ne saute pas nécessairement dans les bras des nouveaux venus. Et pourtant.

Pourtant, en 1837, cela n'a pas empêché de nombreux Irlandais de combattre côte à côte avec les Patriotes la tyrannie du *family compact* pour l'indépendance de leur patrie d'adoption.

Pourtant, cela n'a pas empêché O'Callaghan, rédacteur en chef du journal patriote *Vindicator* de considérer le Bas-Canada comme l'Irlande de l'Amérique du Nord.

Pourtant, cela n'a pas empêché le grand O'Connell de se solidariser avec les Patriotes en 1836 au parlement britannique.

Pourtant, en 1843, pendant les grèves du canal Lachine et du canal de Beauharnois, les balles des soldats anglais ne faisaient pas de différence entre ouvriers irlandais et ouvriers québécois. Six morts. Sans distinction.

Le Québec n'est pas l'Irlande. Qu'en savez-vous, monsieur Laurendeau? Le colonialisme britannique est pour nous, Québécois ou Irlandais, une triste histoire de famille. On se sent entre nous. Les mêmes maîtres, les mêmes rats sales, les mêmes exploiteurs. Ça rapproche, non! Les mêmes politiques, la même pensée raciste, les mêmes buts visés. Ça crée des liens, non!

Mon cher Laurendeau, vous êtes génial avec vos farces plates.

Nous savons que nous ne sommes pas seuls

Le titre fait référence au dernier vers du poème de Michèle Lalonde
Speak White. *On doit être en 1978 ou en 1979. Il s'agit d'un projet de documentaire jamais réalisé. Refusé ? Peut-être. Par qui ? Je ne me rappelle pas. Il y en a eu tellement.*

Nous voulons construire un long métrage documentaire à partir de la vie quotidienne et de l'histoire de trois hommes. Trois prisonniers, trois prisons, trois pays, trois peuples, trois minorités.

Au Québec à l'institut Leclerc, aux États-Unis à la Rahway State Prison, et en Irlande du Nord au pénitencier de Long Kesh.

Au travers de la vie quotidienne de ces trois hommes, par une description maniaque, quasi ethnographique, on doit arriver à saisir l'essence même du système carcéral. Dans des conditions inhumaines, des hommes résistent, des peuples résistent. Des hommes et des peuples refusent de se laisser briser, de se laisser écraser, de se laisser déshumaniser. Au milieu de l'enfer, l'espoir et la résistance. Tenir. Survivre.

À l'institut Leclerc, depuis bientôt neuf ans, un détenu affine sa pensée politique, parfait sa connaissance du Québec, des hommes et des femmes qui y habitent. Sa pensée ne flotte pas dans les nuages. À cause de la prison même, elle est ancrée solidement dans la réalité. Après plusieurs grèves de détenus, il continue sa lutte pour la dignité.

Au pénitencier d'État de Rahway, New Jersey, un détenu noir de 32 ans, en prison depuis 19 ans, s'entraîne pour le Championnat du monde des mi-lourds. Classé au quatrième rang dans le monde, il rêve à la victoire. Mais il est peu probable qu'on tienne jamais un combat pour le titre dans une prison à sécurité maximum. Il continue à gravir les échelons en attendant son transfert dans un médium : sa seule chance d'un combat de championnat. Sa façon à lui de survivre, c'est la boxe. Comme son idole Mohammed Ali, il croit à la force de la parole.

Au pénitencier de Long Kesh, en Irlande du Nord, les membres de l'IRA mènent depuis deux ans une grève pour que les colonialistes britanniques leur reconnaissent le statut de prisonniers politiques. Depuis deux ans, les détenus refusent de porter l'uniforme réglementaire. Depuis deux ans, ils circulent vêtus d'une simple couverture de laine. Depuis deux ans, ils refusent de se laver, de se raser ou de nettoyer leurs cellules de leurs excréments. Un peu spécial comme grève, mais pas nouveau. Au début du siècle, dans la lutte pour la libération de l'Irlande, leurs pères et leurs grands-pères avaient utilisé les mêmes tactiques.

Pour nous, la vie de ces trois hommes forme un tout indivisible. Il ne s'agit pas pour nous d'un film à épisodes. Les conditions de détention de l'un éclairent la résistance de l'autre. La survie de l'un éclaire les conditions de vie de l'autre. Les causes de la répression chez l'un éclairent l'état de l'oppression chez l'autre. Nous voulons donc montrer et la prison et la résistance, ainsi que la situation sociopolitique qui donne naissance à ces deux phénomènes.

Il s'agit donc de rencontrer des hommes en chair et en os, mais aussi de dépasser l'individualisme pour accéder à une compréhension plus globale. Le film sera un hymne à la grandeur et à la dignité de l'homme.

LE STEAK

Projet de documentaire présenté au producteur Éric Michel, le 7 janvier 1991. J'ai coréalisé le film avec ma blonde, Manon Leriche. Il s'agit en fait ici plus du rapport de recherche que du projet.

> «I box because I can't be a good poet.»
>
> Barry McGuigan

> «If they cut my bald head open, they will find one big boxing glove. That's all I am.»
>
> Marvelous Marvin Hagler

Si la boxe est un sport, c'est sans doute le plus tragique de tous les sports. On peut jouer au football, on peut jouer au hockey. Mais on ne joue pas à la boxe. En combattant, on risque sa vie. L'agonie. Du grec *agonia*, lutte, angoisse. Chaque combat est une histoire. Une image terrifiante de la violence humaine. Terrifiante parce que stylisée. Bien loin, en tout cas, de la violence aseptisée des ordinateurs du Pentagone. Directe. Concrète. Obscène presque. La boxe est un drame sans mots qui a besoin des mots des autres pour se définir, se célébrer, se compléter. De là l'intérêt de beaucoup d'artistes pour la boxe. Swift, Pope, Hemingway, Byron, Mailer, London, Huston, Scorsese, Groulx.

Les artistes ressentent une certaine fraternité avec le boxeur. Et cette fraternité s'articule autour de la souffrance. Solitude et souffrance qu'on s'impose à soi-même pour atteindre un but spécifique. Faire un film, écrire un livre ou peindre, c'est combattre, souvent seul. Et, pour un court moment où le public applaudit, il y a une longue période de travail souvent désespérant.

Les artistes ressentent également une certaine jalousie face au boxeur. Lui au moins pourra connaître avec certitude ses propres limites. Il sait rapidement ce qu'il vaut. Le k.-o. est un jugement incontestable, contrairement à une palme d'or ou à un prix du Gouverneur général décerné par un jury, paqueté ou non.

C'est la littérature qui nous a amenés à la boxe. Hemingway pour moi, Jack London pour Manon Leriche. Tout a commencé par un projet de court métrage de fiction de Manon écrit à partir d'une nouvelle de London. *Une tranche de bifteck*. Il s'agit de l'histoire d'un vieux boxeur fatigué qui monte dans l'arène face à un jeune espoir. C'est le drame de la force et de la jeunesse contre l'expérience et la vieillesse. Le vieux boxeur n'a pas une cenne. Il rêve de manger un steak avant le combat pour refaire ses forces. Il devra se contenter de pain et de sauce blanche. En gros, la nouvelle de London, c'est le combat. Le lecteur suit le combat dans la tête du vieux : sa jeunesse, sa misère, ses espoirs, sa vie. Il surprend le jeune, mène le combat à sa façon grâce à son expérience. Mais, au moment de finir son adversaire, il manque de force à cause de ce maudit steak qu'il n'a pas pu avaler. Le jeune récupère et lui passe le k.-o.

Projet de fiction simple et fort. Comme tout se passe en voix *off* dans la tête du vieux, j'avais suggéré à Manon d'engager comme acteur Gaëtan Hart, un ancien boxeur à la retraite. Un boxeur racé, technique, avec une gueule. Pas un batailleur de rue ou un sac d'entraînement, mais un des plus beaux boxeurs québécois des 20 dernières années.

Comme toujours, le réel revient par la porte d'en arrière pour nous péter au visage. Après une retraite de six ans, Gaëtan Hart décide de remonter dans l'arène. Son adversaire sera Michel Galarneau, un jeune boxeur en pleine ascension. Le rôle de Hart, dans l'esprit des promoteurs, c'est celui de sac de sable : un boxeur fini qui servira de marchepied pour monter leur vedette.

Avec Manon, on décide de plonger. «Ouate de phoque!» On laisse tomber la fiction, vive le documentaire! Advienne que pourra. À la conférence de presse, annonçant le combat, Hart se lance :

«Moé ch't'un guerrier. Moé ch'connais ça la guerre. Ça va être la guerre. Tu vas voir, mon p'tit garçon, que huit, neuf, dix rondes contre Gaëtan Hart, c'est long. Toé, t'es jamais allé à guerre. Toute ma vie j'ai mangé d'la marde. J'ai mangé du baloné, d'la soupane, du macaroni. C'est pas toé, p'tit criss, qui vas m'enlever mon steak d'sua table. »

La réalité rattrape la fiction. Ou le contraire. Ancien boxeur, Jack London savait ce qu'il disait. Ou ce qu'il écrivait.

Le soir du combat, personne ne donne une chance de succès à Hart. Il a 37 ans. Ça fait 6 ans qu'il n'a pas boxé. Le jeune Galarneau, lui, est en pleine forme. Il frappe fort. Il marche à planche. Un seul homme ce soir-là au centre Paul-Sauvé sait que Hart va gagner. Et cet homme, c'est Gaëtan Hart lui-même.

Il a commencé à s'entraîner il y a un an. Ça a été dur. Il a perdu 30 livres. L'enfer. Une journée, il perdait 2 livres. Le lendemain, il en regagnait 3. Le découragement. Un défi impossible. Sa nouvelle blonde l'encourage :

« Lâche pas. Si tu lâches, tu vas te le reprocher toute ta vie. J'aime pas la boxe, mais c'est toute ta vie. Faut que tu remontes dans le ring. Pour savoir. Pour toi-même. Pour toi seul. Allez ! courage. »

Et il continue. Il travaille pour sortir du trou. Et tout ce qu'il a pour sortir du trou, c'est ses deux poings. Deux poings pour sortir de la marde.

Sa retraite commence en 1984 après 87 combats professionnels. C'est une fiche qu'on ne voit plus aujourd'hui. Sugar Ray Leonard, par exemple, a une trentaine de combats. Hart, lui, a vécu l'époque du marché à viande. En 1984 donc, c'est la fin, le 14 octobre plus exactement, après une défaite contre Pierre Huneault. Mais, en fait, le début de la fin a lieu 4 ans plus tôt lors d'un combat contre Aaron Pryor, à Cincinnati. Le champion du monde de sa catégorie, Elmer Kanty, n'a jamais voulu le rencontrer. On dira plus tard pourquoi. On lui a offert un combat de championnat dans une catégorie plus lourde que sa catégorie à lui, les poids légers, 135 livres. Contre Pryor, ça a été le massacre. Il perd par k.-o. technique au sixième *round*.

« J'savais que j'avais aucune chance. Je l'avais pus. J'étais pas prêt. »

Pryor l'envoie au tapis trois fois en six *rounds*. L'arbitre arrête le combat. Hart est debout, mais incapable de se défendre.

« Y m'a pas couché, le bâtard. J'étais encore debout. Moé, mon vieux, ch't'un toffe. Chus toffe en criss. C't'une de mes qualités. Y m'attacheraient un bras, pis j'me battrais pareil. »

Après le combat contre Pryor, Hart livre encore 20 combats.

«Je l'avais pus. Ch'savais qu'je l'avais pus. Mais qu'esse tu veux faire, faut que j'mange. Ch'sais rien faire d'autre pour gagner ma vie.»

Pourquoi Hart va-t-il se faire massacrer par Aaron Pryor le 22 novembre 1990? Parce qu'il est vendable pour un Championnat du monde. Les spécialistes du marketing de la boxe américaine le présentent sous le surnom du «Tueur de Buckingham». Pourquoi? Parce que, le 20 juin 1980, Hart sort Cleveland Denny du ring sur une civière. Dans le coma, Denny est cliniquement mort. On le maintient en vie artificiellement. Il meurt 15 jours plus tard. Le mois précédent, le 7 mai, Hart gèle Ralph Racine. Sorti du coma quelques jours plus tard, Racine reste paralysé pour le reste de ses jours. Deux accidents que les marchands du temple s'empressent de marketer pour mousser un combat de championnat. Deux accidents et le surnom qu'on lui donne détruisent Hart psychologiquement.

«Quelques semaines après le combat contre Ralph Racine, on a organisé une soirée-bénéfice. Toutes les bourses des boxeurs sont allées à Ralph pour l'aider un peu. Ça fait longtemps que je l'ai pas vu. J'aimerais ça avoir de ses nouvelles. Quand Cleveland Denny est mort, chus allé au salon. Fallait que j'aille. Chus pas allé tout seul, parce que ça aurait pu être dangereux. Quand chus rentré, sa mère s'est garrochée sur moi en hurlant. On s'était battus pour le Championnat canadien. J'ai mis ma ceinture de champion sur lui dans le cercueil. C'est ça qu'y voulait. J'y ai donné. Chus pas un gars cruel. J'aime le monde. Mais après ça, je l'avais pus.»

Rien n'a jamais été facile pour Gaëtan Hart. Ce n'est pas un boxeur qu'on a monté artificiellement, c'est-à-dire dont tous les combats sont planifiés pour le faire bien paraître, pour lui faire acquérir de l'expérience. Il devient professionnel à 18 ans, après seulement 7 combats amateurs. À son premier combat professionnel, le 6 décembre 1972, il est mis k.-o. au cinquième *round*. Méchant début de carrière.

«Personne m'a jamais montré à me battre. Tout c'que j'ai appris, j'l'ai appris par moi-même, à force de recevoir des claques. J'avais 16-17 ans. On se battait dans les danses. Y avait des gars de Gatineau, ch'trouvais qu'y avaient un beau *look*. C'étaient des boxeurs. Y m'ont dit : ‹Viens t'entraîner avec nous autres›. Chus descendu sus le pouce. Pis rendu à l'école de boxe, ch't'ais trop gêné pour rentrer. Chus r'monté à Buckingham. Le lendemain, chus r'tourné. J'ai passé devant l'école de boxe trois, quatre fois, l'air de rien. Y m'ont dit : ‹Viens-t'en. T'as-tu le goût d'essayer ça? OK.› J'ai mangé une maudite volée, c'te fois-là. Chus r'tourné une couple de fois. J'mangeais des volées. Après deux, trois mois, c'est moé qui donnais les volées. J'm'entraînais au gymnase pis le soir, rendu chez nous, j'pratiquais dans la cave. Mon père m'avait installé un p'tit ballon au plafond. J'amenais des gants à l'école, pis sus l'heure du midi, on se battait. Après un bout de temps, y a pus personne qui voulait se battre avec moi. »

Il a 18 ans. Il est vidangeur. Il ne refuse aucun combat. Il ne recule jamais. N'a peur de personne. À ses 20 premiers combats, il est mis k.-o. 8 fois. Il apprend. On l'envoie en Italie rencontrer Bruno Arcari, un ex-champion du monde.

« Y avait une face de tueur, comme moi aujourd'hui. Ch'te dis que j'm'ennuyais de ma mère. Y m'a planté au premier *round*. »

Malgré tout il s'amuse. On le prend en charge.

« La vie de millionnaire, mon vieux. Les gros steaks pis toute. T'sais quand t'as 20 ans... En Italie, y a rien comme icitte : le manger, la tévé, le monde. Sua rue, y roulent à l'envers, y chauffent en fous. »

Son gérant lui organise des combats un peu partout. Il ne refuse jamais. En juin 1974, il se bat 2 fois en 5 jours. Dix-huit jours plus tard, un autre combat. En 1975, 10 jours après avoir été mis k.-o. par Daniel Lévesque à Montréal, il va se faire knocker par Arcari à Gênes. Onze jours plus tard, il perd contre Cornell Hall à Ottawa. Trois combats en 3 semaines. En juin, 2 combats en 8 jours. En juillet, 2 autres à 5 jours d'intervalle. Pour toute l'année 1975, 13 combats, dont 2 contre des champions du monde.

« Ch't'ais parti sua brosse avec un d'mes *chums*. À quatre heures du matin, mon gérant me rejoint : tu prends l'avion à huit heures pour Puerto Rico. J'ai dégrisé dans l'avion. J'savais même pas contre qui j'allais me battre. Là-bas, j'ai appris qu'c'était contre Alfredo Escalera, le champion du monde. *Knock-out* technique au sixième *round*. Dure façon d'apprendre. Un toffe, un criss de toffe. »

Il se fait un nom. Lentement. Il commence à boxer à Montréal en 1977. De Buckingham à la grande ville, en cinq ans. Lentement, il devient une vedette. Une vedette locale, mais une vedette quand même. Il est timide, mais le public se met à l'aimer.

« La boxe, c'est mon langage. C'est mon monde. Chus bien avec les boxeurs, on se comprend. Dans la vie, tu prends des claques, pis y faut qu'tu fermes ta gueule. Dans un ring, ch'peux répondre. »

Ce qu'on aime chez lui, c'est d'abord son courage. Il refuse de se coucher. Seule la mort pourra l'empêcher de se relever. Et ce n'est pas de la poésie.

Au cours de sa carrière de 12 ans, Hart sera champion du Canada, trois fois, chez les poids légers. Il affrontera cinq champions du monde, huit champions canadiens, un champion nord-américain.

« Moé, mon vieux, je rêvais d'avoir ma photo dans les journals. Quand même ça aurait été gros comme un timbre. Pas mal pour un p'tit gars de Buckingham. »

Buckingham. Petite ville du bord de l'Outaouais. Au confluent de la Lièvre. Une ville de bois. Une ville de papier. McLaren Paper, où son père a travaillé toute sa vie. C'est idiot à dire, mais chaque boxeur est né quelque part. Roberto Duran vient des bas-fonds de Panama. Sonny Liston est le vingt-cinquième enfant d'un travailleur agricole de l'Arkansas. Gaëtan Hart, lui, vient du froid. Il vient du bois.

Quel est l'avenir pour un jeune de Buckingham ? L'usine de produits chimiques ? Respirer des saloperies huit heures par jour ou prendre des coups sur la tête dans un ring ? Où est le plus grand danger ? Ceux qui réclament l'abolition de la boxe devraient d'abord réclamer l'abolition de la pauvreté, ça serait plus efficace.

« Moé, ch't'un révolté. Le monde me révolte. Si j'm'étais pas battu dans le ring, aujourd'hui ch'serais en prison. J'aurais pas ma photo dans le cahier des sports de *La Presse*, ch'serais dans *Allô-Police*. »

On vient pas riche avec la boxe. Pour survivre, Gaëtan Hart travaille dans la construction. Faut bien faire manger sa *gang* : il est marié, trois enfants. Il travaille le jour et s'entraîne le soir. Le jour des combats, il travaille jusqu'à midi, descend à Montréal, se bat le soir et redescend pour être au travail le lendemain matin. Personne lui fait de cadeau. Il s'entraîne seul dans la cave d'un hôtel de Buckingham. À la fin de sa carrière, il s'entraîne dans un garage. Son garage. Il sert du gaz, mais ça ne marche pas très fort. Il perd de l'argent et abandonne.

À sa retraite, en 1984, commence sa descente aux enfers. Il emprunte à la banque pour acheter une cantine mobile. Il brûle le moteur de son camion. Il s'endette de nouveau pour changer le moteur. Une semaine plus tard, il brûle encore son moteur. C'est la faillite. Il perd tout. Il divorce. Il retourne à la construction. Des jobbines pour des salaires de crève-faim.

« Ch'travaillais dans les fondations. Les pieds dans bouette, dans marde. C'est dur quand t'as été quelqu'un de revenir comme tout le monde. Y poussent sus toé, y t'écrasent, pis faut que tu fermes ta gueule. Faut que tu manges. J'ai faite le tour d'la ville pour me chercher de l'ouvrage. Y avait jamais rien pour moi. Quand j'étais célèbre, tout le monde me donnait des tapes dans le dos. Pis là, personne te reconnaît. Le maire de Buckingham v'nait se faire poser à côté de moi. Y a même pas été capable de m'donner une p'tite *job* à ville. »

Le soir, il se gèle la bine pour oublier. Il fume de plus en plus de dope. Une fin de semaine où il a la garde des enfants, il doit les amener au Bon Samaritain.

« Mon vieux, quand t'es rendu là, faut que tu marches sur ton orgueil. »

Il rencontre une femme. Ghyslaine. Elle le sortira de l'enfer.

« Moé, j'm'aimais pas. Elle, à me trouve beau. Astheure, j'me trouve beau, j'm'aime. C'est superbe. C'est merveilleux. »

Il décide de remonter dans l'arène. Ça prendra un an. Elle l'encourage. Elle a compris que toute sa vie à lui, c'est la boxe. Elle le pousse. Il arrête de fumer et entre dans les Narcomanes Anonymes. Il revient à l'école pour apprendre à lire et à écrire. Il découvre la méditation. Un homme très timide. Gaëtan Hart commence à s'ouvrir. Grâce à Ghyslaine.

« On s'est rencontrés dans un *blind-date*. Devant le Steinberg. Mes amis me disaient : ‹C'est Gaëtan Hart, le boxeur. Les boxeurs, c'est des batteurs de femmes›. Moi, j'le connaissais pas. Ça me faisait pas peur. »

Et il remonte dans l'arène, un soir de novembre 1990. Hart, le rêveur, flotte :

« Moé, y a pas de place au monde où chus mieux que dans une arène de boxe. C'est ma vie. J'ai toujours été bon quand j'étais l'*underdog*. Ça me motive. »

Il se rase le crâne quelques heures avant le combat pour déconcentrer son adversaire. Il contrôle le combat du début à la fin. Personne ne lui donnait une chance. À partir du cinquième *round*, la foule hurle de plaisir : « Gaëtan... Gaëtan... Gaëtan ». Et il gagne, lui le rêveur. Il se hisse hors du trou à force de bras. Ses bras à lui. À lui seul. Avec ses bras, mais surtout avec son cerveau. La force de la volonté.

« C'est superbe. C'est merveilleux. J'pouvais pas perdre. C'est impossible. Et si j'avais perdu, c'pas grave. J'me suis prouvé à moi-même que j'étais encore capable. Les autres, c'est pas grave. C'était pour moi d'abord. »

125

Le rêve continue. On lui offre un autre combat, un mois plus tard. Il est confiant. Trop. Il est battu. Par décision partagée : un des juges vote un combat nul. Au bas de l'arène, il est assailli par les journalistes. Découragé, il annonce de nouveau sa retraite. Ghyslaine trouve qu'il a parlé trop vite. C'est la fin du rêve.

Non. Le rêve est trop fort dans la tête de cet homme. Une semaine après le combat, il revient sur sa décision. Il rêve au Championnat canadien pour la quatrième fois. La boxe, c'est sa vie. La vie, c'est sa boxe.

« On se shoote au bran de scie, pis on marche à planche. »

Et faire un film avec tout cela. Un film de boxe, bien sûr. Mais avant tout un film sur la vie. Un film crotté, avec des crottés et des apaches. Loin des salons d'Outremont et des *lofts* chromés. Un film sur un artiste. Monsieur Hart. Hartiste. Un film sur un *winner*? C'est la mode. Un film sur un *looser*? Quel péché en cette fin de décennie reagannienne. *Winner* ou *looser*, c'est sans intérêt. Seul le déroulement de la vie nous le dira. Ce qui est sûr, c'est que ce sera un film sur un homme debout, qu'il gagne ou qu'il perde. Un homme debout et qui se bat. Un homme qui se bat pour survivre, pour s'en sortir. Un vivant parmi les morts. À la boxe, la victoire est toujours temporaire. Seule la défaite est permanente. Un film philosophique.

Quelle énormité ! Comme si tout film n'était pas une réflexion philosophique. Je ne me rappelle plus qui a dit qu'en art ce qui intéresse l'homme c'est l'homme. Boxeur, c'est une façon particulière d'être au monde, comme un cultivateur, un voleur ou un docteur est au monde de façon spécifique. Une relation au monde qui passe par les poings mais aussi par une machine de haute précision : le corps, le cerveau étant un rouage essentiel de cette machine. Pour un avocat, j'imagine, la vie est un immense règlement. Pour un mathématicien, sans doute, la vie est un immense problème. Pour un boxeur, comme Hart, affronter la vie, c'est combattre. Donc, la boxe bien sûr, mais beaucoup plus que la boxe.

Un documentaire à l'ancienne. Un documentaire de la fin des années cinquante. Un documentaire d'avant la synchro. Un documentaire du temps des *Bûcherons de la Manouane*, de *Voir Miami et mourir*, de *Saint-Henri le 5 septembre*. Des images avant tout, plus un commentaire. Pas un commentaire de Simon Durivage ou d'un écrivain célèbre. Mais la parole de Hart lui-même.

Au cours de la recherche, nous avons accumulé à peu près six heures d'entrevues. Là-dessus, évidemment, y a beaucoup de *scrap*. Mais aussi une demi-heure de jus. Sûrement. Du concentré. Du solide. Du poétique. De la poésie de crotté. Magnifique.

C'est un choix esthétique. Un choix donc arbitraire. Nous ne cherchons pas à avoir raison contre un cinéma de la parole. Nous cherchons simplement à éviter le plus mauvais cinéma de la parole. Non aux têtes parlantes. Nous ne prétendons pas non plus réinventer la roue ou la poudre à canon. Nous ne cherchons pas à réinventer le discours cinématographique ni à transformer le documentaire. Il ne s'agit pas non plus de régression. Nous cherchons simplement le plaisir du choc des images. Le plaisir de jouer. Le plaisir de l'impressionnisme.

Le film s'articulera autour d'un combat de boxe. Lequel ? Celui contre Galarneau ? Celui du Championnat canadien ? La vie va décider pour nous. Chose certaine, c'est le combat qui formera l'ossature du film, le squelette. À partir de là, il faut sortir de la boxe pour dérouter le spectateur. Forcer le spectateur, bourré de préjugés, à réfléchir à ce qu'il est en train de regarder. Le surprendre, le mélanger, l'intriguer pour l'obliger à regarder. Par exemple, le combat contre Galarneau, pour Gaëtan Hart, était un accouchement. Il renaissait. Il s'enfantait lui-même. De plus, Ghyslaine, «c'est elle qui m'a mis au monde». Selon Joyce Carol Oates, une jeune fille qui a écrit un livre remarquable, *On Boxing*, la boxe est une affaire d'hommes incompréhensible pour les femmes, un peu comme l'accouchement est une expérience essentiellement féminine dont les hommes sont exclus. Il s'agit pour nous d'utiliser ces images de façon impressionniste. Pour leur charge émotive avant tout. Pour accentuer la charge émotive de la boxe. Le k.-o. et le naufrage du *Titanic*, par exemple.

De la même façon, pour comprendre ce qui se passe dans la tête de Gaëtan Hart pendant qu'il médite dans le vestiaire avant un combat, dans le vacarme du *ghetto blaster* des autres boxeurs, il faut sortir de la boxe. En le regardant méditer, l'air d'un moine tibétain avec son crâne rasé, on avait l'impression qu'il voguait au-dessus des nuages, à 10 milles au-dessus de la surface de la Terre. En discutant avec nous, il nous a révélé qu'il était plutôt à 10 milles sous la mer.

«À la surface, y a des vagues, la mer est agitée, mais au fond tout est tranquille, c'est là que j'me tiens.»

Donc, sortir le plus souvent possible de la boxe pour mieux comprendre la boxe. Examiner le milieu d'où naît le phénomène : draveurs de la Lièvre, *shop* de produits chimiques, chargeurs de pitoune à la McLaren, gars de la construction, *meeting* des Narcomanes Anonymes, discothèques toffes du vieux Hull où on se casse la gueule après une heure du matin, cours d'alphabétisation, soupers au Bon Samaritain.

Le film devrait commencer comme ça : Hart en très gros plan décrit chacune des 26 cicatrices inscrites sur son visage. C'est sa vie en résumé. Générique : solo de sax, *free jazz* québécois. Un homme part de chez lui pour descendre à Montréal. Il prend le traversier de Buckingham et roule jusqu'en ville. Il se réfugie au motel *Lido*, sur le boulevard Métropolitain, avant le combat. Puis, c'est le centre Paul-Sauvé. Le combat. Au travers de tout ça, de façon non chronologique, le travail, l'accouchement, la vie à Buckingham, l'entraînement, la pesée, la jeunesse, la carrière, etc. Et pour lier la mayonnaise, la langue de Gaëtan Hart, le poète.

Donc, après avoir fui la parole, en voulant éviter les têtes parlantes, c'est un retour au cinéma de la parole. Mais autrement.

LE PARTY

Synopsis du film, écrit vers 1985-1986 dans une période assez difficile. Octobre venait d'être refusé pour la cent quatre-vingt-septième fois ou la deux cent trente-quatrième fois. J'avais pas de travail. Personne non plus ne m'en a offert. J'essayais de monter Le Temps des bouffons *par mes propres moyens. Pour me convaincre que je n'étais pas un raté, que j'étais encore un cinéaste. À partir d'une histoire vraie de Francis Simard, j'ai écrit « sans espoir mais avec détermination » comme a dit Orwell, appuyé moralement par ma productrice, Bernadette Payeur, la seule personne au monde qui croyait encore à mon travail. Contre toute attente, le film a fini par se faire. Je l'ai dédié à ma blonde qui a accouché en plein milieu du tournage et à Hélène, une petite blonde qui naissait, comme naissait le film.*

Une camionnette des services pénitenciers canadiens roule sur une route de campagne. À l'arrière, un prisonnier menotté, chaînes aux pieds, regarde défiler le paysage. À l'avant, les deux gardiens parlent de leurs vacances à Acapulco et à Miami. La camionnette s'arrête à l'entrée de la prison. Terminus. Tout le monde descend. Une immense grille s'ouvre lentement dans un bruit de ferraille. L'homme, gêné par ses chaînes, marche à petits pas accompagné par ses deux gardiens. Il avance tête basse vers la deuxième grille. Et pénètre dans le hall.

Dans le hall d'entrée, une trentaine de personnes attendent. Patiemment. Joyeusement même. Le groupe tranche avec les habituels visiteurs ou visiteuses de la prison. On reconnaît Ginette Bélanger avec sa troupe de travestis. Il y a là les deux comiques Georges Pantorèse et Nono Deslauriers qui discutent avec Baby Papillon et Pitou Labotte. Dans un coin, les gars des Mighty Mohawks achèvent de rentrer leurs instruments. On remarque aussi dans le groupe Marik, la magicienne, et Jonas, acrobate et mangeur de feu. Il y a là aussi Charlotte et Hervé en grande conversation avec quatre filles superbes, des danseuses. Un petit groupe se tient à l'écart : des musiciens rock à en juger par leurs têtes et leurs accoutrements. Plus quelques autres moins connus encore. Il y a là aussi, l'air un peu perdu, une journaliste célèbre. Un peu mal à l'aise.

Le chef de la sécurité, le gros Achille, regarde tout ce beau monde. Il hésite entre la panique et le découragement. Qu'est-ce qui leur prend en haut de laisser les détenus organiser des spectacles ? La *job* est déjà assez dure comme ça sans s'embarrasser d'un groupe d'artistes de variétés.

Le gardien dans sa cage de verre ne sait plus très bien où donner de la tête. C'est lui qui est chargé de distribuer les passes aux visiteurs et d'inscrire les noms dans un registre. C'est un peu la panique avec toute cette «*gang* de pettés». Il interroge une grande blonde qu'on pourrait qualifier de plantureuse pour rester dans les expressions consacrées. «Votre nom, mademoiselle ?» «Georges Coulombe.» Le garde ne sait plus très bien ce qu'il faut faire. Le travesti enchaîne, sûr de son effet : «T'es pas mal *cute*, tu sais. C'est-tu toi qui vas nous fouiller ? Tout nu... j'espère.»

À côté dans une petite pièce, on enlève les chaînes et les menottes du détenu de tantôt. Il se déshabille. Fouille complète. «Ouvre la bouche. Écarte les jambes.»

Dans le hall, le groupe d'artistes se dirige vers la fouille. Une fouille sommaire au milieu des rires et des farces plates. Sacs à main. Caisses d'instruments. Détecteurs de métaux.

Rien à signaler. Le groupe s'enfonce lentement dans la prison. Des grilles. Des contrôles. D'autres grilles. D'autres contrôles. Des couloirs sans fin. Puis le gymnase. Un comité de détenus accueille le groupe : Jacques le responsable du socioculturel, Bernard et le p'tit Sigouin. Présentations. Les contacts sont rapides et chaleureux. Entre gens du même monde... c'est normal.

Les artistes visitent les lieux. Un gymnase comme on en retrouve dans n'importe quelle polyvalente du Québec. À l'avant, la scène. De chaque côté de la scène, deux petites pièces qui serviront de loges. À l'arrière, la porte d'entrée, les toilettes et un escalier qui mène à la mezzanine. Des détenus finissent de préparer la salle. On installe les chaises. On règle le son. On met la touche finale à l'éclairage. Le gérant de Ginette Bélanger est mécontent. On avait promis une loge privée pour sa *star*. «C'est pas une salope! À l'a de la classe.» Célèbre dans sa jeunesse avec sa chanson *Maman tu es la plus belle du monde*, sa carrière a pris une *drop* comme on dit après son opération. Du jour au lendemain, on avait cessé de l'appeler Monsieur pour lui dire Madame. La morale et les bonnes mœurs ont précipité sa chute. Plus question de faire de la télévision ou de la radio. Il faut se contenter des clubs, des cabarets, des hôtels de province. Mais elle est quand même une *star* et a droit à certains égards. Tout finit par se régler après le premier joint. Après un deuxième puis un troisième, tout est au beau fixe.

Au même moment dans une autre partie de la prison, les *pushers* font des affaires d'or. «À soir on sort.» Les détenus se préparent pour la soirée : douche, parfum, rasage, antisudorifique. Le *kit*. Les gars repassent leur linge et le repassent encore jusqu'à ce qu'il soit impeccable. «À soir... c'est le *party*.» Enfin on pourra briser la routine de la prison. Voir des faces nouvelles. S'envoyer en l'air d'une façon ou d'une autre. Oublier, ne fût-ce que pour quelques heures, l'horrible réalité de la prison. Des cachettes les plus invraisemblables, on sort des pots de broue qu'on a mis à fermenter en prévision. On sort le hasch, les pilules. «La Taverne» (distribution des médicaments) est littéralement prise d'assaut. Ceux qui ne prennent pas leur *shot* la recrachent dans un verre pour leurs *partners*. On se défonce comme on peut.

C'est une journée spéciale pour tout le monde. Mais pour Dodo, un détenu dans la vingtaine, c'est plus que ça. C'est le jour attendu depuis des mois. Pour lui, il n'est pas question d'oublier la prison, mais de la battre. Vaincre. Gagner. C'est ce soir qu'il s'évade... déguisé en femme. Il sort une jupe et une blouse faites, patiemment, chaque soir, avec du tissu volé par un gars de la *shop* de couture. La dentelle, les frous-frous, les bas de nylon, ce sont les femmes de détenus qui les ont rentrés en prison... à la visite. (En *flash-back*.)

Dans le gymnase, les préparatifs sont terminés. Dans les loges, les artistes finissent de s'habiller. Pour eux, le *party* est commencé depuis longtemps. Les joints continuent de circuler. Les lignes de coke s'allongent indéfiniment. Ginette n'a pas eu sa loge privée mais elle est heureuse. Pour elle, la prison c'est le paradis. Des hommes partout. Des hommes en manque. C'est le bonheur total. Dans les toilettes, à genoux aux pieds du responsable de l'éclairage, la bouche pleine, elle pratique sa diction. À côté, l'assistant à l'éclairage attend son tour. Y a au moins la moitié du comité d'accueil qui a droit aux égards de la *star*. C'est vraiment une *star*... dans son domaine.

L'atmosphère est *relax*. Le responsable du comité d'accueil, lui, est plus nerveux. En organisant le *show*, il ne s'attendait pas à tout ce cirque. Y a la petite chanteuse *western* aussi qui est anxieuse. Son *chum* est en prison depuis bientôt deux ans et elle se demande comment les choses vont se passer quand elle le verra. Jacques tente de la rassurer. Mais l'heure du spectacle approche.

C'est d'abord une rumeur lointaine. Puis, ça s'enfle tranquillement. Les invités se demandent ce qui arrive. Les gens du comité d'accueil prient les invités de s'éloigner des portes. Le bruit se fait de plus en plus présent. Et quand on ouvre, c'est la tempête. L'invasion des barbares. Attila, fléau de Dieu. Quatre cents prisonniers se précipitent dans la place cul par-dessus tête. Premier rendu, premier servi. Bousculade monstre dans les portes. Coups d'épaule, coups de genou, coups de pied. Tout est bon. Certains en perdent leurs souliers. D'autres tombent, sont piétinés. Dans les premières rangées, on a bien tenté de se faire réserver des places. Mais y a pas de place réservée, quand on est un petit. « Décâlisse... c'est ma place. » Seules quelques chaises sacrées restent vides. Les gros, eux, font leur entrée posément et se dirigent vers l'avant, sûrs d'eux, pour y trouver une place. Leur place.

Dans les loges, les artistes sont soudain plus nerveux. Comme Johnny Cash, ils savent que le public des prisons est un public exigeant. Pas question de le décevoir. Il faut être à la hauteur sinon c'est la catastrophe assurée. Il faut se donner à fond. Sans réserve. Plusieurs et pas les moindres s'y sont cassé les dents.

Sur la mezzanine, l'atmosphère est plus feutrée. Des habits. Des cravates. Des robes de soirée. Un autre monde quoi. Le directeur, sa femme et toute sa suite. Les psychologues, les psychiatres, l'aumônier, le docteur, les secrétaires, les agents de classement, les moniteurs des ateliers. Il y a aussi les invités : dames patronesses, directeurs de comités de ceci et de comités de cela, responsables de trucs d'entraide et de bienfaisance. Rien que des gens bien si ce n'est quelques détenus, des *yesmen* et des téteux. Il y aurait peut-être même le solliciteur général en personne que je ne serais pas surpris. Le pouvoir qui regarde de haut ses administrés, comme toujours. Une autre classe de gens : ceux qui comprennent, ceux qui analysent, ceux qui savent, ceux qui voient tout ça avec condescendance. « Ces soirées culturelles sont excellentes pour le moral de nos résidants. » « Il faut multiplier les contacts avec l'extérieur. » « Il ne faut pas oublier que nous avons affaire à des êtres humains quoi qu'en pense le chef de la sécurité. »

En bas les « êtres humains » commencent à s'impatienter. On débouche les pots de broue. On sort les joints. On drope les pilules.

Dodo, lui, tente de récupérer le matériel que d'autres détenus ont rentré dans le gymnase. Pour le déguisement, le plus dur a été de trouver des souliers à talons hauts. Avec les pieds qu'il a, Dodo, ça n'a pas été facile. En fait, la solution était simple, mais ce n'est que cet hiver qu'on a trouvé le truc. Le gars qui fait le ménage à l'administration a volé les souliers de la secrétaire du directeur : une fille énorme qui partait chaque soir avec ses bottes en laissant ses souliers près de son bureau. Évidemment, quand on enferme ensemble 400 voleurs, c'est pas l'imagination qui manque. Voilà pour l'histoire des souliers. (*Flash-back*.)

En attendant, dans la salle le public commence à s'impatienter. Ça gueule fort. Ça rit. Ça frappe des mains. Ça tape des pieds. Le mobilier en prend un coup. Y a pas à dire, faut commencer avant qu'ils cassent tout.

«Bonsoir, mesdames et messieurs...» Le M.C. commence son baratin. C'est l'ovation. «Sans plus tarder... les... Mighty Mohawks.» Un tonnerre d'applaudissements. C'est l'orchestre qui est chargé de chauffer la salle. Pas besoin de chauffer longtemps. C'est gagné d'avance. La salle est survoltée. Et ce n'est qu'un début. Les gars connaissent les tounes par cœur. On a un *fun* noir. Le *party* commence... à planche.

Sur la mezzanine, on regarde ça de haut. De la musique «ouesterne»! A-t-on idée! À Montréal en 1986! En même temps que Michel Lemieux, Joe Bocan, Léa Pool et le Festival des films du monde. Seul le directeur a l'air content. C'est vrai que lui et ses gardiens sont un peu du même monde que ceux d'en bas. «C'est vraiment une bonne idée.» Il félicite Jacques, le président du comité d'accueil, qui vient de monter. «Merci, monsieur le directeur.» Jacques en profite. Il demande au directeur d'intervenir pour faire sortir du trou Gilles Hamel, le *chum* de la chanteuse *western*. Fini, le sourire. On joue pas avec les règlements administratifs. «C'est pas une colonie de vacances. Tenez-vous-le pour dit.»

Sur scène, c'est maintenant au tour de Nono Deslauriers. Il s'approche du micro sans rien dire, l'air de rien. Déjà la moitié de la salle est morte de rire. Il n'a encore rien fait. Il attend un instant et soudain, alors que personne ne s'y attend, il baisse son pantalon sans prononcer une parole. La salle s'écroule. Les détenus se tordent de rire. On continue à fumer et à boire, mais la broue rentre plus difficilement au travers les histoires cochonnes de Nono Deslauriers. En haut, personne ne rit. On est de glace. «Quelle vulgarité! Comment peut-on rire d'un truc aussi débile?» Seul le directeur réprime un sourire gêné.

Dans une des loges, le *party* continue. La *star* poursuit son travail humanitaire. Son interprétation des «trompettes de Jéricho» tourne à la croisade. Tout le comité est en train d'y passer, sauf quelques individus aux mœurs plus orthodoxes, pour employer un cliché de salle de rédaction. Mais la fatigue commence à jouer.

Ginette change de position et se met à jouer des fesses. Elle y va avec fougue, profitant de l'occasion.

Dans l'autre loge, Georges Lagacé est passé lui aussi à l'action. À le voir aller, on dirait qu'il veut battre la Ginette en qualité et en quantité. On dirait qu'il veut établir un record, s'inscrire au *Guinness*. L'une des strip-teaseuses, emportée par l'ambiance générale, l'alcool et la fumée, décide de se joindre à cette belle entreprise humanitaire. Les autres vedettes s'habillent, se préparent, se maquillent. La broue et la dope circulent en quantité. Dans un coin, Jacques explique à la petite chanteuse *western* la situation de son *chum*. Avec sa robe rouge et son parfum bon marché, Jacques est touché au cœur. Elle ne pourra pas le voir, son *chum*. En pleurs, la petite se met à la broue, elle aussi. Elle n'y va pas de main morte, comme pour rattraper le temps perdu. Tout autour, l'orgie continue.

Le gros Achille commence à remarquer un incroyable va-et-vient entre la salle et les loges. Il ne comprend pas très bien ce qui se passe, mais c'est louche. En haut, le nez en l'air, on ne s'aperçoit de rien. On ne voit que la surface des choses. On parle, on explique, on approuve, on discute. On regarde mais on ne voit pas.

Dans les toilettes, sous la mezzanine, la strip-teaseuse noire, de gré ou de force suivant les cas, participe à l'émancipation sexuelle de ses frères de race. Hollywood, un gigantesque Nègre, une montagne de muscles, garde la porte. *For Blacks only*. Pour quelques heures, M. Jamaïque joue le *doorman* d'un baisodrome improvisé. En ligne, messieurs. Y en aura pour tout le monde.

Sur la scène, Jonas, le spécialiste de la danse en patins à roulettes termine son spectacle : danser sur une boîte en bois de quatre pieds carrés, faut le faire. Ça fait 20 ans qu'il trimbale son *show* dans tous les clubs du Québec et des Maritimes. Certains soirs, il en a jusque-là de faire le bouffon pour des caves trop soûls pour apprécier. Ce soir, il revit. Il retrouve l'enthousiasme des débuts, la naïveté des premiers spectacles, quand il voulait se tailler une place dans le monde merveilleux du *show-business*. Et il fait un malheur. C'est l'ovation debout. La plus belle soirée de sa carrière. Mais quand le M.C. annonce «la sensuelle Jackie», c'est le délire. D'ordinaire, son numéro se divise en trois parties : légèrement vêtue pour une première toune, elle garde sa culotte pour la deuxième partie et danse ensuite complètement nue. Ce soir, elle a le trac. Elle entre en scène aveuglée par les projecteurs. Les gars de l'orchestre montent le volume des amplis. Ça crache au coton. Dans la salle, on hurle : «*Take it off! Take it off!*» Elle s'approche, en dansant, du bord de la scène. Lentement, ses yeux s'habituent aux spots et à l'obscurité. Et soudain, elle fige. Dans les premières rangées, cinq ou six gars se masturbent. Elle se ressaisit. Et décide d'y aller nue.

Tout de suite. En prison, ça va vite. On n'a pas de temps à perdre. C'est trop court.

Et Jonas dans la coulisse n'en revient pas. Son ovation à lui, tantôt, c'était de la petite bière à côté de ce qu'il entend maintenant. L'hystérie collective. Les gars sont debout sur leurs chaises. C'est de la démence. Et Jackie leur en donne pour leur argent. Elle danse maintenant pour les cinq ou six gars de la première rangée. Ça n'a rien à voir avec *Le Lac des cygnes*, mais c'est divin. Elle les fixe bien dans les yeux et leur fait l'amour à chacun, à distance, en dansant. Jamais elle n'a été aussi belle. Dans son visage, ses yeux, son corps. «Vous en voulez de l'amour, les gars. Je vas vous en donner.» Et elle danse. Et elle danse. Elle danse avec 400 détenus privés d'amour depuis des années. J'ai l'impression que la prison en entier va lever, que les fondations vont s'arracher. Oui, la prison s'arrache à l'attraction terrestre, elle monte, elle monte.

Le chef de la sécurité, lui, est au plus bas. La salle est maintenant hors de contrôle. Les gardiens ne savent plus très bien ce qu'il faut faire. D'ailleurs, il n'y a rien à faire. Seulement regarder et attendre que ça se passe. Attendre que la prison réintègre l'atmosphère. Espérer.

En haut, les invités sont profondément choqués. Des choses semblables dans un pénitencier, c'est inconcevable. Le directeur est outré. On lui avait parlé de soirée culturelle, de spectacle de ballet-jazz. «On leur laisse un pouce, y prennent un pied. Ça se passera pas de même! À l'avenir...» Le président du comité d'accueil, demandé en haut, se fait engueuler comme du poisson pourri. Mais pour le psychiatre de la prison : «Y a rien là, monsieur le directeur». Il lui explique le rôle du carnaval dans la société ancienne. Une soupape de sûreté pour le système. Une fois dans l'année, les esclaves occupent la cité. Une fois dans l'année, ils deviennent les maîtres du jeu. Tout est permis pendant le carnaval. Tout cst là, faire sauter les règles... mais pour une seule journée. La liberté sous contrôle. Une parodie de liberté. L'important, c'est que le système dure. Et le carnaval est une façon d'assurer cette durée. La fête des esclaves n'a jamais remis en cause l'esclavage. Le directeur est vaguement rassuré.

Mais, en bas, l'un des esclaves se prépare à nier l'esclavage. Profitant du va-et-vient constant, Dodo a réussi à faire passer tout son matériel dans une des loges. Il faut faire vite. Pendant qu'on baise dans un coin ou qu'on s'encule dans un autre, lui il s'habille. Le rouge à lèvres et le mascara, c'est encore des détenus. Dans l'anus comme beaucoup de choses. (*Flash-back.*) Au travers des rires, des cris de plaisir, des vapeurs de l'alcool et de la fumée des joints, Dodo, lentement, se transforme.

Sur la scène, Marik la magicienne présente ses célèbres tours de cartes. Mais personne dans la salle ne se préoccupe plus de la magie. Marik, emportée par la folie générale, présente son tour de cartes à poil. Malgré sa cinquantaine, la mère Marik possède un charme certain. Dans la salle, c'est toujours le délire. En abattant ses dernières cartes, Marik a vraiment renouvelé l'art de la magie. Sa carrière vient de prendre un nouveau tournant. Sa cote est nettement à la hausse. Dans la salle, des gars de plus en plus soûls et de plus en plus gelés s'écroulent au milieu des chaises, dans l'indifférence. D'autres vomissent cœur et boyaux. Les plus mal en point sont amenés vers l'hôpital de la prison par les gardiens.

La journaliste regarde la soirée, incrédule. Habituée des *shows* les plus pettés au Forum, des festivals pop les plus flyés, des soirées *heavy metal* les plus bruyantes, elle n'en revient pas. Jamais elle n'a vu un truc pareil. Elle en a vu des *shows*, depuis le temps. Mais des comme ça, jamais. Les yeux grands ouverts, les oreilles aux aguets, elle note tout ce qu'elle peut dans son carnet. Une soirée extraordinaire. Un détenu s'approche d'elle, poli. «Tu me donnerais-tu tes petites culottes?» La journaliste est estomaquée. «Mais... mais... pour quelle raison?» «Pour les sniffer, c't'affaire!» Coma, c'est son surnom, est un spécialiste: il a déjà trois petites culottes qu'il loue à l'heure ou à la journée contre de l'argent, des steaks, du tabac, de la dope, etc. La journaliste n'en revient pas. Jamais vu.

Dodo est maintenant devenu une magnifique jeune femme. Un des travestis est d'accord pour lui laisser son sac à main. Il ne lui manque plus qu'une chose. La plus importante. La carte d'identité de l'une des invitées. L'attente commence. Il a tout fait jusqu'ici mais là, il n'y peut rien. Son sort est entre les mains de son *partner* là-haut. Lui, il est impuissant. Devra-t-il renoncer?

En haut, le *partner* en question, responsable du *follow spot*, surveille les quelques invitées présentes depuis le début de la soirée. Il a repéré une petite brune à l'air un peu tarte. Il lui fait de l'œil depuis le début. Il engage la conversation. Ancien *pickpocket* de métier, il n'a aucun mal à faire la sacoche de la petite tarte.

Sur la scène, Ginette Bélanger et sa troupe promènent leurs plumes d'autruche et leurs fesses meurtries. C'est exotique et cochon à la fois. La *star* est visiblement fatiguée, mais la salle n'en demande pas tant. Bon nombre des spectateurs ont pu profiter des talents de la *star* et de ses danseurs. On applaudit à tout rompre en guise de remerciement. Coma, la tête enfouie dans les petites culottes de la journaliste, est au septième ciel. Ce soir, pas de commerce. Demain peut-être. Ce soir, ce parfum de femme, c'est pour lui. Pour lui seul.

Dans sa loge, la petite chanteuse *western* est de plus en plus soûle. Elle tient à peine sur ses jambes. Elle rit. Elle pleure. Elle s'écrase un peu partout au milieu des couples enlacés. Jacques la relève chaque fois. Pour Dodo, tout est prêt. Mais le plus dur reste à faire. C'est maintenant ou jamais. Il faut donner un coup. La fin du spectacle approche. Son spectacle. Le spectacle que les gars du socioculturel ont monté pour lui. Une évasion, c'est une victoire pour tout le monde. Continuer à croire que quand on veut, on peut. Une raison d'espérer. Une façon de prouver que le système a des failles, qu'on peut le battre avec du courage et de l'imagination. On prend ses victoires où on peut. Jacques serre la main à Dodo : «T'en prendras une grosse... ben frette... à ma santé.» Dodo emplit ses poumons d'air. Puis, il expire avec force : «Merci pour tout.» Dodo fonce. Il traverse toute la salle. Quelques détenus moins soûls que les autres le sifflent au passage. C'est de sa démarche la plus *sexy* et avec son sourire le plus engageant que Dodo aborde le gardien en poste à la porte du gymnase. Soucieux de ne rien manquer des performances de Ginette Bélanger, le garde jette un œil rapide sur la passe de Dodo, répond à son sourire par un sourire niais et ouvre la porte. Ça marche. Et de un.

Sur la scène, la petite chanteuse *western* fait son entrée. Les larmes aux yeux, complètement paquetée, elle marche en titubant vers le micro. Sa plus belle chanson d'amour. La chanson du prisonnier. «S'il était quelque part en ce monde quelqu'un qui m'aimerait un peu. Ma misère serait bien moins profonde car tout seul on est si malheureux.» Et soudain, elle s'effondre au beau milieu de sa chanson. Deux détenus se précipitent sur la scène et tentent de la relever. Toute la salle tape des mains pour l'encourager.

Pour les gens d'en haut, c'est le bouquet. Après les fesses, l'alcool. Non mais, qu'est-ce qui se passe? Ces gens sont vraiment sans morale.

Au contrôle *N*, Dodo sort sa passe et fixe le gardien d'un air provoquant. Touché jusqu'au fond du pantalon par le sourire de la fille, un doigt sur le bouton commandant l'ouverture de la grille, le gardien profite de la situation. Et le temps passe. Le téléphone sonne. Dodo sursaute. «Non, rien à signaler au *N*. Tout est tranquille.» Il raccroche et se décide enfin à ouvrir. Ça marche encore.

Sur la scène, la petite chanteuse se remet sur ses pieds. Elle veut continuer son tour de chant. Les deux détenus la soutiennent. On l'approche du micro. La salle éclate en applaudissements. La chanteuse reprend son chant d'amour. Quatre cents durs écoutent religieusement, les yeux mouillés.

«Tabarnak! Le gros Achille.» Dodo vient d'apercevoir le chef de la sécurité, le personnage le plus dégoûtant de toute la prison. Les gars l'ont surnommé Achille, du nom du gros porc chargé de la reproduction à la ferme de la prison. Un sournois, un malin, un suspicieux. Il discute avec le gardien de service dans le hall d'entrée. «Bonsoir, mademoiselle... J'espère que vous avez passé une belle soirée.» Dodo sourit toujours en lui faisant de l'œil. Gêné, le gardien consulte son registre. «C'est OK.» Et c'est Achille en personne, Achille le porc, Achille le chien sale, qui lui ouvre la porte de la cage. Sa cage.

Dans le gymnase, les 400 détenus sont debout et demandent un rappel. Sur la mezzanine, le pouvoir n'est pas mécontent que le carnaval soit terminé. L'important, c'est que le système dure. D'ici quelques minutes, on reprend les choses en main. Tous les artistes sont maintenant sur la scène. Ils reprennent en chœur le chant d'amour et de liberté de la chanteuse *western*, si petite dans sa robe rouge. Dans la salle, les prisonniers applaudissent. Et ils chantent eux aussi.

Histoires à dormir debout

Texte paru dans le dossier de presse du Party *en 1990.*

Le scénario

Je n'ai aucune imagination. J'essaie par contre de garder les yeux et les oreilles grands ouverts. Je ne comprends pas les scénaristes qui se torturent les méninges sur une feuille de papier pour inventer une histoire. Le réel autour de soi est autrement plus riche. Il suffit de décoller ses deux fesses de sur sa chaise, de se promener et d'être attentif à la vie.

Le Party

C'est une idée originale de Francis Simard. À sa libération après 11 ans de prison, un soir, on a fait la tournée des clubs, histoire de sortir un peu. On a passé la nuit sur la go : des clubs les plus chics aux plus minables, des plus *in* aux plus passés de mode. À travers les parfums de femmes et les odeurs d'alcool, il m'a raconté un *party* qu'il avait organisé en prison, à l'institut Leclerc. J'étais accroché.

Simard

J'ai rencontré Simard en 1977, à l'institut Leclerc. Il était condamné à vie pour Octobre 1970. Il m'avait invité à présenter un de mes films. On est devenus amis. Je suis allé le voir en d'dans toutes les semaines pendant quatre ans, jusqu'à sa libération conditionnelle. On parlait de tout : de la vie, d'Octobre, de la prison, de cinéma, de politique. En fait, j'écoutais plus que je ne parlais. Le meilleur professeur de sciences politiques que je connaisse. À sa sortie de prison, je l'ai aidé à écrire son livre *Pour en finir avec Octobre*, publié chez Stanké en 1982. Puis, j'ai écrit un scénario de film sur les événements que personne n'a encore voulu produire...

Les années de vache enragée

Après *Gratton*, «acclamé unanimement par la critique», j'ai passé quatre ans à manger de la vache enragée avant de tourner de nouveau. Y a des jours où on se demande si on est encore cinéaste ou s'il ne vaudrait pas mieux se recycler chez *Yellow* comme vendeur de souliers. Mais je ne regrette rien. J'ai eu le temps de vivre. Avec ma femme pis mon p'tit gars. Au travers de ça, j'ai mis deux ans à écrire le scénario. Des fois, c'est atroce. Y a rien qui sort pendant des semaines. Jour après jour, le vide total. La tentation du coup de 12, pour essayer de régler le problème une fois pour toutes.

De la paresse

Le distributeur me trouvait paresseux, paraît-il. Je lui montrais une version du scénario. Il me faisait ses critiques, espérant me voir revenir deux semaines plus tard avec une nouvelle version. Je revenais six mois après. Habitué aux jobbeurs de l'écriture, il avait l'air découragé, malheureux d'avoir si mal placé son argent. Comme si j'étais un *juke-box* dans lequel on insère des trente sous et qui vous sort trois chansons. Espérons qu'aujourd'hui il ne regrette rien, car je l'aime bien. Il croyait en mon travail. C'est rare. Peut-être, après tout, suis-je paresseux.

La vulgarité et la pudeur

Tout au long de ces années, on m'a cassé les oreilles avec la vulgarité de mon scénario. Je ne comprenais pas très bien. Moi, je n'y voyais que de la tendresse. Eux, ils y voyaient une atteinte au bon goût. Ce bon goût, dominant, bourgeois, pollueur et morbide, régnant sans partage sur les esprits. Ces bonnes âmes n'avaient pas tort. Moi, j'ai surtout noté cette pudeur, ancrée au fond du cerveau, qui au moment de créer vous tombe dessus, vous empêche d'atteindre réellement le cœur des choses.

Le tournage

Dans le film, il n'y a pas de vedette. Le rôle principal, c'est le *party* lui-même. Tout le film est tourné dans deux locations. En fait, une seule. Cette unité de lieu nous a permis de travailler pendant 30 jours pleins. Pas une seconde de perdue en déplacements inutiles. Vu l'état de pauvreté relative de notre cinéma, je crois beaucoup à cette formule, et économiquement, et dramatiquement.

Un film pour Manon et Hélène

Quand j'ai commencé le film, ma blonde était sur le point d'accoucher. J'avais bien averti l'assistant-réalisateur : «Quand ma blonde accouche, c'est toi qui me remplaces sur le plateau. Je veux être à l'hôpital.» Une nuit, au milieu du tournage, elle m'a réveillé. «Ça y est!» Cinq heures du matin dans la salle d'accouchement, ma blonde qui hurle de douleur sur le lit et moi à quatre pattes à terre avec mon scénario. J'écris mes recommandations pour le tournage de la journée. «Oui, oui, je finis.» Pothier qui arrive à l'hôpital à six heures et qui part réaliser à ma place. À huit heures, une petite fille vient au monde. À huit heures et quart, j'ai embrassé Manon et la petite et je suis parti travailler. Un vrai dégoûtant. Je suis arrivé sur le plateau à neuf heures. Un immense cigare et un immense sourire. Les gars finissaient la première séquence. Je suis allé déjeuner. Elle s'appelle Hélène.

Une fable sur le pouvoir et la liberté

«La liberté n'est pas une marque de yogourt.» C'est par ces mots que s'ouvre le film. J'ai voulu montrer des hommes qui savent encore le sens du mot *liberté*. Certains de mes contemporains s'imaginent sans doute qu'il s'agit d'une marque de yogourt.

Les acteurs

Il y a ici un gaspillage de talents incroyable. Pour mon premier long métrage de fiction, je voulais travailler avec des acteurs peu ou pas connus. Un cauchemar pour les distributeurs, surtout quand on est soi-même un réalisateur peu connu. Pourquoi pas les valeurs sûres ? Tout simplement parce qu'on en a plein notre casse des valeurs sûres. Toujours les mêmes têtes, là, ici, encore là, tout le temps. À vous en donner la nausée. Des gens sans imagination qui refusent de risquer. D'ailleurs, il n'y a aucun risque. Tu donnes une chance à des gens mais, en fait, c'est à toi-même que tu donnes une chance.

Le travail avec les acteurs

Il y a quelques années, un critique s'extasiait parce qu'un réalisateur disait travailler avec les acteurs avant le tournage. Je n'ai jamais compris cette extase. Comment faire autrement ? Dans notre grande naïveté, sans expérience, c'est ce qu'on avait fait avec Poulin pour notre premier film de fiction. Je ne comprends toujours pas l'attrait pour cette «nouveauté». Pour moi, c'est la normalité des choses, un travail essentiel. J'ai travaillé quatre ou cinq fois avec chacun des acteurs principaux. Sur le plateau, il ne restait plus que les détails à régler. La prochaine fois, j'essaierai d'avoir deux fois plus de temps. Spontanéité, mon œil !

Les figurants

On les a ramassés par des petites annonces dans les journaux et à la radio. Ils étaient extraordinaires. Trois cents gars avec des faces de tueurs et des cœurs gros comme ça. On a eu un fun noir. Instinctivement, à cause de leurs habits de prisonniers sans doute, de ce décor de prison, ils réagissaient juste comme il faut, chaque fois. La mise en scène était la plupart du temps inutile. Ce qui aurait pu devenir une montagne était chaque fois simple comme bonjour. Ils l'avaient à tout coup. Deux ou trois fois seulement, Simard, conseiller au tournage, a dû intervenir pour me faire corriger des détails.

Deux conseillers

Sur le tournage du film, j'avais deux conseillers principaux. Le premier était un ancien gardien de prison. Il a pris sa retraite juste avant le début du tournage. Sa première journée de retraite, il l'a passée avec l'équipe, en prison. Un très bon directeur d'acteurs. J'avais aussi engagé Simard comme conseiller... pour l'autre bord. Je discutais d'une séquence avec l'un, puis j'allais demander l'avis de l'autre. Ça coïncidait la plupart du temps. Je tiens beaucoup à tous les détails quasi ethnographiques. Je ne voulais pas que le dramatique prenne le pas sur le réel de la prison. Ça m'a été très utile. Un jour, j'essayais d'expliquer à Alexis Martin comment il devait se sentir pendant sa tentative d'évasion. J'apprends que l'un des figurants avait fait 13 ans de prison et quelques tentatives d'évasion. Je l'ai laissé s'expliquer avec Alexis. Il n'y avait plus rien à dire.

La conquête de l'Everest

Un film est une œuvre collective. Une aventure semblable à la conquête de l'Everest. Le scénario n'est que l'étincelle qui permet cette aventure collective. Le travail de chacun, du dernier des figurants au dernier des techniciens, devient essentiel à la réussite de l'entreprise. Une grande solidarité, mais aussi une grande solitude. En tournant ce film, j'avais l'impression de sauter dans l'arène, comme un toréador, pour affronter un monstre de 2 000 livres décidé à me passer sul corps. Comment sauver ma peau ?

RICHARD DESJARDINS

Pendant le montage du Party, *Richard Desjardins m'avait demandé une lettre de recommandation pour une quelconque bourse. Il n'était pas encore connu à l'époque. La lettre est datée du 20 septembre 1989. Quelques mois plus tard, à la sortie du film, critiques et vendeurs de records allumaient enfin leurs lumières. Même sans le film, ça aurait fini par péter tôt ou tard. Mais je suis heureux d'avoir donné un petit coup de main.*

«La poésie se vend comme du savon à barbe.»
Léo Ferré

J'ai découvert Richard Desjardins et le groupe Abitibbi deux ans après l'éclatement du groupe. Malheureusement. C'était au Festival du film de Rouyn, mon premier contact avec l'Abitibi. Le monde en 10 chansons. Bang ! En pleine face.

Je l'ai retrouvé quelques années plus tard à Montréal, rue Beaudry. Je lui ai demandé de composer la musique de mon dernier film, *Le Party*. Wow ! Quel plaisir. Un petit lundi matin gris, après 10 cafés et 30 cigarettes pour s'éclaircir le cerveau, on s'est installés ; lui au piano et moi debout, derrière lui. Il s'est mis à chanter *Le cœur est un oiseau*, la chanson finale de mon film. J'avais le motton haut dans la gorge, les yeux humides, le cœur gros comme ça. Heureux comme un gamin. Il ne me restait plus qu'à faire des images à la hauteur de ses mots et de sa musique. J'ai essayé.

141

J'aime bien Desjardins. Dans ce monde aseptisé, cravaté, désodorisé, il reste pour moi un des derniers humains. Des mots et des musiques qui ont du poids. «La pesanteur de la grâce», disait Simone Veil.

Au travers de toutes ces chansons mielleuses pour adolescents attardés, enfin quelque chose. Au travers de toutes ces musiques décoratives pour centre d'achats de banlieue, enfin une lueur, un éclair. Au travers de tous ces *jingles* en mâche-malo rose pour consommateurs endormis, un espoir. Au travers de toutes ces vedettes chromées, shinées, préfabriquées, standardisées, approuvées, marketées, mises en marché, un être humain.

J'aime bien Desjardins, mon pareil, mon frère. Un artiste. Et comme tous les artistes à côté, en dehors, hors étiquette, en marge. Pas un marginal, mais un marginalisé. Car c'est toujours l'autre qui vous repousse dans la marge parce que vous refusez de fitter, de marcher au pas. Pas assez propre pour les haut-parleurs de service. Trop vulgaire pour les champions du bon goût : ceux qui décident du bout des lèvres et du bout des doigts de ce qui est et de ce qui n'est pas. Desjardins à 1 000 milles de toute mode. Pas assez ceci. Pas assez cela. Trop ceci. Trop cela.

C'est ce que j'aime chez Desjardins, les trop et les pas assez. Je l'aime bien parce qu'il a des choses à dire. Très rare pour l'époque. Et une façon de les dire qui n'appartient qu'à lui. Il a du style. Son style. Il n'est la copie de personne.

Je sais une chose. Son œuvre finira par s'imposer. D'elle-même. Par la seule force des mots et de la musique. Un jour. Ou tout de suite si on lui donne un coup de pouce. C'est à nous de lui dire merci.

Lou Babin

Une autre lettre de recommandation, le même jour, pour le même jury, écrite avec le même plaisir et la même admiration.

Je cherchais une comédienne pour le rôle de la chanteuse dans *Le Party*. Une femme qui n'aurait pas l'air en plastique. C'était en février 1989. J'avais écrit le scénario en pensant à Marjo. Elle a refusé en me traitant de tous les noms. Dur coup pour mon amour-propre. Mais en fait une chance qui m'a mené beaucoup plus loin, au-delà du cliché Marjo.

On a fait des auditions. Poulin donnait la réplique. De son bord, il avait vu une trentaine de comédiennes. Rien. Je ne connaissais pas Lou Babin. Après l'audition, Poulin braillait comme un veau tellement il avait été touché. « Cherche plus, c'est elle ta chanteuse *western.* »

Je lui ai donné sa chance. Elle ne l'a pas ratée. En fait, c'est moi qui étais chanceux. Pour moi, pour le film.

Pendant le tournage, dans une séquence avec Gildor Roy, elle crie son amour. Elle pleure, elle hurle, elle se déchaîne. Pendant une des prises, je me retourne. La maquilleuse pleurait, l'habilleuse pleurait, un électricien de 6 pieds 2 pouces reniflait. Elle a fait pleurer 30 personnes, cette fois-là. Une fois, 2 fois, 5 fois, 9 fois. Neuf prises. Chaque fois, elle allait un peu plus loin. C'est ça, Lou Babin.

Au montage, j'ai continué de pleurer chaque fois. Vingt fois. Trente fois. Aujourd'hui, je ne pleure plus, mais je sais que le soir de la première j'aurai mal une autre fois.

Dans la séquence finale du film, elle chante *Le cœur est un oiseau* de Richard Desjardins. Deux cents prisonniers, dans le gymnase qui nous sert de décor, se lèvent pour applaudir. Spontanément. J'en interroge quelques-uns : « Tabarnak, on a toutes la chair de poule. » Je pensais être tout seul à frissonner. Alain Dostie, à la caméra, est tout à l'envers. Francis Simard, conseiller à la réalisation, me crie, par-dessus les hurlements des 200 gars : « Falardeau, si on touche pas le monde avec ça, y a pus rien à faire. On émigre ailleurs. » Elle nous chantait la liberté.

C'est ça, Lou Babin. Aller au bout. Travailler en équipe sans faire chier personne. Donner. Donner encore. Se donner. Mettre sur la table ses tripes et son cœur. Sans fausse pudeur. Richard Desjardins plus Lou Babin, c'est additionner le plaisir. Deux cadeaux pour le prix d'un.

Une chance que Marjo a refusé !

QUAND LE BÂTIMENT VA, TOUT VA

D'abord refusé par Le Devoir, *comme toujours, cet article est ensuite allé moisir quelques semaines sur les tablettes de* Format Cinéma. *On doit être vers le milieu des années quatre-vingt, à la fin du régime de bananes de Pierre Elliott. Il me semble que cela a duré une éternité. Une éternité qui perdure. On veut construire à Montréal une maison de la musique. Lysiane Gagnon est contre le projet parce qu'il faudra détruire un* Woolworth *sur la rue Sainte-Catherine. «Un chef-d'œuvre de l'art déco.» Pleurer sur un* Woolworth, *faut le faire non! Pourquoi pas sur un* Pizza Hut *ou un* Wall-Marde? *Voici un autre point de vue.*

Sans caméra par les temps qui courent, je me fais mon cinéma à grands coups de crayon, pour ne pas sombrer dans l'impuissance totale et autodestructrice. Pour me sentir utile, comme un boulanger en chômage garde la main en faisant de la galette.

J'essaie d'écrire malgré les garde-caca* du bon goût cinématographique, les scrous de la pensée journalistique, les directeurs de conscience radiophonique, les chiens de garde de l'information télévisuelle, les grands prêtres de la censure institutionnelle, les faux frères de l'art officiel.

En pleine crise économique, au moment où des milliers de travailleurs du Québec sont mis à pied, où l'avenir des jeunes Québécois se résume au Bien-être social, le grand Montréalais Charles Dutoit rêve d'une nouvelle salle pour son orchestre «construite avec des matériaux nobles». Le gouvernement du Parti québécois investira 30 000 000 $ pour permettre à notre Fitzcaraldo local de continuer à rêver. Les mélomanes en profiteront. Charles Bronfman également.

Charles Bronfman et Léo Kolber, son homme de main dans Cemp Investments et Cadillac Fairview, en profiteront... mais en espèces sonnantes.

En effet, c'est Cadillac Fairview, un des géants de l'immobilier au Canada, qui fournira ses terrains et construira la maison de l'OSM. Cette maison de la musique sera l'attraction principale d'un ensemble immobilier et commercial construit par Kolber et Bronfman.

On crée des *jobs*, mais je comprends mal cette subvention déguisée au roi du *shopping center*. Je comprends mal la rationalité économique et politique de ce cadeau à Charles Bronfman: sans doute pour lui permettre de déménager son orchestre symphonique à Miami, avec ses Expos, le jour de l'indépendance.

Je comprends mal la rationalité économique et politique de ce cadeau à Léo Kolber, nouveau sénateur libéral. Cette nomination au Sénat, par Pierre Elliott Trudeau, d'un responsable de la collecte des fonds auprès des grandes entreprises pour le Parti libéral du Canada est-elle le point final, la conclusion ultime de la «politique fonctionnelle» ou de la «société juste»?

---

* Mot créole signifiant beu, flic, chien.

«Mon comté, c'est le secteur privé ; mes électeurs, les grandes entreprises», raconte Léo Kolber ! «Plus près d'Ottawa, je pourrai faire prévaloir les idées de la grande entreprise», déclare un des rares non-élus qui assistent chaque semaine aux réunions des caucus du Québec et du Canada. «Pour Léo Kolber, la politique fait partie des affaires», écrit Michel Nadeau, journaliste au *Devoir*. Le bateau libéral coule : les rats de cale se garrochent au Sénat. C'est la démocratie des «Canadiens éminents». La démocratie de la grande entreprise. À chacun son sénateur. Après avoir permis à Campeau Corporation, un autre géant de l'immobilier, de prospérer grâce aux bons soins du sénateur Louis Sky Shops Giguère, il faut laisser à d'autres le loisir de prospérer. Au Canada, c'est ce qu'on appelle la libre concurrence.

Vous vous souvenez de Louis Giguère, ce sénateur libéral qui remplaça Jean Marchand à la tête de l'appareil politique du parti au Québec. En 1968, il avait recueilli des fonds destinés à financer la candidature de Trudeau. Nommé sénateur par le premier ministre pour services rendus, il devint membre du conseil d'administration de Campeau Corporation. C'est à partir de ce moment que Campeau connut son véritable essor. Contournant les règlements municipaux grâce à ses connections politiques, Campeau Corporation transforma le visage urbain d'Ottawa : pour ses immeubles à bureaux, le gouvernement versait, en 1976, 10 000 000 $ par année en loyer !

Le même sénateur Giguère, devenu entre-temps un homme d'affaires prospère, fut accusé de trafic d'influence dans l'affaire des boutiques hors taxes dans les aéroports. Il avait fait un profit de 95 000 $, en 6 mois, grâce à la vente des intérêts qu'il détenait dans Sky Shops. Comme on pouvait s'y attendre, il fut acquitté en 1979.

Mais revenons à l'immobilier. En 1976, 8 sénateurs occupaient alors un poste de direction au sein de 12 sociétés immobilières. À chacun son sénateur. Mais pourquoi nommer Kolber, de Cadillac-Fairview, au Sénat alors que le groupe de Charles et Edgar Bronfman, Cemp Investments, était déjà représenté au Sénat par Jack Austin, ancien sous-ministre de l'Énergie, des Mines et des Ressources, ancien premier secrétaire de Trudeau et maintenant président de GM Resources, une société du groupe Cemp ? Sans doute une question de diversification.

Joli scénario pour un film de Francesco Rosi. *Main basse sur la ville*. Non. Vous ne trouvez sans doute pas très cinématographique cette superproduction en papier. Vous avez tort. Léo Kolber, lui, a le sens du cinéma ; il siège au conseil d'administration de Metro-Goldwin-Mayer.

Un scénario absurde où le gouvernement du Québec aide pour 30 000 000 $ un de ses pires ennemis politiques. Quelle est la rationalité économique et politique de ce substantiel cadeau au roi du *bungalow*? Indépendance. Libération économique. Lutte nationale. Pourquoi pas une subvention directe au Parti libéral du Canada? On appelle ça la relance économique!

Et, de la relance, on revient à la musique. Pourquoi donc tous ces fumeurs de cigares philanthropes au conseil d'administration de l'Orchestre symphonique? Jacques Comtois, le président, lié à Trizec Corporation des frères Edward et Peter, l'autre branche de la famille Bronfman. Edward aussi fait dans le cinéma. Il siège au conseil d'administration de Bellevue-Pathé. Richard O'Hogan, de la Bank of Montreal, ancien conseiller en communications de Trudeau. William Ian Mackenzie-Turner junior de Consolidated Bathurst et de Power Corporation.

Pourquoi cet aéropage de bienfaiteurs de l'humanité? Pourquoi ces réunions de dames patronesses du monde des affaires? Pourquoi Léo Kolber, le «Canadien éminent», le roi du béton, se dépense-t-il chaque année sans compter pour organiser la soirée Danny Kaye au profit de l'orchestre du mari de Marie-Josée Drouin du Hudson Institute? Par calcul financier. Par hypocrisie fiscale. Pour grossir son *curriculum vitæ* dans le *Who's Who*. Pour oublier ce sentiment de culpabilité qui tenaillait Rockefeller. Non. Par amour de l'art.

Politique, immobilier, musique, cinéma. Toujours la même *gang*. Mes superproductions ne risquent pas de quitter le papier. Mes superproductions ne risquent pas d'atteindre les écrans de mon pays.

OCTOBRE

Résumé servant à la promotion du film. 1994.

> «Nécessaire et injustifiable.»
> Albert Camus

Le 10 octobre 1970, quatre militants du Front de libération du Québec kidnappent le ministre du Travail et de l'Immigration. Une semaine plus tard, la police retrouve le corps du ministre dans le coffre arrière de l'automobile qui a servi à l'enlèvement.

Que s'est-il passé exactement pendant cette semaine? Pourquoi? Comment? Dans quelles circonstances? Heure après heure, jour après jour, on suit de l'intérieur la vie de cinq hommes coincés pendant sept jours dans la maison de la rue Armstrong : leurs doutes, leurs espoirs, leurs peurs, leurs déchirements, leurs convictions.

Mis au pied du mur par le pouvoir, pris dans la logique implacable des événements, emportés par le poids des choses, l'un après
l'autre ils affrontent leur destin. Ils décident. Seuls. Solidaires.

GEORGES DUFAUX

*Il s'agit d'une lettre au directeur de l'équipe française de l'Office
national du film, datée du 30 novembre 1986. Dans l'après-midi, je
m'étais engueulé comme du poisson pourri avec lui. L'ONF refusait
de faire le film* Octobre *et proposait de me revendre le scénario pour
la somme symbolique de un dollar. Un scénario que j'avais écrit
pour eux. Au dernier moment, la direction changeait d'idée et
voulait récupérer tout l'argent payé, mon salaire, même les
photocopies du scénario, si je réussissais à faire le film ailleurs.
Après une engueulade terrible, le directeur revint à la proposition
de départ. Il prit un billet de un dollar dans sa poche et me le jeta au
visage avec mépris. « J'vais même te fournir la piasse. » Après avoir
réfléchi pendant quelques secondes, i'ai pris l'argent et je l'ai mis
dans mes poches avec un air de mépris triple sinon quadruple. « Tu
vois ta piasse, ben j'vas la prendre. Quand on est pauvre, son
honneur, on marche dessus. » J'ai donc pu racheter gratuitement
mon propre scénario, écrit à la sueur de mon propre front. J'ai fait
le film sept ans plus tard en investissant la moitié de mon salaire de
réalisateur. Comme scénariste, j'ai fini par toucher la moitié de la
moitié de mon salaire. Quasiment un saint.*

Mon cher Georges,

Je ne me sentais pas particulièrement fier de ma victoire en
quittant l'ONF vendredi dernier. D'ailleurs, je ne veux pas voir ça en
termes de victoire ou de défaite. Ça veut rien dire. Je t'écris un peu
pour m'excuser et aussi pour tenter d'y voir clair moi-même et de
m'expliquer.

Si tu as signé, comme tu dis, sans céder au terrorisme (ce que
j'espère), je ne m'excuse pas non plus par peur de la main qui me
nourrit. Je n'en ai vraiment rien à foutre des directeurs de ceci, des
sous-directeurs de cela et des sous-directeurs adjoints de ceci-cela.
Je m'excuse simplement, parce que c'est comme ça. Dans ce maudit
métier, il y a tellement de culs à baiser que si on commence ces
courbettes on n'a pas fini, on finira par vivre à plat ventre.

Tu n'es pas responsable de tout ce gâchis. Le malheur dans tout ça, c'est qu'il n'y a jamais de responsable. On ne sait jamais qui mordre. Alors, on finit un peu par mordre le premier qui passe. Toujours injustement. C'est tombé sur toi, je m'en excuse.

Mais si c'était à recommencer, je n'hésiterais pas une seconde. C'est peut-être vulgaire, mais pour moi la vraie vulgarité n'est pas dans quelques sacres mais dans les sourires hautains et méprisants de ces gens cravatés et parfumés qui ont droit de vie ou de mort sur nous. Et je ne parle pas de toi.

Tu parles de terrorisme. Tu dois bien savoir que c'est un moyen de pauvres, un moyen de faibles. Face aux institutions, un cinéaste est faible. Son pouvoir de négociation est faible. Tu sais tout ça, étant toi-même cinéaste. Sa force de négociation est nulle. Il n'a pas le pouvoir du pouvoir ni le pouvoir de l'argent. Il ne lui reste que son imagination, ce qui, en termes financiers, n'est jamais comptabilisé. Tu n'es rien et on ne se gêne surtout pas pour te le dire, pour te le répéter : «Prends ton trou, ferme ta gueule. Et remercie-nous. Si tu travailles, c'est un privilège.» On développe donc une mentalité de quêteux et de chien couchant prêt à tout pour avoir son os.

Tu as raison. Faire un film d'une certaine manière, c'est un privilège. Mais d'une certaine façon seulement. Faire du pain, pour un boulanger, ce n'est pas un privilège. Une messe de Bach, ce n'est pas un privilège pour Bach, mais pour nous tous.

Loin de moi l'idée de me prendre pour Bach. Ni de jouer à l'artiste incompris (j'ai déjà assez de me prendre pour moi-même). Je n'ai jamais pensé que la société ou l'humanité me devait quoi que ce soit. Ni l'ONF, d'ailleurs. Si j'ai choisi de faire ce métier, c'est en toute connaissance de cause. Personne ne me doit rien.

Et quand Roger Frappier m'a téléphoné, il y a quelques années, pour faire un film à l'ONF, j'y ai vu une espèce de miracle comme seule la vie semble en faire. Les périodes de noirceur dans la vie d'un créateur sont souvent longues et pénibles. Alors, quand la lumière apparaît, c'est la joie. J'ai donc pu, pendant un an et demi, écrire un projet qui me tient aux tripes et au cœur, tout en payant le tabac, l'huile à chauffage et les couches pour le petit. J'en remercie surtout mes cinq camarades autour de la table (la bande des six) qui ont finalement imposé le sujet au producteur. (Cette bande des six qui a dû soulever bien des jalousies.)

Ensuite, Frappier a démissionné et la lumière s'est éteinte pour quelques mois. On n'y peut rien. C'est comme ça. C'est comme la magie. La déception est là, mais on survit. On se développe une philosophie de cultivateur : «Il pleut, il pleut. Ça donne rien de gueuler. C'est comme ça.» On se sent impuissant et on prie pour que demain il fasse beau. Pendant des mois, rien. Je voyais le bordel dans lequel Suzanne Dussault, qui a assuré l'intérim, semblait se débattre. Je ne suis allé ni me plaindre ni gueuler. Je me disais simplement que le scénario parlerait pour moi. S'il n'était pas si mauvais, je finirais bien par avoir des nouvelles. Effectivement, quelques mois plus tard, Suzanne m'a appelé. On continuait. Elle voulait le faire. Elle y tenait. À nouveau la lumière. On se sent parfois tellement seul dans ce foutu travail (tu dois en savoir quelque chose). Quand le projet devient important pour une autre personne, c'est le bonheur pour quelques instants. Suzanne m'a permis de faire un bout de chemin, je ne l'en remercierai jamais assez. Puis, elle a été remplacée. La noirceur de nouveau. Mais cette fois pour quelques jours seulement. Louise Gendron était intéressée. On a fait un autre bout de chemin ensemble. Cet été, tout semblait pour le mieux, on se préparait pour faire le film en octobre. Et soudain, au mois d'août, stop, arrêt. Ballottage. Oui !

Non. Oui. Non. Oui. Non. La valse pendant des jours, des semaines, des mois. Oui. Non. Peut-être. Ça finit par tomber un peu sur le système. Mais on ferme toujours sa gueule. On n'est pas là pour hurler ni pour se plaindre, mais pour faire un film. Et c'est normal. C'est ça, la *game*. C'est pas si pire. Et on reprend sa philosophie de cultivateur. «Demain, il finira bien par faire soleil.» Et la noirceur s'installe pour quelques mois. Peut-être. Non. Peut-être.

Certains jours, ça va. Le lendemain, on doute. Le surlendemain, on est à plat. On se dit qu'on est un minable, un trou de cul, un rien du tout. Et on se remonte. On tâche de sourire pendant quelques jours, pour pas faire trop chier les autres, pour soi-même aussi. Pour survivre. Et on y croit encore. Et on s'effondre de nouveau. Comme ça pendant des mois. On attend. Ce qui tue, ce n'est pas le oui ou le non. Ça, ça va. Le non, ce n'est pas choquant. Ça se comprend, ça se défend. On se serre la main, on dit : «Merci beaucoup, monsieur, madame. À la prochaine peut-être.» Non, ce qui tue, et ça tue lentement, insidieusement, c'est l'attente, le peut-être. Et on attend. Et on attend. Après deux ans, l'attente devient plus pénible. Elle devient finalement insupportable. Ça tue le cerveau tranquillement.

Bon. En septembre, pour tenter d'en sortir, je contacte un producteur du privé. Rencontres. Discussions. Etc. Bref, la cuisine habituelle. Impossible de bouger pour l'instant. C'est l'ONF qui a les droits d'auteur. Je n'ai rien à voir là-dedans. Pour moi, ce sont les deux producteurs qui doivent s'échanger, se vendre ou *whatever* les droits.

Quelques semaines plus tard, Louise Gendron me fait part d'une idée intéressante. Elle en a parlé à l'ONF. Elle me cède les droits d'auteur pour un dollar. De cette façon, je ne me retrouve pas pieds et poings liés entre les mains d'un producteur. Je trouve l'idée intéressante. Je n'y avais jamais pensé. Je croyais que tout ça, c'était des affaires de producteurs. Comme au hockey où les propriétaires d'équipes s'échangent des joueurs comme du bétail.

Tout avait l'air réglé. J'avais hâte d'en sortir. Soudain, jeudi soir, on change d'idée, un nouveau *deal*. Je dis à Louise : «D'accord». Ça me fait chier, mais ça se défend très bien. C'est *clean*, commercialement parlant. «Et puis, qu'est-ce que tu veux que je négocie? J'ai rien à faire valoir. Zéro. Nada.»

Puis, en y réfléchissant au cours de la nuit, j'ai trouvé ça *cheap*. Sans doute mon cerveau épuisé. Une transaction commerciale normale et ordinaire. Toute la frustration m'est soudain remontée à la gorge, tout d'un coup. Une goutte d'eau de trop dans la bouilloire. J'ai voulu sortir de ce plat de nouilles et j'ai voulu en sortir vite, d'un coup. Pas une minute de plus. Et j'ai éclaté. Et c'est malheureusement tombé sur toi.

Ton offre était sans doute très honnête. Ce qui m'a fait chier, c'est ce retour en arrière. Mais je ne crois pas non plus avoir tort sur toute la ligne, et malheureusement tout ça se met mal en pourcentage ou en argent dans un contrat. C'est sans doute ridicule, mais ça m'a choqué.

Finalement, je retrouve tous les droits que tu as fini par me céder avec mépris. Un mépris que je comprends très bien étant donné la façon dont je t'ai agressé. Je ne me sens pas très fier d'être le gagnant. Des victoires à ce prix, je m'en passerais facilement. Je me retrouve donc avec la possibilité de faire de l'argent auquel je n'ai pas droit. Mais ça, c'est maintenant mon problème et je vais tâcher de vivre avec mes scrupules. Mais je vais tâcher d'aller plus loin, d'utiliser cet argent lancé avec mépris pour faire un film.

Tu sais sans doute que, dans ce qu'on nomme gentiment le privé, les chiffres sur un bilan ne veulent pas dire grand-chose. Les seuls postes compressibles sont le salaire du réalisateur et du scénariste. Pour se payer une séquence de plus, pour finir le film, on finit par y investir son salaire et sa chemise. Enfin, j'espère me servir du scénario qui désormais vaut de l'argent pour ne pas me laisser manger par les distributeurs qui, parce qu'ils investissent une somme minime, décident du choix des acteurs et du montage final. Je vais tenter de me servir de cet argent mal gagné pour défendre le film contre les rapaces.

Ma seule façon de te faire chier à mon tour sera de faire un bon film. Je me le souhaite. J'ai commencé à travailler sur ce film avec Simard en 1977 alors qu'il était en prison. Ça fait neuf ans. J'y tiens. Et c'est un film plus important que ma petite personne. C'est un film nécessaire, qui me dépasse. Et qui vaut bien un coup de gueule. En attendant, je voudrais te remercier quand même.

Tu as raison, je suis rendu plus loin qu'il y a deux ans et demi. Mais ça, figure-toi que je le savais. Suis peut-être bête, mais pas con. Et ça, c'est grâce à certains individus à l'ONF. Merci pour tout. Je vais donc essayer de considérer cet argent comme un investissement.

On s'est peut-être engueulés sur quelques piastres connes, mais reste assuré d'une chose, c'est de mon respect le plus profond pour ton travail de cinéaste et donc de l'homme derrière l'œuvre.

Je m'excuse encore une fois et te remercie.

P.-S. : Pardonne-moi ce roman un peu trop long aux allures de feuilleton. Dans le cul, les victimes ! À bientôt. Et dans de meilleures conditions, j'espère.

M. CHARLES DENIS

Je sais que cette lettre a été écrite le 22 juillet. Mais j'ignore en quelle année. En 1986 ou encore en 1987. En tout cas, c'est un an et demi après le retour au pouvoir de Bourassa. Un an et demi après l'arrivée en poste de Charles Denis à la direction de ce qu'on appelle la Sogic. Denis est un ancien directeur des relations publiques de la Bourse de Montréal. Dans les années soixante-dix, son boss était Robert Bourassa. Il était, je crois, secrétaire de presse. Il avait mis sur pied à l'époque un système de cassettes vidéo dénoncé par les journalistes politiques. Les discours du chef étaient préenregistrés. On pouvait ainsi éviter les questions gênantes. Après l'avoir casé à l'Office québécois du commerce extérieur à la fin de son premier mandat, on l'a casé au cinéma. Entre petits amis, faut bien s'entraider. Mon projet de film Octobre *venait d'être approuvé. Il ne manquait que la signature du grand chef quand Charles Denis est arrivé. J'ai attendu un an et demi. Le M. Fortier de la lettre était quelque chose comme son bras droit. Ou son bras gauche. Ou quelque chose d'approchant.*

Cher Monsieur,

Je viens de prendre connaissance de votre lettre du 22 juin concernant mon projet provisoirement intitulé *Cinq Jours sur la rue Armstrong*.

Je tiens d'abord à vous féliciter pour votre extrême célérité dans le dossier. Un an et demi pour en arriver à une lettre de deux pages, c'est sûrement un record : vous aurez sûrement un jour votre nom dans le *Guinness*. À moins qu'il ne s'agisse d'une vieille tactique de votre ex-patron. Ne pas bouger en espérant que les choses se tassent.

Je ne vous écris pas pour me plaindre ni pour demander un changement de décision. J'ai passé l'âge de penser émouvoir les fonctionnaires, les politiciens ou les marchands de cassettes. Je n'ai jamais vu pleurer ni un préfet de discipline ni un gardien de prison. Un mur de ciment non plus.

J'aimerais simplement porter à votre attention certains détails grossiers de l'argumentation de votre secrétaire. D'abord, le mépris qui suinte du deuxième paragraphe.

« Nous comprenons également que ce projet a d'abord été soumis à l'Office national du film qui a financé la réécriture de six scénarios différents. »

Non, vous ne comprenez rien. Je me demande même si vous comprenez quoi que ce soit au cinéma. Il ne s'agit pas de six scénarios différents, mais de six versions d'un même scénario. Rien là de honteux ni d'anormal.

Dans le troisième paragraphe, je ne saisis pas très bien votre argumentation.

« L'avis obtenu ne nous a pas permis de délimiter précisément la responsabilité que pouvait encourir la Sogic. »

Ainsi donc, vos conseillers juridiques ne vous ont pas permis de délimiter. Alors, si je comprends bien, c'est vous qui délimitez. C'est une décision personnelle qui pose ses limites. Fort bien. La limite, c'est votre refus.

« Le scénario impute un meurtre à deux seulement des quatre personnages principaux sans que ces faits n'aient pu faire l'objet d'une vérification ou ne soient du domaine public. »

Alors, vous voulez que je procède moi-même à une vérification. Figurez-vous donc que c'est précisément ce que j'ai fait. La Sogic pourrait faire la même chose à peu de frais. C'est tellement simple. Je vous donne la recette gratuitement. Vous envoyez un commis, M. Fortier ferait l'affaire j'en suis sûr, chez l'Éditeur officiel du Québec et vous achetez le rapport de la Commission d'enquête Duchaine. C'est publié par le ministère de la Justice. C'est basé sur le travail de 6 000 policiers, de 10 000 soldats, de tonnes de juges et d'avocats. Je crois que c'est du domaine public. Malheureusement, ça se vend 4,95 $. Peut-être cela fera-t-il grimper

« les coûts préalables importants qu'entraînerait nécessairement la vérification de l'exactitude des faits relatés dans l'actuel projet de scénario ».

Vous pourriez toujours le consulter à la Bibliothèque de la Ville de Montréal. Je crois que c'est gratuit et du domaine public. Peut-être même pourriez-vous en obtenir une copie à moindres frais, étant un organisme du gouvernement. Si vous jugez encore exorbitants les coûts d'une telle vérification, je suis disposé à vous prêter mon exemplaire personnel, mais je veux d'abord des assurances écrites que je pourrai un jour le récupérer. Après tout, je pourrais peut-être le donner à la Sogic moyennant un reçu de charité déductible d'impôt.

Je vous conseille également la lecture des auditions de la Commission d'enquête sur le crime organisé. Plus spécifiquement l'affaire Laporte ou les relations du Parti libéral avec Cotroni et Di Iorio. C'est édifiant. Malheureusement, le rapport d'enquête n'a jamais été publié (on se demande pourquoi). Il en existe une copie à la Bibliothèque du Parlement. Je crois aussi que c'est accessible au public.

Mon scénario est bâti sur les faits. Et vous le savez très bien. Et c'est précisément ce qui vous ennuie. Je vous mets au défi de trouver une seule inexactitude. La-dessus, mon scénario est inattaquable. Vous préférez vous abriter derrière votre légalisme de façade, votre juridisme à la petite semaine, vos coûts exorbitants. Vous préférez me transformer en accusé qui doit porter le fardeau de la preuve, qui doit prouver sa non-culpabilité. Ce n'est pas très britannique comme tradition.

En plus, vous voulez des signatures. Votre système juridique n'était pourtant pas si exigeant au moment des procès d'Octobre, quand on mettait en preuve des déclarations non signées.

Mais vous avez sans doute raison, laissons les avocats décider de ce qui est acceptable en art. Laissons les procureurs, les juges et la police décider du contenu des œuvres d'art. C'est tellement plus efficace, un art du Parti. C'est beaucoup plus joli et puis ça fait des médailles à donner, des postes à distribuer. On pourrait peut-être demander l'avis de certains avocats de la pègre qui furent avocats de la Couronne par après, puis nommés juges pour services rendus au Parti. Ah! la naïveté des artistes.

Pour faire du cinéma, il faut une certaine dose de naïveté. Pour faire le cinéma qui m'intéresse, il en faut une double dose. Naïf, mais pas complètement innocent. Caché derrière une apparence de légalisme, vous n'abusez que les gogos. Je connais très bien les raisons de votre refus. Tout le monde les connaît. Depuis le jour de votre nomination. Vous-même, vous les connaissez.

Je sais aussi que ma naïveté finira par prévaloir sur le cynisme de ceux qui ne doivent leurs *jobs* qu'à leurs connections politiques.

Je demeure, cher Monsieur, naïvement vôtre.

P.-S. : Pourriez-vous demander à ce M. Fortier de me faire parvenir copie de ce nouvel avis juridique sur lequel vous basez votre refus. J'ai déjà celui de Gascon, Gibson et Larose, daté du 22 février 1988. J'aimerais recevoir le plus rapidement possible ce nouvel avis qui retardait votre décision. J'espère que c'est du domaine public. Cette fois-ci, je n'attendrai pas un an et demi.

Il est interdit de penser

Lettre à La Presse *parue en 1993 en réponse à un certain M. Gigantes qui se dit journaliste et m'attaque depuis quelques jours au Sénat, à la radio, à la télé, dans les journaux. Dans sa réponse à ma lettre quelques jours plus tard, il m'accusera de racisme, de révisionnisme et d'antisémitisme. Bill Johnson de la* Gazette, *cet ancien informateur de police devenu journaliste, à moins que ce ne soit l'inverse, reprend les mêmes accusations : mon film est raciste et antisémite. Ceux qui ont finalement vu le film pourront juger.*

Rappelons simplement que le sénateur Gigantes a été secrétaire particulier du roi Constantin de Grèce et qu'il a étudié dans les meilleures académies militaires de Grande-Bretagne. J'aimerais savoir s'il est retourné en Grèce, après la guerre, dans les valises de l'armée d'occupation britannique et quel a été son rôle dans la terrible répression qui a suivi. Ensuite, quel rôle a-t-il joué pendant qu'on tuait, déportait et torturait des dizaines de milliers de militants communistes au cours de la guerre civile ? Je n'insinue rien, mais j'aimerais bien savoir.

Le sénateur Gigantes part en guerre. Son cheval de bataille : la censure cinématographique. Il veut faire interdire le tournage d'un film sur la Crise d'octobre.

Résumons les faits : je suis cinéaste. J'ai écrit un scénario intitulé *Octobre*. Il s'agit d'un film de fiction, c'est-à-dire un film avec des acteurs. Mais un film basé entièrement sur le réel, sans autres effets dramatiques que ceux du réel. J'essaie de coller aux faits en tout temps : une démarche artistique semblable à celle de l'écrivain américain Truman Capote, une façon de faire tirée de notre tradition documentaire. Dans ce film, je raconte l'histoire de la cellule Chénier et de l'enlèvement de Pierre Laporte. J'essaie de comprendre ce qui s'est passé de l'intérieur. C'est le point de vue du film. Je tente d'interroger l'histoire, notre histoire. Est-ce interdit ?

Le projet est présentement déposé à Téléfilm Canada, à l'ONF et à la Sogic, pour obtenir une partie du financement. C'est la procédure habituelle et normale pour tous les cinéastes de ce pays. Tous. D'Arcand à Lauzon. De Rozéma à Égoyan. C'est le système canadien. Ce système d'aide et de contrôle a été mis sur pied par les gouvernements, pas par moi. Et c'est à l'intérieur de ce système que le sort des films se décide.

La tradition britannique veut que, dans ce système, les organismes mis sur pied par l'État soient relativement à l'abri des interventions du pouvoir politique. Quand j'étais plus jeune et un peu plus naïf, on appelait ça le *arms lenght* en anglais. Ça m'a toujours fait un peu rigoler. J'ai une tendance naturelle à la méfiance.

Là, ça devient un peu gros. Un sénateur, ancien conseiller politique de Trudeau, nommé par le même homme pour services rendus au Parti, élu par personne, s'ingère dans le processus «démocratique» normal. De sénateur, il se transforme en critique de cinéma. Il s'autoproclame juge et gardien du bon goût. Il menace Téléfilm si mon projet de film est accepté. Pourquoi cet intérêt soudain pour l'art ?

Il a reçu, dit-il, le scénario dans une enveloppe brune. Envoi anonyme. Coulage de documents. Ça ne me dérange pas trop. C'est la vie. Mais je m'interroge. En reçoit-il beaucoup, des scénarios de films ? Est-ce le premier ? Est-ce une nouvelle tradition qui s'installe ?

Donc, le vol de documents personnels, ça va. Mais ce qui commence à m'ennuyer, c'est que ce spécialiste des enveloppes brunes se met à photocopier mon manuscrit et à le distribuer, sans ma permission, à ses petits amis du Sénat. Il distribue mon œuvre, sans me verser de droits d'auteur, à gauche et à droite dans les médias du pays. Cela s'appelle, en bon français, du recel. Si, au moins, cet Honorable sénateur pratiquait le recel à grande échelle, c'est-à-dire s'il rendait disponible mon scénario à tous les citoyens de ce pays, les dommages seraient moins grands. C'est pour ça que je l'ai écrit. Pour que chacun puisse le lire. Pour que chacun puisse le voir sur un écran de cinéma. Pour que chacun puisse réfléchir et juger par lui-même.

Mais non, cet Honorable sénateur s'érige en censeur, en directeur de conscience du peuple, en commissaire politique. Il s'arroge le droit de décider ce que le bon peuple doit voir, doit lire, doit penser. Il réserve à une élite choisie par lui l'œuvre complète, se contentant d'extraits, de bouts de phrases, de morceaux de séquences

155

pour les médias. Ça m'ennuie un peu de voir une œuvre à laquelle je travaille avec acharnement depuis 15 ans réduite à 3 ou 4 bouts de phrases, toujours les mêmes.

Alors que je cherche à construire une œuvre de réflexion sur la condition humaine, ce réducteur de têtes réduit le tout à un vulgaire film de *cow-boys* hollywoodien. Un film de série B où s'affrontent les bons et les méchants. De deux choses l'une : ou bien ce monsieur est un épais ou bien il est malhonnête... intellectuellement parlant.

Et je ne crois pas que cet Honorable soit un épais. Il défend des gens. Il défend des intérêts. Et tous les moyens sont bons pour censurer, pour contrôler les cœurs et les esprits. Ce monsieur m'accuse de glorifier le crime, de promouvoir l'assassinat politique, de faire du cinéma de propagande, d'appeler au meurtre, de salir la mémoire de Pierre Laporte.

Par la méthode de l'amalgame, il parle de pornographie. Et d'autres éminents réducteurs de têtes, sans avoir lu le scénario, se permettent d'en rajouter : « Falardeau est vulgaire et grossier. Falardeau est un provocateur qui a la manie de réécrire l'histoire. Falardeau est un raciste. » Et tout ça, une larme de crocodile au coin de l'œil, « avec l'argent des contribuables ». Quelle rigolade.

Pendant qu'on y est, pourquoi ne pas me tenir responsable de la récession, du chômage, de la désindustrialisation ? La guerre en Bosnie, peut-être ? Ou l'Holocauste ? Tiens, c'est bon ça, l'Holocauste. Ça fait recette à tout coup. Rien d'autre ? Vous êtes sûr ? On tient un coupable. Le procédé est vicieux. Mais simple. Et surtout efficace.

D'abord, l'argument de l'argent des contribuables dans la bouche de quelqu'un qui vit aux crochets de l'État me semble un peu risible. Et, contrairement au sénateur, je crois que l'argent du peuple doit servir à expliquer, à comprendre, à toucher. Le monde a droit, de la part de ses artistes, à autre chose qu'à des niaiseries et à du papotage intellectuel. Mais c'est tellement plus simple quand les artistes se contentent de se contempler le nombril. C'est moins dérangeant. Monsieur l'Honorable sénateur me refuse le droit de traiter ce fait historique de l'intérieur, car, dit-il, Laporte n'est plus là pour témoigner. Je n'aurais que le témoignage des felquistes. Cet argument ne tient pas debout. C'est délirant et malhonnête. Au cours des procès, cher monsieur, Pierre Laporte n'a pas témoigné non plus et pourtant on a condamné les felquistes à vie. Il y a les faits, monsieur. Il y a les preuves consignées aux dossiers. Il y a les archives. Il y a les livres. Il y a les journaux. Il y a aussi le long rapport de la Commission d'enquête Duchaine. Alors ?

Alors, si on pousse à bout votre argument, monsieur le sénateur, il faudra interdire toute réflexion historique sur César, Napoléon,

Churchill, De Gaulle ou Kennedy, sous prétexte qu'ils ne sont plus là pour témoigner. Nous n'aurons droit qu'à la télésérie sur Trudeau, puisqu'il est là pour témoigner. Cette série financée avec l'argent des contribuables ne vous dérange pas, monsieur le sénateur ?

Je ne prétends pas porter un jugement final et définitif sur la Crise d'octobre. L'histoire se chargera de départager les crimes de chacun. J'essaie tout simplement dans mon projet de film de raconter ce que je sais. Quant à ce que je ne sais pas, je n'en parle pas. Tant que les chercheurs, les journalistes, les historiens n'auront pas accès aux archives du Cabinet, aux archives de la RCMP, aux archives des services de renseignements de l'armée, tout jugement ne pourra être que partiel. Je ne crois pas, de toute façon, aux jugements définitifs en histoire. En attendant, cher sénateur, vous qui tenez à éclairer le bon peuple, pourquoi ne réclamez-vous pas l'accès public aux archives, au lieu de jouer les éteignoirs ? Ce serait faire œuvre utile.

Autre argument du sénateur :

« Il y a eu mort d'homme. C'est affreux. C'est horrible. On n'a pas le droit dans ce si beau pays de faire des films sur des sujets aussi sales. »

Peut-être, monsieur le sénateur, que cela est affreux et horrible comme vous dites. Et après ? Cela est. Cela a été. Et on a le droit d'essayer de comprendre. Me semble que c'est simple, non ! Allons-nous interdire le Petit Chaperon rouge sous prétexte qu'il y a mort d'homme ? Ou de femme ? Allons-nous interdire Shakespeare ? Il a bâti toute son œuvre sur l'affreux et sur l'horrible. Allons-nous aussi interdire Goya, Camus, Truman Capote, Rembrandt, Rodin, Orwell ?

Vous me reprochez mon manque d'objectivité. Reproche-t-on à la *Neuvième* de Beethoven de manquer d'objectivité ? Rodin manque-t-il d'objectivité quand il fait les *Bourgeois de Calais* ? Un autoportrait de Rembrandt est-il objectif ? Je n'ai pas la prétention d'égaler les grands maîtres, mais je réclame le droit de siffler ma petite chanson, comme disait Rouault.

Et vous, êtes-vous objectif, monsieur Gigantès ? Quant à moi, je n'ai jamais prétendu à l'objectivité. C'est de la bouillie pour les chats. De la poudre aux yeux. Je ne suis pas un mathématicien, mais un artiste. Je ne fais pas des ponts, mais des films. Je ne fais pas le bilan financier d'une entreprise de comptabilité, je m'intéresse à la vie des hommes. Des hommes en chair et en os. Je tente de faire une œuvre d'art. Une œuvre belle, forte et vraie. Mon seul devoir est envers la vérité des êtres. Et si je tords les faits, si je travestis la réalité, si je raconte des bêtises, alors mon œuvre ne vaudra rien.

Rien. Et j'accepterai le jugement du public. Mais je refuse au sénateur Gigantes le rôle qu'il se donne d'être le seul juge. Je ne lui refuse pas le droit de juger, je lui refuse le droit d'être le seul à juger. Je lui refuse le droit d'interdire au peuple de ce pays de porter son propre jugement. Nous ne sommes pas des enfants qu'on envoie jouer dans le trafic.

Le sénateur Gigantes est pour la liberté d'expression, mais en dehors du système. La liberté de l'artiste, oui, mais une liberté surveillée. La liberté de soliloquer au fond de son garde-robe. Et si de mon scénario de film, que vous voulez interdire, je fais un livre, allez-vous couper les subventions fédérales aux éditeurs? Et si je fais une pièce de théâtre, allez-vous menacer les théâtres subventionnés? Et si j'en fais une sculpture avec une bourse, allez-vous fermer le Conseil des Arts?

La liberté de fermer sa gueule, de crever de faim.

Mais le plus horrible dans tout ce procès d'intention, pour l'instant, c'est ma parole contre celle d'un politicien. Tant que le film n'existe pas, ma parole ne pèse pas lourd. Et si la tentative de censure du sénateur réussit, ma parole pèsera encore moins lourd.

Mais je sais une chose : à côté de mon œuvre, la parole du sénateur ne fait pas le poids. Elle ne vaut rien. Rien du tout. Rien de rien.

À cette étape-ci, la seule vraie question est de savoir si les gens de ce pays sont des enfants qu'on doit guider dans le choix de leurs films, dans le choix de leurs lectures.

Pour le moment, la seule vraie question est de savoir si le sénateur devrait se mêler de ses affaires.

Pour l'instant, la seule vraie question est de savoir si les institutions mises sur pied pour gérer les arts ou les informations dans ce pays sont à l'abri de l'ingérence politique. Point.

Au fond, mon cas personnel est sans importance. Mais le principe l'est-il?

Aujourd'hui, c'est à mon tour de passer au batte.

Demain, à qui le tour?

Cher Téléfilmcanada

Courte lettre, datée du 3 juin 1993, qui fait le point sur une des multiples séances de négociations. La plupart des gens identifient jet set et cinéma. Quand je pense cinéma, je pense surtout au monde de Kafka. On est avant le tournage d'Octobre.

Cher Téléfilmcanada,

En écrivant cette lettre, je me sens comme Haydn écrivant au roi, le suppliant d'augmenter sa rente annuelle. Plus bas, mon roi ? Jusqu'au fond, mon roi ? Encore, mon roi ? Ah ! c'est bon, c'est bon, mon roi !

En 15 années, ce scénario m'aura valu bien des difficultés. Tout y est passé. Tout. Le sujet, le rythme, la structure, les dialogues, les adjectifs, les points, les virgules. Voilà maintenant le problème des noms, prénoms, surnoms. On n'aimait pas « Monsieur 10 % ». J'ai proposé « Monsieur 5 % » et maintenant le personnage s'appelle « Laporte ». On n'aimait pas « Laporte », j'ai proposé « Lafenêtre ». On m'a pris pour un débile. On m'a demandé de biffer « le *dummy* » par crainte de poursuites judiciaires. On me reproche maintenant de faire évoluer des personnages qui n'ont pas de nom. Fort bien. C'est tout ?

On veut une lettre d'engagement sur le nom de ces personnages sans nom. Très bien. Mais comment on fait ça, une lettre d'engagement ? Faut-il jurer sur les Évangiles ou bien sur le livre de téléphone ? Faut-il faire une déclaration solennelle ?

Jurer sur la tête de ma mère ou de mes enfants, ou sur ma tête de cochon ?

Trêve de plaisanterie. Le nom des felquistes posait effectivement un problème. Je m'engage donc à les nommer dans le scénario et dans le film. Cependant, à mon avis, la question des règles de sécurité dans l'action clandestine reste entière.

Je m'engage malgré tout à trouver une solution et à nommer effectivement les felquistes.

Voilà. C'était pas plus difficile que ça, Haydn ! Merci, mon roi ! Espérant le tout à votre satisfaction, je m'incline bien bas et reste votre fidèle serviteur.

Et maintenant place à la musique.

P.-S. : Si j'avais choisi le personnage du compositeur Ernest Chausson, au lieu de Haydn, j'aurais pu terminer cette lettre par... « Un p'tit chausson avec ça ? »

Mon cher Louis

Le titre aurait pu être Cher Téléfilmcanada II. *Il s'agit d'une lettre écrite en mai 1994 mais jamais envoyée à son destinataire. On est à la fin du montage d'*Octobre. *Il s'agit d'approuver le montage final. Je m'aperçois aujourd'hui que j'ai continué à discuter. Et à plier.*

Mon cher Louis,

Je t'envoie cette courte lettre pour essayer de dissiper, dans la mesure du possible, un malentendu. Mon refus de retourner discuter pourra être interprété comme un manque élémentaire de courtoisie. Il n'en est rien. Mon refus de discuter est simplement une mesure de protection personnelle. Ma santé mentale est en jeu. Je suis fatigué. Immensément fatigué. Et je considère que nous avons suffisamment discuté. Il faut à un moment donné prendre la décision de clore le débat.

Nous pourrions continuer le montage du film pour l'éternité. Un film n'est jamais parfait et le travail pourrait se poursuivre pendant les siècles à venir. Mais le bébé est là. Avec ses qualités et ses défauts. Il a peut-être une oreille plus grosse que l'autre, un bras plus long que l'autre, une tache de naissance sur une fesse. Mais c'est mon bébé. Je me reconnais en lui. Et j'en suis très fier. Ce que le reste de l'humanité pourra en penser m'est totalement indifférent.

Dans ma vie, j'ai toujours essayé de rire. Je m'aperçois en vieillissant que je ris de moins en moins. Je m'aperçois que les difficultés de la création sont en train de me miner tranquillement. J'essaie de garder le peu d'énergie qu'il me reste pour finir le film. Je ne vois pas pourquoi j'irais souffrir, physiquement et mentalement, à m'engueuler autour d'une table à un contre dix. Cela ne nous avancerait à rien. Je me tordrais le cerveau et les boyaux en pure perte. Je grimperais dans les rideaux, je hurlerais, j'insulterais, je cracherais. Bref, je jouerais le rôle qu'on attend de moi.

J'ai horreur des enfants terribles. Je ne suis pas un enfant terrible. Je suis un homme de 47 ans. Je n'ai pas toutes mes dents, mais on ne viendra pas me coller des p'tits anges dans mon cahier comme en deuxième année à la petite école.

Je suis seul responsable de mon film. J'en suis responsable d'abord face à moi-même, ensuite face à mon peuple et face à l'histoire. Si je me casse la gueule ou si je réussis, j'en supporterai seul les conséquences. Mon rôle en tant qu'artiste est de dire la vérité et de me battre pour la liberté. Ma liberté d'abord et celle des autres autour.

160

Et je n'ai pas l'intention de laisser aux avocats le soin de décider de ce qui est acceptable ou non dans une œuvre d'art. Je ne reconnais pas au système des juges et des avocats une quelconque compétence artistique. Dans ce cas-ci, les avocats ont suffisamment joué dans les dialogues et le scénario. Ça commence à faire. Et à bien faire. Comme dirait un de mes personnages : «Chus tanné de plier.» Ça suffit.

On ne se cachera pas derrière du juridisme à la petite semaine. Je ne comprends absolument pas ce que viennent faire les avocats dans le choix de faire sauter «une histoire vraie» et «pour lutter contre la répression». Mais enfin, que faudra-t-il dire ? Que ce film raconte une histoire pas vraie, pas vraiment vécue par des gens qui n'ont jamais existé, dans un pays qui n'existe pas, dirigé par des politiciens qui n'ont jamais pris les décisions qu'ils ont prises ?

Je n'accepte tout simplement pas de vivre dans un pays où des avocats vont me dire quoi penser et comment le penser. On mesure, à mon humble avis, la vérité historique à l'aune des faits et des documents, pas à l'aune du Code civil ou du Code pénal. Aujourd'hui, des avocats vont décider que Pierre Laporte n'a jamais entretenu de liens avec la mafia, alors que tout prouve le contraire. Contre quoi se bat-on au juste, contre la vérité historique ou contre les problèmes gros ou petits ? Et si un historien produit des faux, eh bien ! il en paie le prix. C'est sa crédibilité qui est en jeu.

J'ai entendu ici et là circuler le mot *partialité*. Les éminents avocats voudraient, à ce que j'ai compris, me défendre contre moi-même. Je les remercie bien humblement mais je suis bien assez grand pour me défendre moi-même. On ne viendra pas me refaire le coup de l'impartialité, de la pseudo-objectivité radio-canadienne. La farce est usée. Je n'ai jamais caché mes parti-pris. Mais cela n'exclut pas l'honnêteté intellectuelle. Je n'ai jamais caché que le point de vue du film était un point de vue de l'intérieur. Mais cela ne me donne pas le droit de triturer les faits, de tordre la réalité pour faire prévaloir un point de vue.

La série sur Trudeau était-elle impartiale ? Combien de phrases, combien de mots ont été censurés par les avocats de Téléfilm Canada ? Quelques imbéciles ont accusé Alanis O'bomsawin de partialité. Elle donnait le point de vue mohawk. Point. On peut ne pas être d'accord avec son point de vue. Mais au moins, il y a un point de vue. On peut discuter. On peut s'engueuler ou se taper sur la gueule, mais au moins on ne nage pas dans l'ambiguïté ou le flou artistique de la pseudo-objectivité de la *Gazette*. A-t-on reproché à cette cinéaste amérindienne de ne pas nous avoir révélé le nom de celui qui a abattu le caporal Lemay ? Le devoir du cinéaste est-il de se transformer en indicateur de police ?

Mon choix de ne pas donner le nom des felquistes est un choix personnel. Un choix politique, un choix idéologique, un choix moral. On peut ne pas être d'accord. Mais c'est mon choix. Et je suis prêt à le défendre devant n'importe qui.

Je fais des films pour le monde, pas pour les avocats de Téléfilm Canada. Je ne suis pas un employé, un jobbeur, ni le mercenaire de quelque avocat que ce soit. Comme a dit Léo Ferré : «Je ne suis qu'un artiste de variétés» mais j'ai bien l'intention de défendre, «avec le bec et les ongles» s'il le faut, le peu qui me reste, c'est-à-dire ma liberté d'expression. Jusqu'ici, je considère avoir suffisamment plié. Avant de perdre le respect de moi-même, je considère que c'est assez. On est rendus au bout.

Avec mes collaborateurs, je suis d'un naturel assez gentil. Pendant tous ces mois de préparation, de tournage, de montage, j'ai élevé la voix une seule fois. Et encore, c'était par principe, sinon par blague. Demandez à tous les techniciens, du premier au dernier. En tant que responsable ultime du film, je me suis toujours fixé la règle de conduite suivante : garder une oreille ouverte et garder l'autre fermée. C'est-à-dire savoir écouter ce que les autres peuvent vous apporter et en même temps ne pas disperser sa pensée. Dans le travail, je n'ai pas d'honneur. Je ne cherche pas à avoir raison. L'important pour moi n'est pas le *power trip* du réalisateur, mais l'œuvre. Je vole tout ce que je peux à mes camarades acteurs, producteurs ou techniciens. Et sans honte. Ce que je vole, si ça sert le propos du film, si ça améliore l'œuvre, je me l'accapare. Ça devient ma pensée. Sans aucun problème. Et ce que je juge contraire à l'intérêt du film, je le rejette, avec cependant le plus grand respect.

Dans le cas qui nous occupe ici, je ne vois rien qui améliorerait le film. Il n'y a pas de plus. Seulement du moins.

Je reste estomaqué quand j'entends que «16, 18 ou 20 cadres» de fesses constituent une façon de ridiculiser Pierre Laporte. Il faut vraiment avoir l'esprit tordu ou complètement malade pour penser cela. Si j'avais voulu ridiculiser Laporte, j'aurais fait *Elvis Gratton III*, pas ça.

Bon! Voilà en gros le fond de ma pensée. Je considère le film comme terminé. Tu m'excuseras auprès de tes confrères et consœurs pour mon apparent manque de courtoisie. Ce n'est, je te le répète, qu'une façon de protéger ma santé mentale.

Salut.

FOR A FEW DOLLARS MORE
POUR UNE POIGNÉE DE DOLLARS

Un texte d'avril 1985 paru dans Format Cinéma. *Dix ans plus tard, j'ai reçu le prix Ouimet-Molson pour mon film* Octobre. *J'ai pris les 5 000 $ en tenant à peu de choses près le même discours. Accueil glacial. On m'a accusé d'être inconséquent : si on crache dans la soupe, il faut refuser l'argent dans un geste de grand seigneur. Peut-être. J'étais entièrement conscient de la contradiction de mon geste. Cette contradiction, je l'assume totalement. Je ne suis malheureusement pas un grand seigneur, mais un simple artisan. Et j'avais besoin de cet argent pour nourrir ma famille. Et c'est pas de la littérature. Comme je l'ai écrit ailleurs, quand on est pauvre il faut parfois marcher sur son honneur. C'est ce que j'ai fait. Devant tout le monde. La vérité est parfois préférable à l'honneur.*

Quelques mois plus tard, la Brasserie Molson a aboli son prix, malgré des excuses à plat ventre de certains sales individus dans des lettres à ne pas publier.

Les ouvriers exploités par les Molson doivent-ils se mettre à genoux et dire merci quand ils reçoivent leurs chèques de paye ? That is the question.

En ces temps de lobotomie et de culpabilité collective où le bilinguisme se déguise en liberté d'expression, où la 6/49 nous tient lieu de rêve collectif, où la pensée politique se ratatine à «défendre sa *job*», où le pain et le beurre deviennent notre seule vision de l'avenir, où l'art régresse aux années cinquante, drapé de l'idée courte de modernité, où le «il faut être bien dans peau» nous sert de philosophie, la critique donne son prix.

Le prix Molson. On se croirait en Formule I au Grand-Prix de Trois-Rivières, au Carnaval-Souvenir de Chicoutimi ou au Festival *western* de Saint-Tite. Quel est le prix ? Une grosse mol tablette dans un sac de papier brun ? Une vingt-quatre en bois sculptée à Saint-Jean-Port-Joli ? Un *six-pack* plaqué or ? Le prix Molson. Pour faire preuve d'autant d'imagination, il faut être «fier de son choix», comme nos gérants d'estrades. «Quand on est québécois»...

Remarquez, ça aurait pu être pire. On aurait pu tomber sur un prix Purina Dog Chow ou Préparation H. Le prix Molson, c'est quand même moins pire que le prix du Gouverneur général ou la coupe KKKanada.

En ces temps où le patrimoine fait rigoler les définisseurs du bon goût artistique, branchés sur la trans-avant-garde-postmoderne-de-Nouillorque, il est quand même rassurant de savoir que quelques intellectuels éclairés s'appuient sur une valeur bien de chez nous. Molson. Dans ce monde en bouleversement, il est de bon ton de brandir l'étendard de notre boisson traditionnelle. Au moment où l'amnésie semble générale, je constate avec joie que de grands esprits se souviennent des hauts faits de ces bâtisseurs d'empire, de ces bienfaiteurs de l'humanité, de ces hardis défenseurs des arts. Les âmes fortes et les cœurs nobles se réjouiront avec moi de ce prix qui perpétue à jamais le nom d'une famille si honorable. Les Molson. Six générations de brasseurs d'affaires. Ça, c'est du patrimoine ! Les barreaux de chaise, c'est de la p'tite bière.

D'abord, l'ancêtre. John Molson. Né à Snake Hall dans le Lincolnshire et élevé par son oncle maternel, le capitaine Robinson Elsdale, un pirate anglais, il débarque au Québec après la Conquête dans la foulée du général Amherst. L'Empire britannique nous fait découvrir les bienfaits du houblon. Une guerre de l'opium, version québécoise, commence. Le fondateur de la dynastie s'intéressera à la spéculation foncière, au prêt usuraire et au monopole de la navigation à vapeur sur le Saint-Laurent. Moins d'une semaine après avoir été élu à l'Assemblée en 1816, il obtient le droit de construire un quai pour ses bateaux. Il est battu en 1827 par un député patriote. Le gouverneur passera par-dessus l'Assemblée, contrôlée par Papineau, pour le nommer au Conseil exécutif. Après avoir construit un alambic, spéculé sur la potasse et la perlasse, avoir été nommé président de la Bank of Montreal, il devient donc l'Honorable John Molson.

Son fils John fera carrière dans les banques et la finance. Il s'intéressera à certains *schemes* dans les chemins de fer. En 1837-1838, à la tête de son régiment, il se range du côté des bureaucrates pour écraser l'insurrection appréhendée et nous sauver de la menace des Patriotes. Son autre fils, William, fonde la Banque Molson avec l'argent de la famille. Il imprime sa propre monnaie. Il est un des fondateurs du Grand Trunk Railway, la vraie gammick des Pères de la Confédération. Thomas, lui, continuera dans la distillerie. Il construira également sa propre église dans le faubourg à m'lasse, l'église Saint Thomas. Membre d'une secte méthodiste, il affine les méthodes de la guerre de l'opium. À la troisième génération, John Thomas partagera son temps entre son yacht de 130 tonnes, le *Nooya*, sa maison de Cacouna, sa maison de Montréal et sa maison de Metis Beach. À la pêche au saumon ou à la chasse au caribou, il fait croître le patrimoine familial. William Markland, lui, s'intéressera davantage au domaine minier. John H. R. deviendra président de la banque et gouverneur de McGill University.

À la quatrième génération, Harry Markland entrera à la banque de papa. Frederick William et Herbert feront progresser la brasserie en introduisant un taylorisme d'inspiration molsonnienne. En 1914, Herbert devient capitaine des Black Watch, le régiment de la famille. Deux des fils de Frederick William servent aussi dans le régiment. Les ouvriers de la brasserie enrôlés dans les forces chantent : «*We'll drink, before we die. We're the boys to stop the bullets with the Molsons on our chest.*» Herbert deviendra chef d'état-major. Le Québec se révélera trop petit pour ces capitaines d'industrie. Les membres de cette illustre famille iront de par le vaste monde faire profiter d'autres peuples de leur génie inventif. Ainsi, le major Thomas Philip Barber servira en Afrique du Sud, en Égypte, en Palestine. Le lieutenant-colonel William Douglas Barber sera au Nigeria, en Turquie en 1922, à Shanghai en 1927. Le *flight lieutenant* Boultbee servira dans la police sud-africaine. Le lieutenant général Sir Charles Macpherson Dobell se battra en Crète, en Chine contre les Boxers, dans la bande de Gaza, aux Indes, en Afghanistan, en Afrique du Sud, comme Sir C. P. Amyatt Hull, comme le major Kirkpatrick et le lieutenant Pilkington. Belle famille de philanthropes.

Après la révolution d'octobre 1917, le lieutenant Gerald Elsdale Molson participe à la guerre contre les Bolcheviques. Même les femmes possèdent cette grandeur d'âme familiale : Mrs Duncan Graham deviendra *Supervising Masseuse* dans l'armée canadienne.

La cinquième génération, elle, modernisera la guerre de l'opium. Hartland étudie au Royal Military College de Kingston. Après un séjour dans une banque à Paris, il revient sous le nom de Hartland de Montarville Molson. Il devient président de la compagnie en 1954. Il achète le club de hockey Canadien et entre au Sénat. Comme son ancêtre, il devient l'Honorable Molson. Il prêche l'unité nationale et la bonne entente jusqu'au Référendum.

La sixième génération est maintenant au pouvoir. Eric a pris les choses en main. L'empire Molson se diversifie. Il y a maintenant la *Petroleum Marketing Equipment Division*, le *Commercial Products and Services Group*, le *Brewing Group* et le *Retail Merchandising Group*. Ils sont toujours en Afrique du Sud. La guerre de l'opium se poursuit.

Le patrimoine mène à tout, même au prix de la critique. Le prix Molson. Le prix à payer. Le prix coûtant. Le prix de la défaite. Le prix de consolation. Le prix de vente. Le prix de revient. Le prix de la manufacture. Le prix boni. Le prix coupé. Pris au piège.

À mon humble avis, il faut développer une aussi belle entreprise artistique. Pousser plus avant une aventure intellectuelle aussi importante. Étendre notre champ d'action. Créer de nouveaux prix. Le prix Cadbury, par exemple, pour le meilleur film alimentaire. Le prix Sun Life pour un succès commercial assuré fait à la sauvette. Le prix Tilden pour le meilleur film québécois bilingue. Le prix Menasco pour la meilleure passe financière dans le domaine de la coproduction. Le prix Iron Ore pour le meilleur film régional. Le prix Laura Secord pour le film le plus vendu.

Mais pendant que les cinéphylitiques se gargarisent de *national cinema*, une question idiote : Il est de combien, ce prix ? Trente deniers ? Non. Cinq mille dollars. Pour des pinottes, on est prêt à faire n'importe quoi. Et le Ouimet, il rapporte combien ? Rien. Ah ! D'ailleurs, prix Ouimet-Molson, ça sonne mal. On dirait une Yvette quelconque ressortant son nom de jeune fille des boules à mites pour se mettre au goût du jour. Ouimet-Molson, ça fait un peu souveraineté-association, Québec fort-Canada uni, chèvre-chou. Ça fait un peu attardé.

Et comme le 5 000 $ vient en entier de Molson, alors pourquoi se bâdrer avec Ouimet qui ne donne pas une crisse de cenne ? Non à la publicité gratuite. Tant qu'à leur licher le cul, lichons des culs payants ! Dans ce petit jeu qui ne consiste qu'à additionner ou à soustraire, où tout se monnaie, éliminons le Ouimet et allons-y carrément. Le prix Molson. Pour une poignée de p'tit change.

AU PIED DU COURANT

Il s'agit d'un projet de court métrage présenté à l'Office national du film. Le projet n'a jamais vu le jour. Je ne me rappelle pas pourquoi. Naïf, va. On est après Speak White, *c'est-à-dire vers 1981 ou 1982.*

Titre provisoire énigmatique pour un documentaire d'animation sur le hockey. Il s'agit, en fait, du titre français d'un livre de Merrill Denison sur l'histoire de la famille Molson, publié en anglais sous le titre *The Barley and the Stream*.

Chaque samedi, des centaines de milliers de Québécois se libèrent temporairement. Des centaines de milliers de Québécois discutent de l'oreille de Guy Lafleur, du tendon de Pierre Mondou, de l'allergie de Guy Lapointe, de la crise de Claude Ruel ou de la léthargie de Pierre Larouche. Pourtant, notre cinéma demeure étrangement muet sur notre sport national. Sauf l'extraordinaire *Un jeu si simple* de Gilles Groulx et *Peut-être Maurice Richard*, rien. Manque d'intérêt? Sûrement pas. Difficultés de l'entreprise? Peut-être. Caractère sacré, secret, intouchable, stratégique du phénomène? Certainement. À moins que Paul Newman avec *Slap Shot* n'ait clos le débat?

Pour contourner le caractère sacré du Forum, l'utilisation de la photographie est peut-être une solution. Médium plus discret que le film, la photographie peut nous permettre de déplacer le Forum sous la caméra d'animation. De plus, c'est peut-être par le biais du non-mouvement qu'on peut recréer et comprendre le mieux le mouvement du hockey.

Un film sur le sport, mais aussi et surtout un film sur la face cachée du sport. L'important, à notre avis, n'est pas ce qu'on montre, mais ce qu'on ne montre pas, ce qu'on retrouve sous les apparences de la réalité. Un film sur le hockey, mais aussi un film sur l'histoire de la famille Molson.

Cette illustre famille tient une place importante dans l'histoire de notre beau pays. Dès les débuts, la famille Molson s'associe au développement collectif et continue, aujourd'hui encore, après six générations, à répandre ses bienfaits.

L'ancêtre, M. John Molson, débarque au Québec au lendemain de la Conquête et fonde la célèbre brasserie. Aujourd'hui, les affaires de la famille, prises en main récemment par Eric Herbert Molson, ne sont plus une force majeure du monde de la finance. On est loin de la puissance de Argus, de Canadian Pacific ou de Power Corporation. Cependant, le passé et le présent de cette famille, par ses liens avec certaines des institutions les plus prestigieuses de notre pays, nous permettent de mieux comprendre le développement de la Belle Province.

En remplaçant son oncle, le sénateur Hartland de Montarville Molson, à la tête des affaires de la famille, M. Eric poursuit l'expansion commencée qui va de la bière aux matériaux de construction, en passant par les fournitures de bureau, le matériel éducatif et les produits chimiques. Monsieur Hartland, lui, tout en s'occupant de Molson, réussit à devenir membre de l'ordre de l'Empire britannique et du Royal St. Lawrence Yacht Club, directeur de la Bank of Montreal, de Sun Life, de Canadian Industries Limited et de Stone and Webster lié à Argus Corporation.

Mais cette puissance n'est pas née d'hier. C'est l'histoire qui nous permet de comprendre le présent.

Quand on connaît les relations politiques et les relations d'affaires de la famille, on comprend mieux le monopole de la

Molson Steamship, la canalisation du Saint-Laurent, la lutte entre l'Assemblée et le Conseil exécutif, l'acte d'Union.

Quand on connaît les relations qui s'établirent dès les débuts entre la Molson's Bank, la Bank of Montreal, les compagnies de chemin de fer et les politiciens, on comprend mieux les intentions des Pères de la Confédération et la naissance de notre merveilleux pays.

Quand on sait que la famille battait sa propre monnaie, bilingue pour les billets, en français seulement pour la menue monnaie, on comprend un peu mieux la réalité.

Quand on connaît le rôle de la Banque de Montréal et de Ames and Co dans le contrôle des finances du gouvernement du Québec, on comprend mieux tout un pan de l'histoire politique et économique du pays.

Quand on connaît la composition du *board of directors* de la Bank of Montreal et de Sun Life, on comprend mieux l'affaire Cadbury.

Quand on connaît les liens unissant le monde de la finance à celui du club de hockey Canadien et à celui de la bière «brassée au goût des Québécois», on saisit un peu plus concrètement le fonctionnement réel de notre société.

On ne comprend pas tout, bien sûr. Mais par le biais d'un cas exemplaire, on commence à saisir.

En bref, il s'agit d'un hommage à l'un des grands hommes de notre histoire et par là d'une entreprise de vulgarisation d'économie politique à l'usage des Canadiens-français-qui-n'ont-pas-la-bosse-des-affaires. Il s'agit en somme de faire connaître le Canada aux Canadiens.

SIQUEIROS

Projet de film, refusé à l'ONF, sur le peintre mexicain David Alfaro Siqueiros, auteur du livre L'Art et la Révolution. *Sans doute au début des années quatre-vingt.*

> « Je crie avant que de me taire
> à tous les hommes de la Terre
> ma maison c'est votre maison »
> Gilles Vigneault

Pourquoi un film sur Siqueiros, un peintre mexicain ? La réponse se situe à plusieurs niveaux et nous devons la chercher tant dans la vie du peintre que dans son œuvre, ses idées politiques ou artistiques, l'histoire de son pays et du monde.

Une première partie de la réponse se situe à mon avis dans le caractère très cinématographique du travail de Siqueiros. Contrairement à beaucoup de peintres de l'époque, Siqueiros n'a pas cherché refuge dans l'art abstrait après l'invention de la photographie. Au contraire, il a été fasciné par l'outil et s'en est servi abondamment pour préparer les esquisses de ses murales. Il n'a pas dédaigné non plus un outil comme le rétroprojecteur. Il était enthousiasmé par le cinéma en tant qu'art du mouvement, en tant qu'art de masse, en tant qu'art reproduisible à des milliers d'exemplaires. Ce nouveau médium rejoignait admirablement bien ses préoccupations de peintre. Il a travaillé avec Eisenstein pendant le tournage de *Que Viva Mexico*. Il a fortement encouragé la photographie d'œuvres d'art, un moyen de rendre l'art accessible au plus grand nombre. Et il a souvent répété que le meilleur moyen de rendre compte de son œuvre serait le cinéma.

Une autre partie de la réponse se situe dans l'histoire. Six ans avant la révolution d'Octobre, Siqueiros a vécu la révolution mexicaine. Il a assimilé le bouillonnement incroyable d'idées qui caractérise ces temps forts de l'histoire humaine. Et il n'était pas seul. Avec Orozco, Tamayo, Rivera et bien d'autres, il a participé à la naissance du muralisme mexicain, mouvement artistique trop méconnu par les critiques et les historiens de l'art des musées rockefelleriens qui contrôlent les marchés et définissent les tendances, les modes. Mais malgré les pontifes de la création artistique, les idées à la base du muralisme mexicain continuent d'inspirer des générations de créateurs des pays du tiers monde.

Peindre quoi ? Peindre pour qui ? Peindre comment ? Sortir de la peinture décorative. Refuser les modes en vigueur à Paris ou à New York. Quitter le marché de l'art. Renier la peinture folklorique, mais plonger ses racines dans la réalité profonde du pays. S'inspirer de la tradition, mais regarder le présent en face de façon quasi documentaire. Travailler pour l'avenir avec des moyens modernes. Nationalisme profondément vécu, mais en même temps solidarité internationale active. Refuser les salons bourgeois et peindre des œuvres gigantesques sur les murs des villes. Participer aux grandes luttes de l'humanité (montée du fascisme, crise économique, révolution mexicaine, guerre d'Espagne, Guerre mondiale) et peindre des fleurs pendant les longues années de prison. Parti pris de réalisme, mais rejet total du réalisme soviétique en art. Au cours d'un voyage un URSS, Siqueiros compare la peinture soviétique à la publicité américaine du début du siècle. Conception matérialiste de l'art : l'inspiration n'est pas toute l'œuvre d'art, ce sont les matériaux et les techniques qui s'imposent à la vision de l'artiste. Dans le muralisme, il faut plus qu'agrandir les dimensions de la toile. Problèmes techniques sans grand intérêt pour le profane, mais mauditement intéressants : problèmes de revêtement, développements dans le domaine de la chimie, peinture automobile, peinture au fusil dans les années trente, problèmes d'échafaudage, nouveaux problèmes de perception et de composition pour un spectateur en mouvement.

Le mouvement est peut-être la préoccupation centrale de l'œuvre de Siqueiros, de là son intérêt pour le cinéma. Ses idées sur le mouvement, le peintre les applique aussi bien à l'art qu'à la politique, à la vie, à la stratégie militaire. Pendant la guerre d'Espagne, le peintre préconisait une guerre de mouvement qui contrastait sérieusement avec la guerre de position, la guerre de tranchées préconisée par les généraux républicains.

Siqueiros fut tour à tour peintre, éditeur, professeur, militant, organisateur syndical, soldat. Il travailla au Mexique, à New York, en Argentine, à Cuba, à Los Angeles, en Europe, en Union soviétique, au Chili. Il combattit en Espagne, participa à l'assassinat de Trotski, fit de la prison au Mexique pour activité syndicale. On pourra reprocher bien des choses à Siqueiros, son côté stalinien, sa croyance quasi religieuse dans la science, sa fougue dans les débats de tous genres. Mais ce qui me semble intéressant, c'est cette espèce d'unité entre son œuvre, sa vie, ses idées politiques et artistiques, l'histoire de son pays et du monde.

Il ne s'agit pas d'un film (documentaire ou fiction) sur la vie du peintre. Il s'agit plutôt d'un film sur son œuvre et sur la réalité qui l'a sous-tendue, qui la sous-tend encore. Il s'agit de passer continuellement de la toile à la vie, du mur à l'usine, de la façade à la place de la Bourse. Et ce sans respect pour le temps et l'espace. Car il nous semble que la peinture de Siqueiros transcende les époques ou les frontières nationales bien qu'elle ait été fabriquée en fonction d'un espace et d'un lieu bien précis.

Dans ce saut continuel entre la peinture et le réel, à titre d'exemple, prenons *Mort au fascisme*. L'œuvre a été réalisée avant la Seconde Guerre mondiale mais elle reste étonnamment d'actualité si on veut bien ne pas limiter le concept du fascisme à Hitler ou à Franco. *Mort à l'envahisseur* a voulu décrire la conquête du Mexique par les Espagnols mais elle est applicable au Viêt-nam, à la Namibie, ou à Saint-Domingue. Pour décrire la vie du peintre en prison et ses œuvres, point n'est besoin de recréer artificiellement une prison de l'époque, une prison actuelle au Mexique, aux *USA* ou au Québec ferait tout aussi bien l'affaire.

Siqueiros, pour nous, n'est qu'un biais pour parler de la réalité qu'il a décrite. Siqueiros était profondément nationaliste et, par là même, il nous semble bien près de Vigneault. Siqueiros est aussi québécois que Bach ou Coltrane. Comme Pablo Casals ou Roussil, comme Gilles Groulx, Solanas, ou Glauber Rocha. Comme Neruda ou Pierre Vadeboncœur.

PARADIS PERDU OU PARADIS FISCAL

Projet de film jamais réalisé comme tant d'autres. Quelque part entre 1970 et 1980. Il s'agissait sans doute d'un court métrage documentaire.

La religion du soleil, de la mer et du sable est d'invention récente. Il s'agit d'un phénomène culturel et non d'un besoin physiologique universel.

Le culte du bronzage est un phénomène récent. Dans de nombreuses sociétés, la couleur de la peau permet de classer un individu dans l'échelle sociale. Du plus foncé au plus pâle, chacun prend sa place dans l'ensemble. Ainsi, les Mexicains blancs, de descendance espagnole, ont toujours évité de s'exposer au soleil pour se différencier des Indiens, beaucoup plus pauvres. En Martinique, on a mis au point une classification subtile qui permet toutes les nuances entre le noir et le blanc. La poésie arabe a chanté la beauté de la fiancée au teint de lait.

Mais dans cette religion venue du nord, le système tend à s'inverser. La richesse continue à se mesurer à la couleur de la peau, mais en sens inverse, du brun-doré-Westmount au blanc-néon-

Saint-Henri, en passant par le orange-*cheap*-Laval. Le bronzage est un privilège : on prend le temps de bronzer parce qu'on est riche, chômeur par vocation ou prisonnier à Saint-Vincent-de-Paul. Et comme la démocratie du colonel (Dieu ait son âme) est bien vivante, ce qui était, il n'y a pas si longtemps, le rêve des *stars* et des grands bourgeois est devenu un rêve de masse.

Au lendemain de la Seconde Guerre mondiale, bien avant la commission trilatérale ou le Brookings Institute, un des grands mani-tous de cette nouvelle religion du bonheur en canne, Rockefeller, finançait une grande enquête sur le loisir de masse. Résultats en main, il se lança dans la construction d'énormes complexes hôteliers, à Porto Rico, aux îles Vierges et aux îles Hawaï. Contrôlant Eastern Airlines, ce bienfaiteur de l'humanité donna le ton à l'intégration verticale, caractéristique majeure des monopoles qui contrôlent aujourd'hui l'industrie du bonheur : aviation, hôtellerie, cinéma, carte de crédit, chèque de voyage, location de voiture.

Aux vieilles notions de paradis-à-la-fin-de-vos-jours ou de paradis socialiste, se substitue l'idée de paradis perdu et de paradis fiscal. Le bonheur pour tous, à portée de la main, facile d'accès à qui s'en donne la peine. La religion des quatre *S* est lancée (en anglais : *sun*, *sex*, *sand*, *sea*). Le mythe de l'île reprend vie. Le bonheur est un palmier, un flamant rose.

Pour accéder au paradis, il faut briser les contraintes du quoti-dien. En tant que promesse de paradis, la formule du Club Méditerranée vous permet de bien saisir les préoccupations d'un peuple. Société sans argent, sans classe. Tout le monde il est beau, tout le monde il est gentil. Soleil, nourriture abondante, sable, vin à volonté, tennis, chair fraîche, plongée sous-marine, Noirs athlé-tiques, voile, exotisme.

Mais le principe de tout paradis étant de n'exister que hors de la réalité, il importe de se protéger de la réalité. Il faut tenir les indigènes à distance. La clôture est haute. Le gardien est énorme. Il frappe fort. Il tire vite. Le dialogue Nord-Sud, en somme. Terrain privé. *No trespassing*. Il faut protéger ces Disney World pour adultes, ces Parcs Belmont pour adorateurs du soleil, du réel qui les encercle. G.I. Joe veille.

On pourrait tourner le film en Tunisie ou au Maroc, en Jamaïque, en Côte d'Ivoire, en Guadeloupe, au Mexique ou à Porto Rico, cela n'a pas grande importance. Des Miami Beach collées à des Liberty City, la planète en regorge. Pour des raisons de langue et de recherches, on a choisi la Martinique.

Ce n'est pas un film sur la Martinique, mais un film sur le tourisme. La mélodie du bonheur. C'est un film sur le paradis et sur l'enfer. Dans les deux cas, le soleil est le même, la mer est la même, le sable est le même. C'est un film sur le rêve mais aussi un film sur la réalité. Un film sur l'exotisme et le quotidien, l'épinette et le cocotier, le plaisir et le travail, le cinéma et le réel, le *showbiz* et la vie. Et ce n'est pas peu.

LE CONSOMMATEUR CONSOMMÉ

Il s'agit d'un travail de recherche pour une série sur les quartiers de Montréal. J'avais trouvé fascinant le projet de Claude Cartier. En gros, il s'agissait d'une série de 13 films réalisés par 13 réalisateurs différents sur 13 quartiers. J'aimais beaucoup le projet de Claude. Je trouvais que c'était une sacrée bonne idée comme on n'en voit pas souvent dans le milieu. Claude m'avait offert d'en réaliser un. C'est très rare qu'on m'ait offert quoi que ce soit. Je ne me plains pas, je constate. Remarquez que je les comprends. Décembre 1979.

> «Le pouvoir périt de plusieurs manières, quelquefois par l'ennui, toujours dans l'ennui.»
>
> Henri Lefebvre

Dans la série de films sur les quartiers de Montréal, il m'a semblé intéressant et important de ne pas limiter la recherche à une conception juridique, légale ou géopolitique de Montréal. Cette ville, c'est aussi ses banlieues. Ces villes satellites n'existent qu'en fonction d'un noyau, qu'en fonction de leur centre. Elles ne naissent pas au hasard.

J'ai choisi Châteauguay, une ville-dortoir de la Rive-Sud, située à une quinzaine de milles du centre-ville. J'aurais pu choisir Brossard, Fabreville, Pierrefonds, Saint-Vincent-de-Paul, Terrebonne ou Repentigny. Le résultat serait le même. Toutes les banlieues ne présentent pourtant pas les mêmes caractéristiques : Laval-sur-le-Lac n'est pas Fabreville, La Prairie n'est pas Beaconsfield, Varennes n'est pas Mercier. Châteauguay est pourtant une ville-dortoir, typique, où vivent ce que j'appellerai pour l'instant, faute de meilleur terme, les «classes moyennes».

J'ai choisi Châteauguay tout simplement parce que j'y ai vécu une partie de ma vie. J'y ai appris, de façon non théorique, ce qu'on appelait «le progrès», le «développement», «la croissance». J'ai vu mourir un village québécois et naître une banlieue de Houston. J'ai connu l'école du rang et la polyvalente-*supermarket*. J'ai vu les vieux du village déguisés en Indiens et en colons pour la Saint-

Jean-Baptiste et j'ai vu les foyers-ghettos pour personnes âgées. J'y ai découvert la terre, la forêt, les animaux et j'y ai découvert les centres d'achats, l'asphalte et le ciment. Je me rappelle la fête-Dieu, déguisé en enfant de chœur, et je m'ennuie sur mon banc de plastique jaune en tétant mon coke et mon Big Mac. J'y ai connu le boulanger du village et le pain Weston. J'y ai rencontré Médéric L'Écuyer, le menuisier qui savait si bien construire une maison avec comme seul instrument de mesure son chapeau, et j'ai vu leurs maisons de carton qu'on appelait *bungalow*, *split level*, *duplex*. J'ai assisté à l'invasion, impuissant. Je voudrais aujourd'hui revenir sur cette rage. Pas par nostalgie. Pas pour faire du rétro. Mais peut-être pour comprendre une période importante de l'histoire de mon pays, de ma propre histoire, pour parler de ce que les anthropologues nomment acculturation ou, mieux encore, déculturation.

J'ai choisi de parler de Châteauguay. Pourtant, ce n'est pas vraiment important de parler de Châteauguay en tant que tel. Ce qui me semble intéressant, c'est plutôt de décrire une culture, un style de vie, une façon de vivre. *Culture* me semble un mot trop fort. Vaudrait mieux parler de *non-culture* ou d'*a-culture*. Châteauguay, c'est un alibi pour comprendre un mode de vie qui frappe tous les Québécois («Ils n'en mouraient pas tous, mais tous étaient frappés»).

Du village à la banlieue de Houston. C'est déjà tout un programme de recherche. Le fond du problème saute aux yeux. Deux cultures de taille différente s'affrontent. Il n'est pas difficile de savoir laquelle dominera. En termes plus précis, on appelle ce phénomène l'impérialisme. Pour préciser davantage, on parlera d'impérialisme américain. Pour l'observateur le moindrement réveillé, c'est un phénomène qui saute aux yeux quand on pénètre dans n'importe quelle banlieue.

Donc, pour bien comprendre la situation qui prévaut ici, il faut jeter un coup d'œil dans le pays qui a donné naissance à ce mode de vie. Au cours de cette recherche, on fera souvent appel à l'histoire américaine. De plus, comme il s'agit d'une recherche sur la culture et non d'un problème de calcul différentiel, il ne faut pas s'attendre à un travail du genre «premièrement», «grand *A*» ou «petit *b*». Il s'agit plutôt de ramasser des éléments épars, de les regrouper. Ces éléments ne s'enchaînent pas les uns les autres dans un système parfait de causes à effets. Il n'y a pas une cause unique. Ces faits sociaux sont cependant en relation les uns avec les autres. Ils s'interpénètrent à plusieurs niveaux, se recoupent, sont à la fois cause et effet. Cette recherche se présente donc de façon éclatée, mais ce n'est qu'apparence.

Pour l'instant, revenons à l'impérialisme américain et précisons davantage le concept. Le phénomène de la banlieue est lié dès son origine non seulement à une pensée américaine, mais de plus protestante, *yankee*, puritaine. Cette fuite de la ville est ancrée très profondément dans la pensée des fondateurs de la nation américaine. Pour Jefferson, par exemple, il y a une certaine adéquation entre la vertu et la campagne. Son rêve de créer une société égalitaire ne lui semble possible que dans un cadre agraire. Pour les grands réformateurs protestants qui s'empareront de l'idée de banlieue au milieu du XIXe siècle, il faut fuir les villes, ces centres de pauvreté, de vice, de crime, de péché ou de corruption. Les immigrants catholiques, surtout irlandais et polonais, envahissent les villes à la recherche de travail dans l'industrie naissante. Le capitalisme se développe, les villes enflent. Il faut réagir. Il faut revivifier le grand rêve vertueux. Il faut recommencer à zéro, recréer une société plus harmonieuse à l'extérieur des villes, dans de nouveaux villages. La contradiction la plus visible, c'est que, dans le pays le plus urbanisé au monde, le peuple américain n'aime pas la ville. Et c'est une idée ancrée depuis les débuts de la République.

Hadden dira dans *Urbanization of the Suburb*:

«The dream had its roots in the ancient promise of the garden where a fecond earth produced under the hand of an honest toiler.»

Le même Hadden examinera ensuite la tradition religieuse judéo-chrétienne pour percer la pensée urbaine du protestantisme américain. Dans l'Ancien Testament, le fondateur de la première ville se nomme Caïn. L'établissement de cette ville survient après le meurtre de son frère. À noter aussi, au passage, que le fondateur de Rome, Romulus, est aussi coupable du meurtre de son frère. Décidément! ça commence bien.

«The city is man's attempt to control his own destiny in defiance of God. Symbolically, the city stands as a fortress where man attempts to hide from God's judgment.»

Plus tard, à Babylone, les hommes construiront une tour pour rejoindre le ciel. Pour les punir, Dieu créera des différences linguistiques. La mésentente s'installe. La ville devient un lieu de discorde. Cette dénonciation de la ville qu'on retrouve de la Genèse à la Révélation n'est pas un hasard. On semble vouloir démontrer que la ville n'est pas un lieu propice aux relations entre Dieu et les hommes. Par exemple, on décrit les enfants d'Israël sous les traits d'un peuple nomade. Les seules fois où le peuple juif se retrouve dans la ville, c'est à la suite de punitions divines : l'esclavage en Égypte nous le démontre. Cette idéologie religieuse antiurbaine vient donc renforcer la pensée socio-politique des fondateurs de la nation.

Cependant, cette idéologie agraire entre en conflit avec un autre mythe de la pensée américaine : le *self-made man*. Pour se réaliser pleinement, l'homme américain a besoin des avantages que lui procure le capitalisme. Et ces avantages, on les retrouve dans les villes. Le jour, le mâle se bat dans la jungle des villes et, le soir, il retrouve le havre de paix de la banlieue où il peut développer son esprit de famille. On assiste donc à une division de la vie : le public et le privé. On assiste à la privatisation de la vie familiale.

La banlieue se situe donc au centre de la contradiction campagne-ville. Ce nouvel habitat, la banlieue, ne sera donc ni la ville ni la campagne. Le retour à la nature, à la campagne étant impossible, on devra trouver une solution intermédiaire. Ainsi s'affirme, dès le point de départ, le côté contradictoire de cette forme d'habitation inédite. Il s'agit de concilier les vertus des Pères de l'Amérique et les avantages du capitalisme en développement.

Évidemment, en commençant par l'idéologie, on risque de voir là la grande cause de la banlieue. Tel n'est pas mon propos. Il s'agit simplement de montrer que certaines dispositions de l'esprit, en conjoncture avec d'autres phénomènes sociaux, ont permis le développement de la banlieue. Le développement de la banlieue est inséparable du développement du capitalisme. On aurait tort de croire que le phénomène de la banlieue date de l'après-guerre. C'est un phénomène qui naît au milieu du XIXe siècle et qui coïncide avec l'industrialisation aux *USA*. On a parlé tantôt des masses d'immigrants prenant d'assaut les villes américaines. Une émigration en sens inverse commence. Les premiers à partir, à fuir littéralement la ville, ce sont les citoyens les plus fortunés. On fuyait les immigrants, on fuyait les pauvres, on fuyait la fumée et la poussière des usines, on fuyait les ouvriers, les tavernes, les bordels. C'est une nouvelle découverte technologique, le train, qui a permis cette fuite. C'est le train qui permet au patron de venir le jour diriger son usine et de retrouver la tranquillité le soir dans son pavillon de campagne situé aux frontières de la ville. Au Québec, on peut penser au développement de Westmount, puis des autres centres de peuplement qui naissent autour des gares du Canadian Pacific : Montréal-Ouest, Dorval, Valois, Beaconsfield, Sainte-Anne-de-Bellevue.

Ainsi, dès ses débuts, la banlieue est un rêve de riches pour Lewis Mumford, le grand historien de la ville. Pendant la guerre civile américaine, l'écrivain Frederik Law Olmsted parlera de

«contertide of migration affecting the more intelligent and more fortunate classes».

Cette fuite des riches à l'extérieur des villes transforme radicalement les formes d'implantation traditionnelles.

Quand on regarde des villes comme Mexico ou Johannesburg, ce sont les pauvres qui habitent aux frontières des villes. Bidonvilles, *favelas* et *colonias* enserrent les villes d'un tissu compact de misère. Assez curieusement, les villes modernes américaines présentent un visage totalement inversé. Ce sont les riches qui entourent les pauvres d'une ceinture de verdure et de propreté. Comment un tel phénomène a-t-il pu apparaître ?

Le schéma d'aménagement des villes américaines au siècle dernier est sensiblement le même qu'à Abidjan ou à São Paulo. Aux frontières des villes s'établissent les usines les plus polluantes, les plus dangereuses, tels les abattoirs, les manufactures d'explosifs, de colle, les dépotoirs, etc. Les terrains ne valent pas très cher. C'est pourquoi on y retrouve des pauvres qui construisent leurs maisons avec les matériaux qu'ils ont sous la main. Vers le milieu du XIXe siècle, les nouveaux arrivants plus fortunés viennent brouiller les cartes. On commence la construction de somptueuses résidences au milieu de la verdure, sur le sommet des collines. Ces nouveaux venus ont besoin d'un environnement à la mesure de leurs moyens. Il faut refouler les pauvres. On les repoussera vers le centre, avec l'aide bienveillante de la justice. On met en place toute une série de lois de l'habitation fixant la grandeur des terrains, les prix minimum des constructions, les types de matériaux, etc. C'est le grand ménage.

Au Québec, après la Seconde Guerre mondiale, se produit un phénomène semblable. Il n'est pas de même envergure, mais il permet de comprendre cette chasse aux pauvres qui est un trait essentiel de la banlieue. De l'autre côté du fleuve, à Ville Jacques-Cartier, les pauvres commencent à s'installer dans les marécages appartenant à l'armée canadienne. Le prix des terrains est extrêmement bas. On construit soi-même sa maison avec les matériaux qu'on trouve. Ça tient à peu près. Il n'y a pas de plan d'urbanisme, pas de services municipaux. Quelques années plus tard, quand les promoteurs développent la région, on établit des lois très strictes concernant la construction (par exemple, l'interdiction du papier-brique) pour contrôler et finalement éliminer ces poches de pauvreté. En effet, les promoteurs ne sont nullement intéressés à voir se développer ces bidonvilles qui font baisser le prix de leurs maisons neuves. Il faut refouler les pauvres.

Mais revenons à nos riches, à leurs villes, à leurs châteaux. Cette phase I de la banlieue coïncide avec un changement dans la famille. On assiste dans les familles bourgeoises à une baisse radicale du taux de natalité. C'est encore là que prend naissance la forme de famille moderne qu'adopteront plus tard les classes moyennes. Le nombre d'enfants par famille diminue. Les valeurs familiales se transforment. L'enfant devient le centre du foyer. On assiste à la naissance d'une contradiction nouvelle : l'opposition famille/communauté, inexistante au XVIIIe siècle, prend forme.

Il est assez fascinant de découvrir les multiples facettes d'un mode de vie qui deviendra dominant au XXe siècle en Amérique. Ce style de vie, qui permettra à la bourgeoisie de vivre coupée des centres de production, se répandra d'une classe à l'autre jusqu'à toucher l'ensemble de la société par un processus que les sociologues anglais Young et Wilmott ont appelé *stratified diffusion*.

Vers la même époque, naîtra également un autre type de banlieue, celui-là non coupé de la production. Ce type de banlieue ne nous intéresse pas directement car il n'est pas relié au concept de ville-dortoir qui nous occupe ici. Cependant, ne serait-ce qu'à titre d'information, ce type d'implantation que je qualifierais de secondaire me semble important. C'est ainsi que naissent les banlieues ouvrières de Chicago. Pullman, le grand constructeur de wagons de chemin de fer, et United Steel construisent des usines nouvelles à l'extérieur de la ville. On construit de toutes pièces des villes nouvelles pour les ouvriers. Le grand capital fait éclater les villes et les reconstruit comme si c'était pour son usage personnel. On assiste également à la naissance des banlieues centrées sur l'université. Mais laissons de côté ces hauts lieux du paternalisme patronal pour revenir au concept de ville-dortoir. Retenons simplement que le capitalisme inscrit maintenant dans l'espace, dans la géographie, son principe de division technique et sociale du travail. La ségrégation, forme extrême de la division du travail, devient localisée et organisée.

Vers 1890, c'est la phase II de la banlieue. Nouvelle révolution technologique : l'invention du tramway. Vers le début du siècle, c'est le *boom*. Les meilleurs promoteurs et les plus ardents défenseurs de la banlieue sont, vous l'avez sans doute deviné, les compagnies de tramway. Ainsi, en 1902, le tiers de ces compagnies possèdent des terrains à développer en banlieue. On fuit toujours. Mais, cette fois-ci, le péril est plus grave : en plus des immigrants, v'là les Noirs. Les grandes migrations des plantations du Sud vers les villes industrielles du Nord commencent. Par exemple, le riche quartier de Harlem se vide de ses habitants. Les Noirs occupent la place. La fuite vers la périphérie, vers la banlieue, devient un moyen supplémentaire dans le système complexe que possèdent les *Wasps* pour assumer leur homogénéité. Dans une société multiethnique, il faut préserver les valeurs des fondateurs de la nation. Le mythe du *melting pot* est mis au point. Dans ce cas-ci, il n'est pas question d'utiliser le terme de *mythe* dans le sens lévi-straussien, mais plutôt dans son sens le plus commun : une idée fausse qui sert à masquer la réalité. Le *melting pot* américain, c'est une farce. En réalité, on se méfie des étrangers et la meilleure façon de les éviter, c'est de sortir des villes, de créer des centres avec une population plus homogène. Ce n'est qu'au cours de la phase III qu'on créera des banlieues pour les diverses communautés ethniques : juive, italienne, etc. Il n'y a donc pas de mélange, mais plutôt juxtaposition des différents groupes ethniques. C'est sans doute pour masquer ce rejet, cette juxtaposition, qu'on parlera de *melting pot*.

Dans la construction, on poursuit la rédaction de nouveaux règlements permettant d'éloigner les pauvres, les Noirs, les immigrants. Chaque municipalité défend chèrement son autonomie politique contre le *big government* des villes. Ces nouveaux citoyens préfèrent des gouvernements plus près d'eux. Ils ont l'impression de pouvoir mieux les contrôler. Pour prévenir le développement du vice, du péché et du crime, des lois sévères sont promulguées pour interdire les *dancings*, les clubs, les bars et les tavernes. Dès avant la guerre, la prohibition au niveau local prend force de loi. Mais ce puritanisme cache mal une certaine hypocrisie. Pas d'alcool ici. On va boire là-bas. Ainsi, quand on votera la prohibition au niveau national, de nombreuses municipalités de banlieue où régnait déjà la prohibition locale voteront contre le projet.

Continuons donc nos pérégrinations dans le mirage américain. La phase III naît avec l'automobile au début des années vingt. Nouvelle invention, nouveau *boom*. Dans la phase I, on restait soumis à la *track*. Même chose dans la phase II, bien que la multiplication des *tracks* ait permis une certaine extension du tissu urbain. Dans la phase III, on ne peut plus parler d'extension, c'est plutôt l'éclatement. Désormais, c'est la liberté totale. Les promoteurs et les fabricants d'asphalte et de ciment vont s'en donner à cœur joie. En 1920, on calcule qu'il y a déjà 11 000 000 d'Américains en banlieue. «Vous voulez de l'homogénéité? On va vous donner de l'homogénéité!» La banlieue devient un phénomène de masse. Les rêves des riches sont revus et corrigés pour être adaptés à la classe moyenne. Finis les villas dans les sous-bois, les châteaux au sommet des collines. Les moyens du consommateur rencontrent les besoins des promoteurs. De l'homogénéité, en voulez-vous, en v'là! À bas la différence! Au milieu des années vingt naît la standardisation dans l'habitation. Des terrains pareils, des maisons pareilles, des arbres pareils. C'est moins cher à acheter, c'est moins cher à produire, tout le monde est content. Dépassée, la création individuelle! Finie! Maintenant, on parle plan établi, normes de construction. Le créateur, ce n'est plus l'individu, c'est le promoteur. Ce dieu moderne a des préférences : des maisons unifamiliales sur 300 acres, avec des terrains de 40 sur 100. Pour ne pas faire baisser les prix, les constructeurs prennent bien soin d'empêcher les Noirs et les immigrants de venir s'établir. La mode du golf sert à vendre la banlieue. Au Canada, pendant ces années, on construit 2 000 nouveaux clubs. Comme il y a une piastre à faire, on crée aussi des banlieues pour les diverses communautés ethniques. Le promoteur prend à sa charge la construction de la synagogue ou de l'église. Tout est bon pour attirer le client. Certains grands magasins, plus clairvoyants, ouvrent des succursales en banlieue. Ceux qui n'auront pas compris, qui ne s'adapteront pas à la mode nouvelle, disparaîtront au cours des décennies suivantes dans les centre-villes désertés. Même chose pour les théâtres, les hôtels, etc.

Mais le mouvement est stoppé par la crise. Puis par la guerre. Décidément ! c'était trop beau ! Pas de chance pour la construction domiciliaire. La guerre qui règle la crise ne profite pas à tous les capitalistes, mais ils auront amplement le temps de se refaire une santé dans les années qui suivent.

L'après-guerre, la phase IV, c'est l'âge d'or de la banlieue. Cette folie furieuse durera jusqu'à la crise du pétrole. Tout ce qui avait été mis au point avant la crise est réchauffé et resservi à la moderne. En fait, c'est la phase III qui se poursuit après l'intermède crise-guerre. Cette phase coïncide avec le *baby boom*. Elle coïncide également avec un enrichissement général. C'est une forme d'établissement qui n'est possible que dans les pays dits économiquement avancés, c'est-à-dire capables d'accumulation sur le dos du reste du monde. Un auteur américain décrira la banlieue comme «*the most wasteful settlement*». Ce développement n'est possible que dans une période incroyable d'abondance et de gaspillage. Rien d'étonnant à ce que les *USA*, où 6 % de la population mondiale consomme 35 % des ressources non renouvelables du globe, aient développé cette façon de vivre. L'automobile tient le premier rôle dans cette tragi-comédie. Le développement de la banlieue s'appuie sur un prix de l'essence maintenu artificiellement bas par les grands pays impérialistes, sur un système routier construit et financé par l'État (c'est à l'époque d'Eisenhower que les autoroutes connaissent un développement sans précédent). En plus, le téléphone et la télévision se répandent partout, permettant de briser la sensation d'isolement des banlieusards. On n'a jamais tant parlé de participation que depuis que chacun reste chez soi (chacun dans sa boîte, les fesses bien au chaud), plogué sur sa tévé. Cette renaissance de la banlieue, en même temps que le développement des *mass medias*, est capitale pour la compréhension de ce style de vie. Il ne faut pas oublier, bien entendu, l'outil de base, l'auto et ses innombrables accessoires.

Après la guerre donc, des besoins énormes en logement se font sentir et ce qu'on encouragera, c'est la banlieue. Ce rêve de la propriété sera favorisé aux *USA* par des prêts hypothécaires avantageux, garantis par le gouvernement. Les anciens combattants sont particulièrement choyés. On retrouve la même chose à Châteauguay, où tout un quartier est réservé aux maisons des anciens combattants. Il serait ridicule ici de faire l'inventaire des nombreux prêts offerts par le gouvernement. Mentionnons seulement les primes à la construction d'hiver : le froid et les constructeurs rapaces, ça fait du beau ciment ! Enfin ! Robert Morses dira que la banlieue est la conséquence de la «*collusion between inept politicians and hit-and-run speculators*».

Au début du siècle, on a vu que les plus ardents partisans de la banlieue étaient les compagnies de tramways. Au Québec, dans son étude de la banlieue, Henri Aubin établit certains rapports entre les développeurs et les compagnies pétrolières. Leurs liens également avec les fabricants d'automobiles ou de pièces ou de matériaux entrant dans la construction automobile sont particulièrement étroits. Est-ce un hasard ? Pas tout à fait. Aubin, par exemple, ne voit pas de relations entre l'industrie alimentaire et les constructeurs domiciliaires. Il oublie sans doute le tandem Steinberg/Royal Bank dans les centres d'achats et le tandem Dominion/Toronto Dominion Bank. Mais cela ne remet aucunement en doute sa preuve. Voyons les faits d'un peu plus près.

Par exemple, à La Prairie, la compagnie Gulf Oil of Pittsburgh, qui a développé la ville de Reston en Virginie, est l'unique développeur du coin. Un peu plus loin, on trouve la Candiac Development Corporation du groupe Schneider-Creusot contrôlé par le baron Empain, qui a construit la première banlieue de la région sur des terres achetées en 1953. Le groupe Empain-Schneider contrôle également Homestead Oil, Québec Propane et Canadian Hydro-Carbons. Le groupe contrôle aussi Arbed, dans le domaine de la métallurgie, et est également présent en Europe dans la construction d'autoroutes.

Cadillac Fairview Corporation, la société immobilière la plus importante au Canada pour ce qui est de l'actif, est contrôlée par une branche de la famille Bronfman par le biais de Cemp Investments. Le groupe Seagrams ne s'intéresse pas qu'au whisky. D'autres liquides aussi précieux font partie du patrimoine familial. En effet, Seagrams contrôle Texas Pacific Oil, le cinquième producteur de brut des *USA*.

L'autre branche de la famille, c'est-à-dire Edward et Peter, ne s'intéresse pas qu'au baseball. Par le biais de Edper, ils contrôlent Trizec Corporation, la deuxième société immobilière au Canada. Rappelons au passage qu'Edward siège au conseil de Ranger Oil. Un autre administrateur de Trizec, Sir Alister Pilkington, est le président de la vitrerie qui a popularisé à travers le monde les tours aux murs de verre dont on connaît les piètres qualités isolantes. Ce même monsieur est aussi administrateur de British Petroleum.

Markborough Properties est une filiale de The Bay qui contrôle 34 % de Siebens Oil and Gaz Company et 21 % de Hudson's Bay Oil and Gaz. Canadian Pacific, qui contrôle la société immobilière Marathon Inc, contrôle aussi Pan Canadian Petroleum et 12,6 % de Panartic Oil. La compagnie mère contrôle aussi C.P. Bermuda qui possède 25 *tankers*. Enfin, soulignons que la compagnie a aussi des intérêts dans les produits reliés à l'industrie automobile par le biais de Algoma Steel. La compagnie s'intéresse aussi aux viaducs *via* Dominion Bridge.

Terminons avec Gulf and Western Industries qui contrôle les Rangers de New York et qui n'a rien à voir avec Gulf Oil. La compagnie mère contrôle pourtant 37 % de Flying Diamond Oil Corporation. Dans l'immobilier, sa filiale, c'est Realty Corporation et les immeubles Famous Players. Gulf and Western fabrique des batteries, des pare-chocs, des pistons. Une de ses filiales, APS Inc., fabrique plus de 100 000 pièces différentes pour l'automobile. Une autre de ses filiales fabrique des pièces pour le forage et la construction de *pipelines*. Mentionnons enfin que Gulf and Western est propriétaire de New Jersey Zinc, le zinc étant un métal important dans la construction automobile.

Henri Aubin considère que 90 % des grandes sociétés qui ont des intérêts dans la promotion immobilière et dont on peut retracer les propriétaires entretiennent de tels liens avec l'industrie du pétrole et de l'automobile. Ce n'est pas un hasard. Ainsi, il n'arrive pas à établir de relation entre l'industrie des pâtes et papiers et l'immobilier. Aubin considère que la croissance des banlieues se fait de façon chaotique. En tout cas, avec lui on peut penser que c'est un chaos très bien organisé. On arrive à faire coïncider le développement d'une collectivité avec les intérêts des promoteurs. Sans automobile, impossible de survivre en banlieue. De plus, ce choix d'établissement à faible densité interdit l'extension de transports en commun. Le taux de densité rend aussi prohibitif le coût des services publics. À Châteauguay, le service de la dette gruge 40 % du budget. Les coûts de chauffage des maisons unifamiliales sont astronomiques. Comme les dinosaures, les banlieues sont-elles vouées à l'extinction? La banlieue est-elle une espèce en voie de disparition? Quoi qu'il en soit, le *boom* est terminé. Réflexion d'un constructeur de Pointe-Claire : « On va aller écrémer ailleurs. Ici, il n'y a plus rien à écrémer! » Les *split levels* et les *cottages* dans les déserts d'Arabie Saoudite, ça va être parfait! Pauvres Arabes! Les vautours se préparent à plonger.

182

Mais revenons à nos charmantes banlieues et à nos ceintures fléchées. À Châteauguay, les premiers terrains sont achetés par Charlie «Benny» Bedzow de Seagram Construction, Volume Construction et Prudential Construction. Suivront, dans le désordre, les frères Haims de Mooncrest Inc., Moonstar Inc. et Moonside Inc. Pour rester dans les histoires de famille, il y eut aussi les frères Schecter avec West-End Development. Pour attirer les clients, on a construit un immense *bowling* en plein champ. C'est les vaches du bonhomme Primeau qui devaient être contentes! Pour rester dans le grandiloquent, on aura aussi droit à Imperial Garden Construction Co. de Leon Konkol. On aura droit à Cortina Development Inc. de Joe Kracoaur. Tous ces gens-là étaient-ils les vrais propriétaires? Dieu seul le sait, à moins qu'Henri Aubin ne se lance dans une nouvelle enquête. Quoi qu'il en soit, ne cherchez pas à retrouver le nom de Cortina Development. Ça n'existe plus. La compagnie a changé de nom et est devenue une multinationale. Joe Kracoaur, paraît-il, est parti «écrémer» un marché plus intéressant : les *USA*. On continue ensuite avec Modern Construction, Pyramid Construction qui créera «Châteauguay Garden» et «Châteauguay Terrace». Pour mettre un peu de couleur locale, on aura droit à un Saint Placid Construction et à Baylord Construction qui nous donneront le Seignory Park and Beach Club.

Dans le dernier cas, l'appât pour attirer l'acheteur était une piscine olympique, une des premières *in Canada*. En achetant une maison, vous aviez en prime une passe d'un an pour la piscine. Aujourd'hui, on a fini la construction de toutes les maisons. La piscine n'existe plus. Le Club House est passé au feu dans des circonstances troublantes. Comme on ne pouvait pas brûler la piscine, on l'a simplement vidée. Pour aller avec la piscine, on a construit un merveilleux Bonimart et un fantastique Distribution aux consommateurs en français dans le texte. Mais le meilleur, c'est sans doute un constructeur qui promettait un immense centre d'achats pour ses maisons avec vue sur la rivière Châteauguay. La première année, on construit quelques maisons. On avait cependant oublié les crues de la rivière... Il n'y a jamais eu de centre d'achats et les heureux propriétaires ont chaque année le grand plaisir de se promener en chaloupe. Du vrai Disney World, en plus efficace. L'aventure à portée de la main. Revivez l'époque des pionniers! Plus fort encore que le Seignory Park and Beach Club. Des piscines individuelles dans la cave! C'est grandiose! L'atomisation du capitalisme nord-américain poussée à l'extrême!

Pour ce qui est des vrais propriétaires, ça prendrait une commission Keable de l'immobilier! Le seul indice que j'ai pu trouver, c'est que les développeurs voisins de notre Walt Disney local sont des investisseurs de Toronto. Ils possèdent entre autres le *Four Seasons*, hôtel de Montréal. Et c'est dans les rôles municipaux d'évaluation qu'on trouve ça.

Quoi qu'il en soit, la croissance des banlieues au Québec coïncide avec notre intégration collective à l'Amérique. C'est contemporain de l'exploitation (j'allais dire du vol, mais soyons polis) des mines de la Côte-Nord par nos voisins en *shorts* à carreaux discrets ou, si vous voulez, en discrets *shorts* à carreaux. Avec le temps et la perspective, on s'aperçoit que c'était l'invasion de grande envergure. La mode de la banlieue est aussi contemporaine de la mort de Duplessis et des débats de la Révolution tranquille. Ce fut la grande libération intellectuelle, morale, sexuelle, artistique. La grande noirceur finie, le vieux monde bascule. Mais se peut-il que cette libération n'ait été qu'une pseudo-libération ? N'at-on pas plutôt construit notre intégration à l'Amérique ? La révolution ne fut sans doute pas que cela... Mais le Québec se mit à tourner à l'heure de l'Amérique. Le capitalisme nord-américain avait besoin de structures nouvelles : un État plus à la mode, un système d'éducation plus à point, des valeurs plus modernes, un mode de vie plus adapté à la société bureaucratique de consommation dirigée. On s'est libérés de l'Église, mais pour retomber aussi vite dans l'astrologie, la loto ou les sectes californiennes. On s'est libérés avec Elvis Presley pour se retrouver aujourd'hui avec les vues de cul. Quelle liberté sexuelle ? On s'est libérés des collèges classiques pour retomber dans les cours de maquillage pour les filles de 15 ans à la polyvalente du coin. On s'est libérés du folklore pour se taper le poulet du colonel. On est sortis de Saint-Henri et du faubourg à m'lasse pour se payer la platitude de Sainte-Dorothée ou de Pierrefonds. On a vendu l'armoire en pin en échange du set de cuisine chromé. Et vive le gréco-mexicain-flamboyant ! Toute une libération ! On a changé de maître et c'est tout. En 20 ans, on est passés de peuple colonisé à touristes impérialistes sur les plages d'Acapulco.

Mais revenons-en à la banlieue, bien qu'on ne l'ait jamais quittée. En 1970, aux *USA*, 76 000 000 d'individus vivent dans les banlieues. Soixante-quatre millions habitent les villes et 63 000 000 sont en campagne. La banlieue est donc le mode de vie dominant. Il ne nous reste plus, dans cette étude, qu'à tirer les grandes caractéristiques à grands traits.

La banlieue se définit par sa faible densité de population, la maison unifamiliale, l'homogénéité sociale et une apparence non urbaine. C'est un mode de vie centré sur la maison, dans un environnement pensé pour la famille. Pour la majorité des Américains, ce qu'il y a de plus important dans la vie, c'est la maison et le voisinage : la maison est le meilleur indicateur de la réussite matérielle et du statut social. Les modèles des maisons sont pensés pour un usage bien spécifique : une famille avec deux enfants. C'est ce qui permet d'établir une certaine homogénéité. Mais ça fait une société assez artificielle : les pauvres, les vieux, les grosses familles, les célibataires, les couples sans enfant, on les entasse dans les villes. Le développement capitaliste a tué les villes en les vidant. En privilégiant l'automobile, on a privilégié le «rouler» au détriment de l'«habiter». C'est aussi une société artificielle à un autre niveau : il n'y a pas de lieux de travail. On calcule que la majorité des enfants n'ont pas la moindre idée du travail de leur père. À bas la différence, vive l'homogénéité ! Les pauvres dans un coin, les infirmes dans un autre, les vieux ailleurs, les jeunes à l'école, etc. Chacun son casier.

La banlieue apparaît au moment où la famille cesse d'être une unité de production pour devenir une unité de consommation. La maison n'est plus seulement un abri, mais devient le centre du loisir, de la consommation. Cherchez un centre dans Los Angeles, la ville-banlieue par excellence. Bonne chance ! Vous n'en trouverez pas. Cherchez le centre de Châteauguay. Y a pas de centre. Chaque maison devient le centre de l'Univers. Chaque maison devient autosuffisante. Autrefois, la maison était chaude en été et froide en hiver. La ventilation était pauvre, l'éclairage faisait pitié. Les seuls plaisirs étaient la lecture et l'amour. Avec l'air climatisé, le chauffage central, la tévé, le système de son, le téléphone, pas étonnant que le taux de natalité soit en baisse !... Le théâtre du coin se meurt. On peut se passer du monde extérieur. Le sens de la communauté s'effrite.

Le seul point de contact, c'est le centre d'achats (le voilà peut-être, le centre que nous cherchions). Le centre de consommation devient centre civique, centre culturel. C'est la société du spectacle. Consommation de spectacles qui sont eux-mêmes spectacles de consommation. Les muscles les plus développés chez l'homme moderne, ce sont les muscles du ventre, du cul, des doigts, des yeux et des oreilles. Le reste est de trop. On verra peut-être bientôt des mutants : c'est-à-dire des systèmes digestifs en forme de boule, le tout sur roulettes... Mais le modèle carré serait nettement plus pratique : dans une société homogène, ça va mieux pour les caser.

Donc, le centre d'achats devient l'agora. Aux *USA*, on parle même de construire les écoles dans les centres d'achats. Ne riez pas, c'est vrai. Les jeunes ont d'ailleurs commencé à se rassembler au centre d'achats. Ça ferait moins loin à marcher, un système avec école incorporée. Ça serait de la consommation à injection directe. Le système parfait, quoi. On formerait des consommateurs dès le plus jeune âge. Encore plus fonctionnel que le système actuel.

Système est un bien grand mot. Disons plutôt une totalité. Car un système, ça se tient, ça fonctionne. Dans le cas qui nous occupe, c'est plutôt chaotique comme organisation. Ça fuit de partout, ça se tient à peu près, même si le discours dominant se targue de rationalité, de logique, de technicité.

On nous vend le paradis et c'est l'ennui qu'on découvre au fond du sac. On nous vend de la satisfaction garantie et c'est l'insatisfaction générale. On a remplacé la notion de bonheur par la notion de bien-être. C'est tellement plus simple, tellement plus pratique. C'est la civilisation du sourire et de l'éternelle jeunesse. Y a d'la joie... Pendant que les tramways de Newark, de Boston et de Philadelphie périclitent, des millions de personnes vont à Disneyland se promener dans des trains qui ne mènent nulle part.

Chaque matin, le mâle part en auto dans le trafic pour aller gagner le pain familial dans la jungle urbaine. La femme s'occupe de son petit nid. Il lui faut une deuxième voiture pour circuler dans sa banlieue. Monsieur Ford s'en frotte les mains. Elle consomme et s'ennuie. Certains sociologues américains parlent du caractère matriarcal de la famille de banlieue. Je ne saisis pas très bien et je sens que mes amies féministes vont m'engueuler. Mais ça me semble important. Isolation, ennui, consommation, Valium. Le soir, le mâle revient, toujours dans le trafic, goûter à la douceur du foyer, vivre en toute intimité sa vie familiale. *Saturday night fever*. On vend toute sa semaine pour pouvoir profiter de la fin de semaine.

En guise de conclusion, j'aimerais aligner certaines idées du philosophe français Henri Lefebvre. Assez curieusement, sa pensée rejoint celle des sociologues américains, pourtant très conservateurs.

Les valeurs anciennement rattachées au travail, au métier, au qualitatif dans l'activité créatrice se dissolvent. Naissent les valeurs attachées au loisir. Le loisir n'est plus la fête ou la récompense du labeur. Ce n'est pas encore l'activité libre s'exerçant pour elle-même. C'est le spectacle généralisé : tévé, cinéma, tourisme. Il y a passage d'une vieille culture fondée sur la limitation des besoins, sur l'économie et l'aménagement de la rareté, à la nouvelle culture basée sur l'abondance de la production et l'ampleur de la consommation, mais à travers une crise généralisée. L'idéologie de production se transforme en idéologie de consommation. Cette idéologie a dépossédé la classe ouvrière de ses idées et de ses valeurs en conservant la primauté à la bourgeoisie, en réservant à celle-ci l'initiative. Elle a effacé l'image de l'homme actif en lui substituant l'image du consommateur comme raison de bonheur, comme rationalité suprême, comme identité du réel et de l'idéal. Ce ne sont pas le consommateur ni même l'objet consommé qui importent dans cette imagerie, c'est la représentation du consommateur et de l'acte de consommer devenu art de consommer. La publicité devient art, idéologie de la marchandise. Elle se substitue à ce qui fut philosophie, morale, religion, esthétique... On note un glissement du signe vers le signal. Le signal commande, ordonne des comportements et les régularise.

Ainsi naissent la prédominance des contraintes sur les sens, la généralisation du conditionnement, la réduction du quotidien à une seule dimension, la manipulation. Cette société est tendue vers l'intégration de la classe ouvrière par l'idéologie de la consommation, plus que par la consommation elle-même. L'idéologie de la consommation achève de voiler les rapports de production. En effet, s'il est assez facile de découvrir l'exploitation sur le plan de la production, il est beaucoup plus difficile de la saisir sur le plan de la quotidienneté et de la consommation. La tévé et la publicité programment la vie. Être à la mode ou ne pas être à la mode ! Voici la formulation moderne du problème de Hamlet !

En conclusion, nous répétons encore une fois que l'important n'est pas Châteauguay en soi, mais Châteauguay en tant que lieu représentatif d'un style de vie. Un style de vie, on l'a vu, mis au point d'abord par la bourgeoisie américaine protestante, puritaine. Ce style de vie se répand ensuite progressivement dans toutes les classes de la société, sauf chez les plus démunis où néanmoins le rêve s'installe. Cette culture nous atteindra dans les années cinquante. Cette culture américaine, capitaliste, triomphante, achèvera le travail de génocide culturel mis en place depuis 1760. À mon avis, l'élément le plus important, le plus fondamental de cette culture qui s'est développée sur un arrière-fond de maccarthysme, c'est la standardisation à tous les niveaux. Sur une critique de la standardisation soviétique, on a construit une standardisation autrement plus efficace qui en arrive à toucher aussi bien le rythme musical que le nombre de millilitres de sueur des ouvriers d'une chaîne de montage, que le poids de la boulette de *hamburger* ou les techniques amoureuses.

À MORT

Projet de court métrage. Tourné grâce à la complicité de M. Jean Roy, du département de la caméra à l'Office national du film, cet ancêtre de l'aide artisanale, le film reste inachevé. Ça n'intéressait personne. Il existe sans doute une copie de montage à la Cinémathèque québécoise. Le texte a été écrit vers 1971 ou 1972.

Dans une culture où il n'arrive jamais rien, où on a presque éliminé le danger, où le piton et la manette ont remplacé l'aventure, où on camoufle la souffrance, où on soustrait à nos yeux les infirmes et les fous, où on efface de la réalité, pour les parquer dans des foyers-mouroirs, les vieillards, à l'abri des regards, pour ne pas déranger personne, où la mort même est devenue invisible, on va se payer l'aventure. L'aventure *cheap*, à 10 cents pour un tour, l'aventure bien assis, l'aventure sans danger véritable. On va jouer avec la mort, comme le toréador, comme le coureur automobile. Mais sans risque. C'est le Parc Belmont.

Dans un monde où la mort est niée, où la mort n'existe pas, où la mort «on n'en parle pas, maudit pessimiste», où la mort c'est un grand tour de Cadillac, à petite vitesse, les lumières allumées en plein jour, les hommes vont fêter. C'est le Parc Belmont.

Mais qu'est-ce que la fête sinon une récupération de la mort? Une tentative de vaincre la mort. Une tentative de se prouver à soi-même que la vie peut vaincre la mort. La fête, c'est l'affirmation de la vie. On se prouve qu'on est en vie. La fête tentera donc de solutionner l'opposition mort-vie, l'opposition ultime. Tout rituel tente donc de solutionner, au niveau de l'imaginaire, des contradictions inconciliables dans la vie réelle.

Le Parc Belmont, c'est l'enceinte sacrée où l'homme va se purifier, où l'homme va rencontrer la mort. Il l'approche, la frôle. Il l'invite, la dompte, l'apprivoise et finit par la vaincre. Du moins temporairement. Le Parc Belmont, lieu de la fête, lieu de l'homme. Le Parc Belmont, temple du XXe siècle, temple de la vie.

Et il n'y a pas très loin du Parc Belmont au vaudou. Il n'y a pas très loin du civilisé au primitif. Ni du béton à la jungle. Il n'y a pas très loin de la circoncision initiatique à la femme sans tête qu'un docteur Frankenstein maison garde en vie dans la grande tente du Parc Belmont. Il n'y a pas loin du chaman esquimau aux *stars* du rock.

Aux prises avec les mêmes problèmes depuis toujours, l'homme va tenter de s'arracher au réel, au temps et à l'espace pour accéder à un monde extraordinaire dans un temps et un espace autres. Le Parc Belmont, monde clos, monde à part, lieu extraordinaire, hors du temps et de l'espace.

Et c'est le joint mort-vie qui va nous permettre de comprendre le Parc Belmont. Autour de cet axe fondamental, tout s'organise. Vertige, peur, bris des rythmes biologiques quotidiens, horreur, perte de conscience, distorsion du réel, masque, illusion, défi, lumière, musique, excès, dépense, folie. Tout se tient, s'enchaîne, se recoupe pour former un système compréhensible dans lequel on embarque.

Dans *Continuons le combat*, nous avions approché la lutte professionnelle par le biais de l'opposition bien-mal. Dans *À mort*, nous proposons l'opposition vie-mort comme base d'explication et de construction du récit.

LE LYNX INQUIET

Projet de documentaire sur le grand cinéaste québécois Gilles Groulx, présenté à Roger Frappier, producteur à l'Office national du film, au moment où il venait de créer son collectif de cinéastes. Après discussion avec mes camarades du collectif, j'abandonnai le projet. Ils m'avaient convaincu de recommencer à travailler sur Octobre.

Pourquoi un film sur Gilles Groulx en 1984? Parce que. Tout simplement. Parce qu'il est temps. Parce que l'homme est encore en vie. Et surtout, pour le plaisir. Pour partager avec d'autres un grand plaisir. Plaisir pour l'œil et l'oreille. Mais aussi plaisir de l'esprit, plaisir de l'âme. Un plaisir physique, sensuel, un plaisir du ventre.

Pourquoi parler de Gilles Groulx? Parce que c'est un cinéaste important. Un des grands cinéastes du Québec. Un des grands cinéastes du monde. Un des grands cinéastes de l'histoire du cinéma. Malheureusement, nous ne sommes que quelques-uns à le savoir. Pourquoi? Parce que Gilles Groulx est né à Saint-Henri, parce qu'il a travaillé ici et non à Paris, à New York ou à Berlin, parce qu'il a construit une œuvre à l'intérieur d'une culture non pas dominante mais dominée, une petite culture qui ne fait pas le poids face aux géants des multinationales de l'art. Qui, par exemple, a jamais entendu parler des deux premiers livres de Camus, lorsqu'il publiait en Algérie? Il a fallu attendre les livres publiés à Paris.

Rassurez-vous, je ne parlerai ni de chef-d'œuvre ni de génie. Je me méfie trop des journalistes-critiques-publicistes-mercenaires qui nous servent du « film génial » chaque semaine, du « plus grand film du siècle » chaque mois, de « l'événement cinématographique de l'année » à tout propos.

Je parlerai simplement d'un homme qui a exercé son métier le plus honnêtement possible, d'un artiste qui a tenté de faire des films sans trop se trahir, se débattant dans les contradictions imposées par son siècle et sa société, d'un cinéaste qui a défendu sa liberté de créateur et celle de son peuple pied à pied, image par image. Vingt-quatre images seconde. *24 Heures ou plus.*

Pas un génie, mais un homme parmi quelques autres, un homme parmi les sous-hommes de ce siècle. C'est plus simple. Plus beau et plus rare.

Mais on n'est pas un homme libre impunément. Il y a un prix à payer. Avec d'autres, il a tenté de libérer le cinéma du théâtre du XIXe siècle, du récit hollywoodien, du roman traditionnel, du réalisme bourgeois ou soviétique. Il allait à l'essentiel, chaque fois, sans dentelles, sans fioritures, sans ornements inutiles. Trop simplement sans doute pour nos goûts formés par 100 ans de cinéma académique. Tellement simplement qu'on l'accusait d'hermétisme.

Il refusait ces millions de pieds de film tournés en pure perte sur des tours de char, des portes qui s'ouvrent ou des personnages qui se déplacent pour lier les parties du récit dans le cinéma académique. Il passait directement du jour à la nuit, de l'été à l'hiver, sans transition, laissant le spectateur faire lui-même les liens. Toute son œuvre est là. Le risque. Parfois, on se trompe. Parfois, ça réussit. Et quand ça réussit, on atteint la beauté, la magie, le merveilleux. On atteint un état de grâce.

Quand on s'aventure en dehors des formules et des recettes, on risque de gagner, mais on risque aussi de se casser la gueule. Ça arrive parfois. Ça arrive souvent. Mais ça ne fait de mal à personne sinon à soi-même. Et c'est à ses réussites qu'il faut juger un artiste, non à ses échecs. L'œuvre de Groulx est loin d'être parfaite mais, même dans ses pires moments, il n'y a jamais ce vide qu'on retrouve dans trop de films. Parfois même, la seule tentative vaut le coup.

Mais il y a autre chose. Ce travail sur la forme n'aboutit jamais chez Groulx à un formalisme aseptique et stérile. Beaucoup ont tenté de le copier, mais ils sont restés à la surface des choses. Groulx ne copiait pas, il était. Il n'essayait pas de faire original à tout prix, il pensait de cette façon. Il n'essayait pas de faire neuf ou joli, il essayait d'être vrai. C'est son propos révolutionnaire qui amenait cette forme révolutionnaire. Pour lui, le langage était figé parce que les idées étaient figées. Pour lui, parler de révolution avec un langage traditionnel était une imbécillité.

Groulx, c'est le *Refus global* plus la lutte de libération nationale. Et il a repris ces cris de liberté pour en faire de la poésie, du jazz libre.

Son ami Patrick Straram, le Bison ravi, critique de cinéma, l'a surnommé le Lynx inquiet. En rigolant, on pourrait parler aussi de «Poulet désossé», de «Bœuf haché» ou de «Porc frais». Pourtant, ce surnom indien lui allait à merveille. À chaque film, il a jeté sur le réel son œil de lynx. Lui, il voyait, alors que les autres se contentent de regarder. À chaque film, il a mis le doigt sur une plaie vive. Les poètes et les artistes, j'entends les meilleurs, les vrais, arrivent souvent mieux que les sociologues, par je ne sais quel mystère, à toucher les points sensibles d'une société, les nœuds fondamentaux de contradiction. Ou pour parler comme Marcel Mauss, le fait social total.

Et inquiet, il l'était. Comment ne pas l'être, dans ces temps maudits? Signe d'intelligence et de sensibilité. Son œuvre nous questionne, creuse, gratte, expose les contradictions, brûle, coupe dans la chair vive, interroge. Son œuvre est inquiétante. Son œuvre est inquiétude. Un cinéma de la conscience.

Certaines circonstances historiques lui ont permis, au prix de grandes difficultés, de faire un cinéma d'auteur, expression malheureusement trop galvaudée. Mais aujourd'hui, où les failles du système se sont refermées, où l'art est devenu une simple marchandise, un produit qu'on fabrique et qu'on markette comme des barbecues au gaz ou des parasols, comment se débrouillerait-il? Que ferait-il maintenant qu'il faut des scénarios à options pour plaire à la trâlée de producteurs et de fonctionnaires qu'il faut convaincre? Des scénarios à options comme pour les chars: manuels ou automatiques, avec radio, antenne télescopique, pneus à flancs blancs, vitres électriques, selon le goût des clients, selon le goût des docteurs de la loi cinématographique qui ont la main sur le *cash*?

Mais comment faire un film sur ce que certains déjà considèrent comme un monument? Je laisse aux professeurs de cinéma le soin d'expliquer l'œuvre et le bonhomme. J'ai simplement le goût de faire un long *trailer*, une bande-annonce de deux heures de l'œuvre de Groulx. Une publicité qui donnerait le goût de se replonger dans ses films. Un collage d'images et de sons. «Tout a déjà été tourné. Le problème, c'est de remonter tout cela», comme il disait. Remonter ses films, ses paroles, ses écrits pour en faire cracher le sens. Rapprocher *Voir Miami et mourir* de *Où êtes-vous donc, bande de câlices*. Rapprocher *Au pays de Zom* de *Normétal* et de *Golden Gloves*, *Les Raquetteurs* de *24 Heures ou plus*.

191

Un film très libre dans sa forme, comme un solo de sax de Archie Shepp. Un film prétexte. Parler de Groulx pour parler de nous tous.

Du cinéma direct aux vues de police

Petit texte cosigné avec Julien Poulin que certains ont pris pour un manifeste. Paru où ? Sais pas. Peut-être nulle part. Simple feuille volante produite sans doute au milieu des années soixante-dix.

Dans les années soixante, profitant des failles du système, les cinéastes d'ici furent nombreux à tenter de créer un cinéma national : un cinéma original, intéressant, hors du sacro-saint cadre hollywoodien, lié aux luttes de libération nationale.

Depuis la fin des années soixante, les failles se sont refermées. Les contrôles sont devenus plus serrés. Ils ont appris beaucoup et rapidement. À l'ONF, la censure commence à la porte : les gardes de sécurité. Leduc sur les tablettes, Arcand sur les tablettes, Groulx sur les tablettes. Et les autres ?

Depuis la grande peur d'Octobre, le cinéma québécois, sauf quelques rares exceptions, s'est réfugié soit dans le long métrage de fiction (vues de police à la John Wayne) soit dans le documentaire engagé sur la migration du canard du Groenland ou dans le documentaire politique sur le patinage de vitesse. S'est réfugié ? On devrait peut-être dire « on l'a réfugié ». Les cinéastes, comme le reste des travaillants d'ici, ne sont pas maîtres des moyens de production. Comme les autres travaillants d'ici, ils ne sont pas maîtres de leurs machines. Ils ne sont pas maîtres des caméras, des pellicules, des micros, des salles, des projecteurs.

Ils parlent parfois fort, mais ne contrôlent toujours rien. Comme les autres. On contrôle pour eux.

Comme les autres, on les repousse dans la bêtise. La censure. L'autocensure : faut bien manger. Comme les autres. Ni mieux ni pire. Santiago Alvarez n'a jamais fait de film avant la révolution cubaine.

Cinéma national. Cinéma direct. Cinéma différent. Cinéma original. Tu parles ! C'est pas la Société de développement de l'industrie du cinéma canadien qui va s'en occuper. Le cinéma, une industrie. Le cinéma et les industries. Du travail à la chaîne. Pas un mot à dire. Augmentation des cadences. Deux minutes pour aller pisser. Du cinéma International Telegraph and Telephone, le cinéma de la

SDICC. Du cinéma Tex-Molson, le cinéma de la SDICC. Du cinéma Bank of Montreal, le cinéma de la SDICC. Du cinéma place de la Bourse, le cinéma de la SDICC. Et celui de l'ONF et celui de Radio-Canada. Comme ce sont les mêmes qui sont au pouvoir, il y a unité de pensée. Et vive les *Beaux Dimanches* à Boubou. Cul de poule.

Les rois nègres possèdent les moyens de production. Les grands *boss* américains possèdent les moyens de distribution. Cinéma national. Tu parles! C'est comme l'amiante d'Asbestos, le fer de Schefferville et le bois de la Gaspésie. On est dépossédés de notre cinéma, comme on est dépossédés de notre pays, de notre travail, de notre langue, de notre espace, de nos maisons, de notre vie.

On demande à genoux, on prie ceux qui mettent en chômage un cinéaste comme Gilles Groulx, qui refusent pendant trois ans un film à Michel Brault, qui accordent aux autres de parler de notre histoire, d'Octobre 1970, de nous donner une loi et des moyens de créer un cinéma national. Ben voyons donc! On perd notre temps. Tout le monde le sait. Quand on donne la Côte-Nord à ITT, on donne pas aux cinéastes les moyens de production. C'est logique. Il faut pourtant continuer la lutte sur le front du cinéma. Ça éclaircit des choses. Ça clarifie des situations. Ça situe les gens. Ça fait ressortir les contradictions. Faut fesser.

Quant à nous, on est fatigués des chaînes dorées du 35 mm, du Panavision, du 16 mm. On est fatigués des vues de police de la SDICC. On est fatigués de faire antichambre avec nos projets en 10 exemplaires sur papier jaune, vous gardez la bleue, vous remettez la rose à la secrétaire. On est fatigués de ramper pour 100 pieds de film. On est fatigués des projets sur le bureau du producteur qui verra si, peut-être, enfin, comprenez-moi bien, demain, il est en réunion, je vous rappellerai. On est fatigués des discussions de taverne. On est fatigués de brailler. C'est des sales. On le sait.

Nous, on a le goût de travailler. On a le goût de produire. On a le goût de dire. On a le goût de montrer. On a le goût d'«aller parmi le monde pour le savoir».

On est des *Pea Soup*. On est des Pepsi. On est des colonisés. On est des trous de cul. On est des pauvres. OK. On va se battre. On va se battre avec des moyens de pauvres. Faut pas laisser le champ libre aux *majors*, mais nous on a le goût de continuer à faire des images avec les moyens du bord. De très petits moyens. Le vidéo, un outil de pauvres.

Mais un outil libre. Un outil de communication. Un outil de lutte simple et efficace malgré tout. La liberté aussi de crever de faim.

Quand on peut pas tirer avec un M-16 ou une fusée Polaris, on tire avec un vieux 12. Quand on ne pourra plus travailler en vidéo, on fera des diaporamas avec un Instamatic, on travaillera en Super-8.

Ensuite, on travaillera au crayon à mine. On attendra pas d'être publié sur papier Rolland Deluxe, tranche dorée, numéroté de 1 à 100, pour parler.

Le vidéo, un outil libre. Pour combien de temps ?

L'imaginaire québécois

La revue Lumières *publiait un numéro sur l'imaginaire québécois. Voici mon petit papier. Ça doit dater de l'été 1991.*

> «J'aime les œuvres qui sentent la sueur, celles où l'on voit les muscles à travers le linge et qui marchent pieds nus.»
>
> Gustave Flaubert

J'écrivais dans le cahier de presse du *Party*:

> «Je n'ai aucune imagination. J'essaie par contre de garder les yeux et les oreilles grands ouverts. Je ne comprends pas les scénaristes qui se torturent les méninges sur une feuille de papier pour inventer une histoire. Le réel autour de soi est autrement plus riche. Il suffit de décoller ses deux fesses de sa chaise, de se promener et d'être attentif à la vie.»

Avec le temps, mon cas ne s'améliore pas. Je suis même devenu un professionnel du vol. Je vole tout le temps des personnages, des dialogues, des situations, des tics, des costumes. Je pique tout autour de moi. Il n'y a qu'à se pencher pour ramasser des idées à la pelle. Surtout au fond du baril.

Mon imaginaire est ancré dans l'ici et le maintenant. Mon imaginaire se construit contre le néo-colonialisme, l'impérialisme et le bon goût bourgeois. Le bourgeois et ses dents atrocement blanches. Le bourgeois et son air faussement intelligent. Le bourgeois et son linge affreusement à la mode, sa peau écœurramment rose, son char pornographiquement cher, sa femme et ses enfants prétentieusement blonds et mous. C'est à vomir. Je connais des cinéastes québécois qui se prennent pour des cinéastes allemands, des cinéastes italiens ou des cinéastes français. Des américains aussi. Personnellement, comme quelques autres, j'ai choisi d'être un cinéaste québécois. Rien de plus. Mais rien de moins. Car l'imaginaire québécois ne se donne pas. Il se conquiert de haute lutte. C'est un choix. Et ça n'a rien à voir avec la langue ou la couleur de la peau. Ici et maintenant.

Mais rien de ce qui est humain ne m'est étranger. Hier et ailleurs non plus. Pour moi, Rodin est québécois, Rembrandt aussi et Bach et Archie Shepp et Solanas et George Orwell et Darwish, le poète palestinien. On ne se laissera pas tasser dans le coin par les petites mémés smates du *Devoir* ni les jeunes vieilles barbes de *Voir*, qu'elles soient néo, post, trans ou prémodernes. On ne nous réduira pas avec mépris au sirop d'érable, aux raquetteurs ni aux tricotés serrés.

Comme si le Chinois dans *Passe-Partout* ou le Nègre en patins à roulettes dans le catalogue Canadian Tire étaient le boute du boute de la pensée progressiste. Le comment il faut penser comme il faut. On ne nous fera pas marcher à la baguette de la mauvaise conscience. Vertu première du colonisé content et béat et qui en redemande.

CONTRE LE COLONEL SANDERS

Petit manifeste de Pea Soup Film publié en version bilingue dans un quelconque catalogue d'une quelconque exposition d'art vidéo canadien très quelconque, à Toronto, vers la fin des années soixante-dix. Cosigné avec Julien Poulin.

Minorisés, folklorisés, marginalisés, french-canadianisés, sirop-d'érablisés, ceinture-fléchisés, hamburgerisés, bilinguisés et multiculturalisés, pour nous, le vidéo n'est pas un *trip*, mais une arme de résistance, un outil de libération. Un outil pour fabriquer des sons et des images qui nous ressemblent, contre les images d'Hollywood et de Beverly Hills. Un outil pour analyser, comprendre, expliquer notre réalité collective et personnelle. Un outil de lutte au génocide, à l'oppression, à l'exploitation. Un outil dans la lutte de libération nationale. Un outil parmi d'autres. *Video freaks*, mon cul !

Les spécialistes classent notre travail dans la catégorie sociopolitique par opposition au *video art*. Nous refusons de nous laisser enfermer dans un genre. Le politique n'est pas un genre, ni une catégorie, ni une classification. Toute œuvre est politique. Le *video art* n'échappe pas à la règle. Et ces distinctions, ces pseudo-classifications artistiques, ne servent qu'à masquer des différences historiques, nationales et culturelles, des différences de classe. Les différences ne sont pas des différences de genre, mais de position dans le rapport dominant-dominé.

À Pea Soup Film, nous croyons à une imagerie nationale, originale, différente, populaire, progressiste, antifédéraliste et anti-impérialiste. Nous croyons à une imagerie profondément enracinée dans la culture de notre peuple. En creusant notre situation de dominés, on débouche sur une solidarité avec tous les exploités de la Terre. Nous pensons que c'est de cette base qu'on rejoint une imagerie universelle, et non en s'éloignant sur le marché de l'art de New York, de Paris, de Londres, de Rome, de Tokyo ou de San Francisco. L'art dit international, l'art dit d'avant-garde, élitiste, bourgeois, snob, pseudo-intellectuel, pour nouveaux-riches-amis-des-bêtes-et-des-artistes-libérés est une mystification, une fumisterie. Nous refusons cet impérialisme culturel. Au ghetto artistique de New York, nous préférons Saint-Henri, Saint-Antoine-Abbé, Saint-Domingue ou San Juan. Nous refusons aussi l'internationalisme prolétarien abstrait, nageant au-dessus des cultures, à la mode de Staline, de Lord Durham, de Pierre Elliott Trudeau amélioré comme le nouveau Tide.

Contre *McDonald's*, Hollywood, Mickey Mouse et le colonel Sanders, nous croyons à la diversité des cultures, à la différence, à la richesse inouïe du patrimoine culturel de l'humanité.

À Pea Soup Film, nous désirons poursuivre et pousser plus avant les réussites et les tentatives d'un mouvement cinématographique, peu connu mais extraordinaire, unique au monde, le cinéma direct québécois. Un cinéma neuf, subversif, résistant, antihollywoodien, national, révolutionnaire, collé sur les luttes du peuple. Un cinéma qu'on a voulu mâter dans les années soixante-dix comme on a voulu mâter le peuple québécois.

SPEAK WHITE

Avant-projet du film Speak White *tourné à l'Office national du film, au début des années quatre-vingt. Je ne me rappelle pas si c'était avant ou après le Référendum. Sans doute avant, parce que* Elvis Gratton *qui suit est ma réponse au Référendum.*

«La poésie est rythme et image»
Gaston Miron

Belle définition du cinéma. Mettre en images *Speak White*, poème de Michèle Lalonde, c'est tenter de lier cinéma et poésie, significa-tion et mouvement, rythme et image.

Film très court (4 à 5 minutes), 35 mm, noir et blanc, construit pour l'essentiel à partir de photographies, d'archives filmées et de chutes. Le poème lui-même constitue la base du film : la voix du poète impose le rythme du film. Non pas illustrer le poème mot à mot, mais respecter le sens général du poème : à la fois nationaliste et internationaliste, anti-impérialiste, anticolonialiste. Une œuvre enracinée ici, très profondément, mais qui par là même rejoint une préoccupation universelle.

Il faut donc, je crois, travailler avec un matériel visuel historique et contemporain, national et international : travail, charme discret de l'exploitation, lutte, répression, résistance. Au niveau de la bande sonore, il importe de renforcer, de souligner ou d'appuyer des mots et des phrases de feu.

« Il faut armer d'acier les vers de notre temps »
Nguyên Ai Quô

TRACT

Tract écrit pour la sortie du film Speak White. *Comme personne ne voulait sortir le film ou en parler, avec Poulin, on avait organisé nous-mêmes une petite première. Projection, bousculade, claques sur le museau, coups de pied, coups de matraque, arrestations. Ils ont fini par parler du film. Mais c'était dans les faits divers, pas dans les pages zartistiques, en juin 1981.*

Salut !

Nous voulons t'inviter à une série de projections, dans la rue, de *Speak White* mercredi le 17 juin vers 9 h 30 sur le grand mur blanc au coin de Saint-Denis et Maisonneuve. En cas de pluie, on fera les projections le jeudi 18 à la même heure. S'il mouille encore, on va se réessayer le vendredi 19 juin.

Nous voulons par là protester contre le sort fait à nos films et à vos films sur les écrans du Québec. Et pour ne pas limiter cette action à un geste individuel, votre présence est indispensable.

En espérant que ce petit geste déclenche des moyens d'action plus efficaces de votre part, ben ! à mercredi.

Trop c'est trop
Assez c'est assez

Autre tract, en forme de manifeste, accompagnant le précédent.

«Le mépris n'aura qu'un temps», disait Vadeboncœur. Étranger dans son propre pays, le cinéma québécois est à l'image même du peuple québécois.

On nous vole notre terre. On nous vole nos richesses naturelles. On nous vole notre travail. On nous vole nos rêves et notre nom. On nous vole aussi notre cinéma.

Les multinationales américaines, britanniques, françaises et leurs filiales canadiennes contrôlent la distribution du film et occupent les écrans.

Des fumeurs de cigares, des bureaucrates gras et roses ont banni le cinéma québécois des écrans de notre pays. Des brasseurs d'affaires, des montreurs de fesses, des épiciers du septième art nous ont laissé les sous-sols d'églises, les salles paroissiales et les cinémas parallèles. Jack Valenti, le parrain de la pègre du cinéma américain, tape fort sur la table et c'est tout le cinéma québécois qui devient parallèle.

Nous ne sommes pas parallèles. Nous ne sommes pas marginaux. On veut malgré nous nous marginaliser.

Pendant des années, les cinéastes d'ici ont tenté de donner la parole à ceux qui étaient sans voix. Mais c'est le cinéma québécois lui-même qui est sans voix. Et un film sans spectateur est un film qui n'existe pas. Aujourd'hui, nous prenons la parole pour que nos films existent. Nous occupons les murs de «leur» ville, c'est tout ce qui nous reste dans les circonstances actuelles. Ce sont nos écrans, ce sont vos écrans.

Nos images, nos sons, nos musiques, notre cinéma, ce sont aussi vos images, vos sons, vos musiques, votre cinéma.

Trop c'est trop. Assez c'est assez.

LETTRE DE GERNIKA

Les Espagnols disent Guernica. *Les Basque emploient* Gernika, *mais il s'agit de la même ville. La ville martyre écrasée sous les bombes par Franco et l'aviation allemande. La ville basque devenue Guernica par la force des armes. Cette lettre, je l'ai écrite dans une minuscule chambre d'hôtel de Gernika, le 9 décembre 1982. J'avais été invité au Festival du film de Bilbao et j'avais décidé de me rendre à Gernika à pied. Quatre ou cinq jours de marche dans un pays en révolte. Une espèce de pèlerinage, comme dans l'ancien temps. Une marche vers un lieu sacré. Mort de fatigue, voir la ville apparaître entre les montagnes au coucher du soleil. Et les gardes civils espagnols en « mission de pacification ».*

Ce texte signé avec Julien Poulin est paru dans le catalogue de l'exposition Speak White *au Musée d'art contemporain de Montréal. L'ex-directrice, Fernande St-Martin, trouvait l'exposition « un peu dépassée », « pas assez contemporaine ».*

> «La simplicité n'est pas un but. Mais plus on avance, en art, plus on y arrive.»
>
> Brāncusi

Dans *L'Homme rapaillé*, Gaston Miron disait : «La poésie est rythme et image». Quelle merveilleuse définition du cinéma. Pour la première fois quelqu'un mettait en mots, simplement, clairement, une intuition qui nous hantait de film en film depuis 10 ans. Le rythme. Le problème du rythme. *Speak White*.

Avant de faire un film qui serait lui-même un poème, nous voulions faire un film sur un poème. Pas à partir d'un poème mais sur un poème, en respectant chaque mot, chaque silence, chaque virgule, chaque souffle.

Pendant plusieurs années, nous avons eu sous les yeux le poème de Michèle Lalonde : une immense affiche servait à masquer les trous dans un mur du taudis de Pea Soup Film. Nous travaillions en vidéo, en noir et blanc. La majorité des cinéastes nous regardaient de haut : la vidéo n'est pas un matériau très noble. Nous ne faisions pas très sérieux.

Mais, malgré ses limites, le médium nous avait quand même permis de faire *Continuons le combat, Le Magra, À force de courage, Pea Soup*. Plutôt que de tourner en rond en panavision, nous préférions tourner en vidéo, plonger dans la réalité. Nous avions l'impression de vivre, de comprendre, d'apprendre. C'était la liberté. Nous n'avions pas les fonctionnaires du cinéma dans les pattes. Nous n'avions pas à remplir des formulaires roses, bleus, blancs ou jaunes avant de mettre un pied devant l'autre. Nous travaillions en toute liberté. C'était un peu la liberté du pauvre, la liberté de crever de faim et de parler dans le vide, mais c'était pour nous une période très riche. Nos seules limites étaient nos propres limites, les limites de notre imagination, de notre analyse, de notre détermination. Pea Soup, c'était petit mais c'était mieux que le néant. Mieux vaut travailler, tenter de dire – même mal – que de s'asseoir dans le garde-robe en rêvant aux longs métrages qu'on ne fera jamais.

Puis un jour, on est venu saisir le matériel. Du jour au lendemain, nos outils de travail disparaissaient. Nous nous sentions comme deux mécaniciens à qui on enlève leur coffre d'outils. Nous étions devant rien.

Speak White. Nous sommes repartis à zéro. Un film de 5 minutes en 35 mm. Un projet simple. Un moyen de continuer à dire. Une autre façon de taper sur le même clou.

S'exprimer en 5 minutes est un défi assez fascinant. Mais pour la majorité des critiques, ce n'est même pas du cinéma. En bas de 90 minutes, ce n'est pas du cinéma. Tout au plus un «petit film» dont on ne parlera même pas. Pourquoi en parler? De toute façon, il n'y a pas de champagne au lancement, ça n'intéresse personne et ça ne rapporte rien en publicité au journal.

Mais pour nous, ce n'était pas un «petit film». C'était un film comme tous les autres films que nous avions faits. Une autre façon d'appréhender la réalité, une autre façon d'intervenir. Une autre façon de rejoindre du monde, de partager nos angoisses.

Mais comment réaliser *Speak White*? Quel style adopter, quel langage explorer? Mais aussi pourquoi *Speak White*? Pourquoi le refaire 12 ans plus tard? Pour succomber à la mode rétro? La nostalgie des années soixante? Le bon vieux temps? La mode? La mode en art comme dans le vêtement. Le prêt-à-penser, comme on dit le prêt-à-porter. Le marché de l'art contrôlé par la mafia des critiques, des conservateurs et des boutiquiers. La mode importée d'ailleurs, comme toujours. La mode de New York. La mode de San Francisco. La mode de Londres. La mode d'Allemagne et du Japon depuis que les titres en bourse se bousculent vers le sommet.

Non. Tout simplement parce qu'il n'y a rien de changé depuis 12 ans. On a simplement 12 ans de retard de plus. Rien n'a encore fondamentalement changé au Québec depuis 12 ans. Des changements de surface peut-être. Mais au fond…

Speak White parce que c'est encore vrai, c'est encore fort. C'est encore nécessaire. Ici et ailleurs. Pour nous, faire *Speak White*, ce n'est pas tomber dans le rétro. C'est travailler sur un classique de l'anti-colonialisme et de l'anti-impérialisme.

On a dit de *Speak White* qu'il était un poème nationaliste. Et, par les temps qui courent, c'est devenu suspect. C'est un mot que les staliniens ont rapproché des mots *fascisme* et *chauvinisme*. Et la bonne vieille culpabilité canadienne-française catholique a fait le reste. On regarde avec envie les nationalistes basques et portoricains. On applaudit les Nicaraguayens criant : «*Patria o muerte*». Et ici? Ici, on s'excuse. On a honte. On est rongés par le remords : si jamais on nous taxait de racisme...

D'autre part, on a vidé la lutte de libération nationale et sociale du peuple québécois de son contenu pour en faire un «problème constitutionnel». Par la même occasion, incapables d'affronter le présent et de déboucher sur l'avenir, on a transformé le nationalisme en défense du patrimoine. On a fait du violon, de la tourtière et de la ceinture fléchée un ensemble de valeurs refuges.

Déçus, plusieurs, en rigolant, se sont trouvé de nouveaux paradis, de nouveaux refuges : le vélo, la Chine, Jésus, la macrobiotique, le massage, la Californie, la méditation transcendantale, la paix, le yin et le yang, le *New Wave*.

Le nationalisme au Québec n'est pas une idéologie, mais un fait inscrit dans l'histoire. Le nationalisme existe parce qu'existe, depuis 1760, un problème national. Vouloir l'oublier ou le nier ne change rien à la réalité. C'est comme la lutte des classes. Ce n'est pas parce que les marxistes-léninistes staliniens sont tartes que le phénomène n'existe pas. On ne règle rien en se bouchant les yeux.

On a soutenu que le poème de Michèle Lalonde était nationaliste. Mais on a souvent oublié son côté internationaliste. Comme s'il y avait une contradiction entre les deux. De petits esprits nous parlent de ghetto, de tribu, de repli sur soi... et en tirent des profits substantiels. Un peuple qui réclame le droit à la différence doit reconnaître le même droit chez les autres. La diversité culturelle de l'humanité est une richesse à protéger. Il faut résister au nivellement culturel que nous propose l'impérialisme, que cette entreprise d'homogénéisation de l'humanité se fasse par la gauche ou par la droite.

Et, à moins d'avoir une vision constipée de la vie ou de développer une sagesse de *snack-bar*, il faut au moins distinguer entre le nationalisme des grandes puissances et le nationalisme défensif des petits peuples. Nous sommes un petit peuple et nous ne sommes pas impérialistes. Vouloir posséder la terre que l'on travaille depuis 400 ans, ce n'est pas réactionnaire. Et la lutte de libération nationale n'est pas affaire de langue, de religion, de classe, de race ou de sexe. Ici ou ailleurs. Ici comme ailleurs. Voilà pourquoi *Speak White* est un classique. Ni le lieu ni le temps n'ont d'importance.

C'est par ce biais du temps et de l'espace que nous avons abordé le film. Nous n'avons pas voulu le situer dans un lieu précis, dans un temps donné, ce qui peut avoir accentué son côté internationaliste. Quelle forme donner au film ? Quel style adopter ? Après le pourquoi, le comment.

Le problème du langage cinématographique. L'éternel problème de la forme. Pour certains, le problème de la forme devient précisément le problème numéro un. Pour d'autres, ce n'est même pas un problème. Pour nous, c'est un problème extrêmement important mais qu'on ne doit absolument pas dissocier du contenu. Le fond et la forme. Le contenant et le contenu. La forme, ce n'est pas un problème qui se discute dans l'abstrait. Il est très intéressant de tenter de décoloniser le cinéma au niveau de la forme. On l'oublie trop souvent. Le libérer de la forme du récit imposée depuis toujours par les cinémas dominants d'Europe ou d'Amérique est un travail nécessaire, essentiel, mais on risque aussi de tomber dans le formalisme ou l'esthétisme. Tout en se préoccupant au maximum de l'esthétique, il ne faut pas oublier que c'est le sujet qui imposera sa forme. C'est la matière elle-même qui imposera ses limites.

De quoi s'agit-il ? De raconter une histoire. Et quelle est la meilleure façon de le dire, si on veut non seulement s'exprimer mais aussi être compris ? Dans cette querelle vieille comme le monde entre les Anciens et les Modernes, Albert Memmi parlait récemment de la tension qui existe en chaque créateur entre le désir d'expression personnelle et le désir de communication. C'est dans la richesse de cette tension, expression-communication, que doit se poser le problème de la forme. La forme naît du sujet, des moyens techniques disponibles, du degré de développement de la pensée.

Au premier abord, la décision de réaliser *Speak White* à partir de photos pourra sembler très subjective. Elle l'est. Mais plus le travail d'analyse sur le poème avance, plus cette décision, intuitive au départ, se confirme. C'est le respect du rythme du poème qui impose le travail en photos sur la table d'animation. Pourquoi ? Parce que la table d'animation permet d'obtenir des plans qui coïncident exactement avec le poème soit au niveau du cadrage, soit au niveau du mouvement, soit au niveau de la longueur. Le contrôle sur le matériel est quasi total. À la table d'animation, on contrôle la longueur des plans à une image près. Ainsi, on peut faire des *zooms* de 34 cadres. Des panoramiques de 27 cadres, des plans fixes de 175 cadres. Au choix du cinéaste. Quand on veut synchroniser le plus parfaitement possible le rythme du poème et le rythme de l'image, c'est un choix formel, très intéressant, qu'il faut poser. En dehors du cinéma d'animation, on n'y arrive que de façon très approximative.

Donc, après avoir travaillé l'interprétation du poème avec Marie Eykel, il restait à faire un certain nombre de calculs, fort simples d'ailleurs, à partir de la bande sonore, pour synchroniser le plus exactement possible le son et l'image. Pour des documentaristes, il est parfois très dur de s'enfermer pendant des mois avec pour seules compagnes une table d'animation et une table de montage. On s'ennuie du monde et de la vie. Mais, pour des maniaques du cinéma, le contrôle total des images est par ailleurs très stimulant, très satisfaisant. C'est un aspect dont on s'ennuiera, plus tard, en faisant un film de fiction.

Mais tout n'est pas si simple. Si le poème a son rythme, chaque photo aussi a le sien. On ne peut pas mettre n'importe quoi n'importe où. Et pas seulement à cause du contenu, mais aussi à cause du rythme inhérent à chaque photo. Ce qu'il faut absolument respecter sous peine de passer à côté. Toutes les photos ne peuvent pas se traiter en *zoom* de 28 images ou en plan de 46 images. Là aussi s'établit une relation dialectique entre le son et l'image. Parfois il faut refaire l'interprétation, ralentir le rythme d'une phrase pour respecter celle d'une photo, et vice versa.

Oui. Mais quelles images? Refuser de situer le film dans le temps et dans l'espace. Donc travailler avec des images de tous les pays, de toutes les époques. En noir et blanc. Pourquoi? Pourquoi pas. Pure subjectivité. C'est beau, le noir et blanc. Non. En plus, le poème lui-même nous imposait ce choix. *Speak White. Black and white.*

Comme documentaristes, nous sommes partis à la recherche de la vie, mais cette fois à la recherche de matériel fait par d'autres. C'était comme tourner un film avec les plus grands cameramen de l'histoire. En deux mois, je ne sais pas combien de photos nous avons vues. Des centaines de milliers sûrement. À Montréal, à New York, à Québec, à Ottawa, à Jonquière, à Washington, nous avons fouillé les photothèques, les archives, les bibliothèques, 10 heures par jour. Travail de Vietnamiens. Parfois pénible, souvent ennuyant, mais certaines fois emballant. Des journées entières à scruter la vie figée sur le papier. Des heures interminables et dégoûtantes à regarder vivre les bourgeois, les reines, les puissants, les profiteurs, les fumeurs de cigares, les vedettes, les rapaces, les requins de la finance enfouis dans des classeurs de métal. Des journées entières à voir travailler des hommes, des femmes et des enfants d'ici et d'ailleurs dans des boîtes défoncées. Des photos qui sentent la sueur, la misère, l'humiliation, l'exploitation, l'aliénation, les bas salaires, la fatigue, l'épuisement. D'autres photos aussi, qui sentent le pain, la dignité, la fierté, la force et la douceur, l'entraide, la vengeance, le droit de vivre.

Des heures entières à rencontrer des hommes matraqués, des femmes égorgées, des enfants éventrés. Au début, on a la nausée. Puis, on s'y fait, la souffrance devient monotone. On ne voit plus tellement. On choisit entre un pendu et un fusillé pour savoir lequel fera le meilleur effet. Non, celle-là est mal imprimée. Celle-là est meilleure, le grain est moins gros. Puis, on va manger. Ça passe de travers, mais ça passe. Il faut oublier. Mais y arrive-t-on ? Ces centaines de milliers d'images ne sont-elles pas imprimées à jamais dans notre inconscient ?

Pour mieux comprendre notre travail, on a souvent parlé d'art engagé. Cette manie des étiquettes pour expliquer ! En apparence, cette classification semble inoffensive. Pourtant, elle est mensongère, hypocrite et même vicieuse. Comme si Roger Lemelin, lui, n'était pas engagé. Comme si Walt Disney, lui, n'était pas engagé. Comme si Guy Lafleur n'était pas engagé par Weston ou General Motors. Comme si le travail de certains artistes s'enracinait profondément dans la réalité sociale, politique et économique d'un pays, d'une époque, alors que le travail des autres serait le résultat d'une rencontre de purs esprits avec la Muse. La création pure. Le génie spontané. Le miracle artistique pour les uns. La propagande pour les autres.

Et Pablo Casals, luttant toute sa vie contre le fascisme et jouant les concertos pour violoncelle seul de Bach, il faisait de la propagande ? Et Goya, et Picasso, et Chopin, ils faisaient de la propagande ?

Personne ne nous a engagés. Nous ne sommes pas plus engagés que les journalistes de la presse parlée et écrite. Pas plus et pas moins. Peut-être même moins. On n'est pas des jobbeurs, nous.

Le cinéma. Après le film, on a remis toutes les photos dans des boîtes de carton couvertes de poussière. Tenter d'oublier. Impossible. Pas maintenant. Pour nous, il y avait dans ces quelques boîtes un trésor inestimable. Ce trésor ne nous appartient pas. Le voilà. Ces images sont horribles. Elles nous ont tordu le ventre et fait serrer les poings. Ces images nous ont fait mal. Nous ne voulions plus être seuls à les supporter. Elles sont vieilles, égratignées, mal imprimées. Mais elles sont là. Regardez-les. Des hommes et des femmes, comme vous, tentent de vivre.

LA LIGNE DU RISQUE

Compte rendu du livre de Vadeboncœur paru dans la revue Lectures, *en 1994, plus précisément au mois d'août.*

«Il faut empêcher ce cerveau de penser», a-t-on dit dans l'Italie
fasciste en emprisonnant Antonio Gramsci. On pourrait reprendre
cette citation, mot pour mot, dans le cas de Pierre Vadeboncœur, un
des penseurs québécois les plus profonds et les plus importants des
40 dernières années.

Dans le Québec du totalitarisme de la marchandise, dans cette
société bureaucratique de consommation dirigée (pour reprendre la
formule d'Henri Lefebvre), pas besoin de prison. Il suffit de tourner
le piton et de monter le volume. Black Ice et *rock and roll*. Le «mur-
mure marchand» finit par enterrer toute critique, toute protestation,
toute opposition.

C'est dans ce contexte que la Bibliothèque Québécoise réédite,
en livre de poche, *La Ligne du risque*, le premier livre de
Vadeboncœur, publié pour la première fois en 1963. Dans les
médias, rien. Zéro. Le vide.

La Ligne du risque est une réflexion sur l'état de la pensée au
Québec au tournant des années soixante, un peu à la manière de
Marc Bloch analysant les causes de la défaite française de 1940 dans
L'Étrange Défaite. *La Ligne du risque*, c'est un cri de rage contre
une société sclérosée et conservatrice. *La Ligne du risque*, c'est un
appel à vivre dangereusement. Le risque de penser, de chercher, de
créer en toute liberté. La liberté en action. La liberté comme exi-
gence, comme fondement de l'aventure humaine. Le risque de la
liberté.

Le livre de Vadeboncœur est une protestation contre le
duplessisme, le nationalisme conservateur et défensif, la pensée
officielle du clergé lié au pouvoir politique et économique de
l'époque. C'est aussi à ce moment-là que Vadeboncœur se sépare de
la *gang* de *Cité libre*, dont la pensée, d'abord libératrice, a commencé à se figer à son tour. La pensée de la *gang* à Trudeau devient
lentement une fixation. Trudeau se braque sur l'état de la culture au
Québec, mais sans jamais en rechercher les causes. Seuls les
résultats l'hypnotisent. Comme si 200 ans d'oppression coloniale ne
laissaient pas de traces. Vadeboncœur, lui, cherche à comprendre. Ni
hautain, ni méprisant, ni cynique comme le reste de la *gang*.

Ainsi, l'idée d'indépendance s'imposera d'elle-même, comme
nécessaire, conséquence inévitable d'une démarche philosophique
englobante. L'indépendance, non comme un *a priori* idéologique,

mais simplement comme l'aboutissement, dans le domaine politique, d'une problématique plus vaste, celle de la liberté.

Et 30 ans plus tard, l'analyse reste valable. Les acteurs ont changé, mais les problèmes de fond demeurent. Le pouvoir de l'Église s'est écroulé, mais la publicité et les médias, courroies de transmission du pouvoir, ont pris la relève. La ligne du risque est toujours nécessaire.

«Nous avons besoin de toutes les idées qu'il nous sera possible d'inventer ou de transmettre. Nous avons surtout besoin de surprises, de hardiesses, de révoltes, de franchise, d'ironie, d'humour, de passion et que tout cela sorte pêle-mêle de nous, et dans un temps record.»

«... la nécessité de faire souffler sur le Québec un ouragan de liberté.»

Si vous êtes fatigués de la Mc-pensée des petits faiseux de *Voir* (sauf Privet, bien entendu) ou d'ailleurs, garrochez-vous sur Vadeboncœur. C'est un peu toffe à lire, mais y a du jus. Après, vous dévaliserez les librairies d'échange pour trouver *L'Autorité du peuple, Lettres et Colères, Indépendances, Gouverner ou disparaître, Trois Essais sur l'insignifiance*, et les autres. Vous vous sentirez plus intelligents. Vadeboncœur, c'est une mine d'or.

QUÉBEC – PORTO RICO

Lettre parue dans Le Devoir *en janvier 1993 qui m'aura permis de rencontrer une femme merveilleuse, la politicologue Josée Legault. Je l'avais insultée dans le journal. Lors d'un lancement quelconque, elle s'est présentée à moi, très directe mais sans agressivité. «Monsieur Falardeau, vous n'avez rien compris.» On s'est mis à discuter. On s'est tout de suite bien entendus. Quelques mois plus tard, connaissant mon amour assez particulier pour le Beaver Club, elle m'a invité au Ritz pour prendre le thé et manger des «petites sandwiches au cocombre». J'avais l'air d'un Papou dans le rayon des parfums chez Eaton. «On y croise assez souvent Pierre Elliott ou Mordecaï Richler.» C'est vraiment à chier comme endroit, diraient les Français. Pauvres bourgeois! Comment font-ils pour aimer ça? De toute façon, on a bien rigolé. Dans le ventre de la bête. Josée Legault est une des universitaires les plus brillantes du Québec. Il n'y en a pas beaucoup.*

En lisant l'article de Josée Legault et de Me Grey dans *Le Devoir* du 26 janvier, j'avais l'impression de regarder un téléroman larmoyant de Radio-Canada, assis sur un roman Harlequin double, un bol de soupe Habitant à la main. J'avais encore sur le cœur cette poutine bonne-ententiste «à l'ancienne, servie à la moderne» quand je suis tombé, un peu plus loin, sur une dépêche de France-Presse.

«Cent mille manifestants contre l'anglais, langue officielle à Porto Rico.»

Encore des massacreurs de minorités. Des barbares. Des ignares qui refusent de s'ouvrir sur le monde. Des séparatisses sans doute qui veulent ériger un mur autour de leur pays. Des intolérants. Des extrémistes. Des purs et durs qui refusent le progrès et la belle civilisation d'Elvis Presley et de Madonna. Des réactionnaires. Des frileux. Des pure laine. Des tricotés serrés. Des nationaleux. Des repliés sur eux-mêmes. Des dinosaures. Des fascistes qui crachent sur le pluralisme. Des nazis, sûrement, partisans de lois tatillonnes qui briment les droits individuels et la liberté d'expression de la pauvre minorité américaine blanche et anglophone. Halte au génocide. Dénonçons ces tentatives de purification ethnique, ces crimes contre l'humanité. Non à ce complot ourdi par la Sociedad San Juan Baptista, sans doute aidée de nostalgiques de Lionel Groulx.

Comment ces pauvres Américains opprimés pourront-ils survivre sans affiches bilingues sur les routes, les plages et les pistes de ski ? Réclamons un blocus de l'ONU. Envoyons des observateurs européens dans l'île. Bombardons San Juan.

Mordecai Esther, Lysiane, à vos plumes ! Fondons nos ordinateurs et montons aux barricades pour la défense de la civilisation.

UNE THÈSE EN JELL-O

Une magnifique photo de Pierre Elliott rigolant avec Mordecaï Richler à l'ouverture de la saison de baseball au Stade ornait l'article lors de sa publication dans Lectures *en mai 1995.*

Il s'agit d'une simple analyse d'un livre sur Richler. Depuis deux ou trois ans, quelques idées m'étaient restées en travers de la gorge. Il y a longtemps que j'attendais l'occasion d'intervenir dans le débat, plus exactement depuis la publication de la thèse de doctorat d'Esther Delisle, qui ressemblait plus à un devoir raté de cinquième année B qu'à un travail universitaire. Le problème est que, la plupart du temps, il n'y a pas de tribune. Alors, on ronge son frein en lisant les journalistes pleins de marde qui reprennent en chœur les grossièretés de la petite dame. On attend. Alors, voici.

«Ceux qui pensent en rond ont les idées courbes.»
Léo Ferré

«Le mensonge qui n'est plus contredit devient folie.»
Guy Debord

Sur la couverture du livre, un dessin de Mordecai Richler. Visage vert, cheveux rouges, lèvres mauves. Pourquoi ? Au bout de 100 pages, j'ai compris. J'avais moi aussi le visage vert et les lèvres mauves, comme le héros de Mme Nadia Khouri. Je me suis arrêté à la page 115.

J'étais au bord de la dépression nerveuse. Au bord du suicide. Mordecai, sourire en coin, continuait à me fixer avec son air de courgette pas très fraîche.

«Qui a peur de Mordecai Richler ?» nous demande Nadia Khouri. Pas moi, en tout cas. Je le trouve plutôt sympathique, le bonhomme. Un peu tarte, je l'avoue, mais quand même courageux. Ce qui est déjà quelque chose. Et il rigole. C'est plutôt bon signe, non? En plus, il ose dire tout haut ce que tous nos ennemis pensent tout bas. Ce qui en fait notre meilleur allié par défaut. Par contre, j'ai une peur panique de Mme Khouri.

L'Association québécoise de médecine publique devrait classer le livre de Mme Khouri «maladie à déclaration obligatoire» avant qu'un accident grave ne se produise, avant qu'un lecteur vaincu, à bout de forces, ne se jette en bas du troisième étage. L'Association québécoise de la santé mentale devrait faire interdire le livre de la chère dame, tout simplement. (Il faudrait peut-être plutôt refiler le problème à l'Association canadienne, sinon la bonne femme Khouri va crier au complot nationaliste et par extension à la conspiration antisémite, au racisme, aux chambres à gaz et aux camps d'extermination.)

Pourtant, Mario Roy, de Power Corporation, a consacré au livre la première page en entier du cahier littéraire de *La Presse*. À rendre malade. Pourquoi une telle promotion de l'entreprise de cruauté mentale de mame Khouri? À *La Presse*, ils sont probablement immunisés contre ce genre de maladie. Ils se vaccinent chaque jour en s'injectant une dose de Dubuc, un *fix* de Marcel Adam, une petite *shot* de Lysiane Gagnon. Vaccinés à la pensée réactionnaire. Prêts à aimer n'importe quoi.

Il y a donc dans cette histoire le journaliste complice. Puis les autres, le bon gros journaliste, courroie de transmission, qui feuillette rapidement, qui lit à la va-vite et conclut à «une pensée profonde et articulée» parce que la quatrième de couverture raconte que la bonne dame a étudié à Alexandrie, en Europe, à Montréal, qu'elle a un doctorat de McGill, qu'elle enseigne la philo à Dawson. Mais Elvis Gratton, même avec 15 doctorats, ça reste Elvis Gratton. C'est bouché. Bouché. Bouché. Bouché. Bouché par les deux bouts comme Elvis Khouri. Un doctorat, fût-il de McGill, n'est pas une preuve d'intelligence.

Attaquer le livre de Nadia Khouri, c'est comme attaquer un himalaya de jell-o aux fraises avec des baguettes chinoises. Par où commencer? J'ai l'impression de marcher dans 20 tonnes de poutine au pain, de nager dans une mer de bouillie pour les chats. J'ai l'impression de relire *Bouvard et Pécuchet* de Flaubert avec en prime son *Dictionnaire des idées reçues*, mais comme si Flaubert s'était pris au sérieux. Ce que certains journalistes, tel Richard Martineau, ont pris pour une «pensée profonde et articulée» n'est qu'une espèce de sottisier paroissial à mi-chemin entre le programme électoral du Equality Party et les brochures d'Alliance Kwébec, agrémenté d'une bonne dose de Bill Johnson, le subtil chroniqueur de la *Gazette*. Du *delirium tremens* aigu doublé d'une crise d'hystérie paranoïaque typique des gens éduqués à McGill.

La thèse de mame Khouri est la suivante : le nationalisme québécois est une idéologie tribale, archaïque, dépassée, rétrograde, primitive, barbare, raciste, anti-Anglais, xénophobe, antisémite, etc. Le ronron habituel, quoi ! La même vieille toune usée qui va de Trudeau à Richler depuis maintenant 235 ans. Et certains trouvent ça « nouveau, profond et articulé »...

La figure centrale de la thèse en jell-o de la chère dame est le bonhomme Sept Heures en personne, Lionel Groulx. Lionel Groulx, que personne n'a lu, qu'on transforme en épouvantail à moineaux encore une fois. Elle en fait une fixation, la brave dame. Elle le voit dans sa soupe, le vieil abbé. Elle le sent dans les chansons de Bigras. Elle le devine dans les textes de Foglia. Elle le repère même dans la pensée insipide de Robert Bourassa. Quelle profondeur d'analyse. Parlant d'analyse, elle devrait peut-être s'en payer une analyse, la dadame.

Le procédé de Nadia Khouri, c'est le glissement progressif et l'amalgame comme chez Richler et Esther Delisle. On commence d'abord par dire que Lionel Groulx avait une pensée cléricale de droite. Toute une découverte. Mais à quoi vous attendiez-vous de la part d'un petit curé né au siècle dernier ? À ce qu'il ait été maoïste ou partisan du massage suédois ? À ce qu'il ait défendu l'acupuncture ou la pédophilie ? À ce qu'il ait milité pour les bébés phoques ? À ce qu'il se soit habillé en *punk*? Non, le bonhomme portait une soutane noire avec un ceinturon violet. Il était chanoine. Il disait sa messe tous les matins et lisait son bréviaire. Et on va maintenant lui reprocher d'avoir une pensée cléricale ?

En élevant une statue au frère Marie-Victorin, le gouvernement cubain voulait-il célébrer la pensée cléricale d'un petit frère à soutane ou souligner la contribution scientifique d'un Québécois à la connaissance de la flore cubaine ? Et quand je consulte ce monument qu'est *La Flore laurentienne*, je me crisse bien de savoir si Marie-Victorin était à droite ou à gauche. Mendel aussi portait une soutane. Et son orientation sexuelle ne m'intéresse pas. Aimait-il les Juifs, les grosses, les blonds ou la soupe aux pois ? Il a quand même découvert les lois de l'hérédité. L'important est là, non ! Dans ses recherches sur la génétique. Pas dans sa soutane.

Groulx aimait-il ou n'aimait-il pas les Juifs ? Je m'en sacre comme de l'an 40. On discute depuis des années sur le nombre de lignes écrites là-dessus par Groulx durant sa vie. Dix lignes, 20 lignes, 3 lignes ? *So fucking what!* Cet homme a écrit des dizaines de milliers de pages et cela n'a absolument rien à voir avec l'antisémitisme ou le racisme. Rien du tout. La preuve ? Lisez par vous-même. Arrêtez de répéter les bêtises des journalistes et lisez le deuxième tome de l'*Histoire du Canada français*. Vous verrez bien.

Cet homme était un immense savant. Avec ses qualités et aussi ses limites. Avec parfois des éclairs de génie. Avec parfois de bien petites mesquineries. Il écrit de façon magistrale. Mais le plus impressionnant, c'est sa hauteur de vues.

Ce qui dérange tous ces critiques, ce n'est pas le supposé antisémitisme de Groulx mais son analyse anti-colonialiste et anti-impérialiste qu'ils essaient de faire passer pour du racisme. On a tenté la même chose aux États-Unis avec Malcolm X. Ces gens-là sont tout simplement des hypocrites. S'ils s'intéressaient réellement à l'antisémitisme, ils nous parleraient d'Adrien Arcand. Mais voilà, Arcand était fédéraliste! Ils nous parleraient aussi de l'antisémitisme de la hiérarchie catholique bonne-ententiste et fédéraliste mais opposée à Groulx. Ils nous parleraient de l'antisémitisme de McGill University, du Mount Royal Club, du Royal St. Lawrence Yacht Club. Ils nous parleraient de ces réfugiés juifs enfermés dans les camps du gouvernement fédéral avec les prisonniers de guerre nazis.

Non. Il faut démoniser Groulx, «ce pelé, ce galeux, d'où venait tout le mal». Il s'agit de réduire toute la pensée du bonhomme à ces quelques lignes. Cela s'appelle du réductionnisme.

Réductionnisme et glissement progressif. De la droite, on le fait passer à l'extrême droite comme si la hiérarchie catholique était à gauche. De l'extrême droite au fascisme. Puis, du fascisme au nazisme. Vous verrez, bientôt on le tiendra responsable de l'Holocauste. On lui attribuera le réchauffement de la planète ou le trou dans la couche d'ozone.

Dans ses mémoires, Groulx raconte qu'il a admiré Mussolini au début. Pendant un temps. Mais Gramsci aussi a admiré Mussolini. Lénine aussi. Cela fait-il de Gramsci un fasciste par association, lui qui a souffert dans les prisons fascistes? Si je lis cet autre livre majeur, *Capitalisme et Confédération* de Ryerson, suis-je stalinien par association? Pourtant, Ryerson et Groulx se rejoignent au-delà de la gauche et de la droite dans l'anti-colonialisme et l'anti-impérialisme.

Va-t-il falloir cesser de lire Aragon ou Pablo Neruda parce qu'ils ont été staliniens? et Einsenstein? et Theodorakis? Va-t-il falloir bannir les tableaux de Siqueiros?

Suis-je trotskiste parce que je lis *Mon journal* de Trotski? Suis-je aux p'tits gars quand je lis Gide? Suis-je antisémite si le lis du Céline ou si j'écoute du Mahler? Et si j'écoute du *rap*? Et si je regarde *Malcolm X* de Spike Lee? Spike Lee serait-il un militant nazi américain qui s'ignore?

Dans la pensée en jell-o de Mme Khouri, oui. Tous coupables. Par association. Comme dans la pensée de ce douanier américain qui, en 1969, voulait m'arrêter parce que j'avais dans mon sac *Ainsi parlait Zarathoustra*. C'était, à ce qu'il m'avait expliqué, un philosophe nazi *because* le Surhomme. Il avait dû, ce sous-homme, étudier avec Mme Khouri à McGill, dans les livres de Richler et d'Esther Delisle.

Une pensée de chien policier de bon goût conforme. Une pensée de néo-maccarthyste du «politicorrect». Une pensée de mère supérieure non cléricale qui voudra tantôt interdire *De sang froid* de Truman Capote parce qu'il a dénoncé la mafia juive qui contrôle l'édition à New York.

Faudra-t-il aussi cesser de lire Jung qu'on accuse d'avoir analysé la mythologie allemande? Faudra-t-il interdire Marx parce qu'il fourrait sa bonne sur la table de cuisine? Brûler les livres de Mark Twain parce qu'il utilise le mot *Nigger* dans *Les Aventures de Huckleberry Finn*? Détruire l'œuvre de Rodin pour sa conduite envers Camille Claudel? Cracher sur *La Nuit et l'Aube* d'Elie Wiesel parce qu'on dénonce le génocide palestinien?

En accusant Groulx de racisme parce qu'il écrit un roman (fort mauvais d'ailleurs) intitulé *L'Appel de la race*, vous montrez simplement votre ignorance ou votre mauvaise foi.

Dans *Qu'est-ce que la littérature?* Sartre explique bien l'évolution du mot *race* avant et après la Seconde Guerre mondiale. Cela, vous le savez ou vous l'ignorez? Churchill, après la victoire, quand il remercie la «grande race américaine», serait-il un groulxiste qui s'ignore? Hô Chi Minh, quand il parle de «la race vietnamienne», veut-il dire le peuple, ou n'est-il lui aussi qu'un vulgaire raciste? Devrait-on aussi pendre par les gosses pour crime contre l'humanité VLB parce qu'il a écrit un texte intitulé *Race de monde*?

Le sens des mots évolue, chère madame Khouri. Vous le savez? Les Patriotes de 1838 dans la déclaration d'indépendance, quand ils réclament «la liberté et l'égalité pour les sauvages», sont-ils des progressistes ou des racistes?

Je réclame, chère madame (et je m'adresse aussi à tous les journalistes haut-parleurs), le droit de lire tout ce qui me plaira. À gauche, à droite, au milieu, en dessus ou en dessous. Et puis, je ne réclame rien, chère madame. Je fais. Je lis. Je pense. Sans attendre votre autorisation. Et je vous pisse contre.

Vous dénoncez, mame Chose, le nationalisme québécois. Moi, je veux bien. Mais si le nationalisme est une chose horrible pour les Québécois, pourquoi ne le serait-il pas pour les Canadiens? À quand, madame Khouri, une dénonciation de tout le nationalisme et d'abord du vôtre, ce nationalisme des montagnes Rocheuses à la Trudeau?

Tout au cours de l'histoire, les gens de votre espèce ont dénoncé le nationalisme afro-américain. Pas un mot sur l'impérialisme *yankee.* Ils ont dénoncé le nationalisme irlandais sans jamais parler du nationalisme anglais. Ils ont dénoncé le nationalisme palestinien, jamais celui d'Israël. Toujours les mêmes. Toujours les petits. Les Québécois, les Basques, les Kurdes. Jamais les gros.

Arrêtez donc de nous prendre pour des valises. Depuis le temps, on commence à comprendre la gammick. Mais plusieurs ici sont plus lents que les autres. Leur complexe de culpabilité, ce trait profondément québécois, est ancré à jamais en eux par 200 ans de colonialisme. Ils croient toujours au bonhomme Sept Heures. Et ils s'excusent d'être. Continuellement.

Pour vous, le peuple québécois n'existe pas. « Nos griefs sont imaginaires ». Je regrette, mais les mains de ma mère et celles de mes tantes, couvertes de crevasses et de plaies purulentes à défaire les cotons de tabac pendant des années à l'Imperial Tobacco, c'est pas des griefs imaginaires. Je les ai vues. Et tous vos doctorats et vos analyses à la noix ne me convaincront jamais que j'ai rêvé.

Votre livre, chère madame, on le renverse comme un gant. C'est vide à l'intérieur. Des vessies pour des lanternes. Vous prétendez dénoncer le cléricalisme de droite. Mais vous, où êtes-vous ? Nulle part, sans doute. Vous vous présentez comme une observatrice neutre alors que vous puez la droite non cléricale. À côté de vous, Groulx a l'air d'un dangereux extrémiste de gauche.

Malheureusement, comme dirait l'autre, plus le mensonge est gros, plus il va s'imposer. Et demain, 10 chroniqueurs qui n'ont jamais lu une seule ligne de Groulx iront répéter vos âneries dans la caisse de résonance des médias. Et après-demain, 100, 1 000 nouveaux ânes naîtront, répétant le mensonge. Sans avoir lu une seule ligne.

Merci, Richler. Belle *job.*

LÈVE LA TÊTE, MON FRÈRE

Il s'agit du synopsis d'un film sur De Lorimier et les Patriotes de 1838. Pourtant, De Lorimier et les Patriotes n'y apparaissent pas. J'ai situé l'histoire en Pologne pour m'éviter des problèmes. D'abord avec des gens qui méprisent leur propre histoire : c'est tellement plus intéressant ailleurs. « Pas encore les raquettes pis le sirop d'érable. » Ensuite avec des gens que le politicorrèque et la peur de se faire taper sur les doigts empêchent de penser par eux-mêmes. Ce sont souvent les mêmes, d'ailleurs. Si ça se passe en Pologne, aucun problème. Si ça se passe ici, c'est plus problématique. Vaudrait mieux ne pas ressasser ces vieilles histoires. Vaudrait mieux fermer sa gueule. Finalement, ma productrice n'a pas aimé cette farce plate. « Quand ils vont découvrir la vérité, ils vont penser que tu voulais rire d'eux autres. » Moi ? Jamais. Je vous laisse donc sur cette farce plate. À vous de rétablir les faits de cette histoire vraie.

Slonimski c'est De Lorimier, Von Clotiz c'est Hindelang. Le texte date de décembre 1990 et le titre a été volé au père de l'indépendance algérienne, Ben Bella. Après l'indépendance, on a réuni dans un stade tous les petits cireurs de chaussures d'Alger et on a fait un immense feu avec les brosses, les guenilles, les boîtes de cirage. Ben Bella a prononcé un discours qui se terminait par « Lève la tête, mon frère. »

Je viens de déposer le scénario du film. C'est devenu 1838. Le film se fera-t-il ? Je l'ignore. Les fonctionnaires du Québec et du Canada responsables du financement des films branlent dans le manche. Ils se demandent où je veux en venir exactement. C'est pourtant tellement clair.

Après le soulèvement d'une partie de la Pologne en 1830, des dizaines de villages furent brûlés par les troupes russes d'occupation. Des centaines de patriotes furent emprisonnés. Les cours martiales prononcèrent 99 condamnations à mort.

Le 21 décembre 1830, deux patriotes sont pendus à la prison de Cracovie. Un mois plus tard, le 18 janvier 1831, quatre nouveaux condamnés sont exécutés. Le 15 février 1831, cinq autres Polonais monteront à l'échafaud.

On est au matin du 14 février. Antoni Slonimski, dans sa cellule, dort d'un sommeil agité. Il ouvre un œil paniqué, se redresse ; un mauvais rêve. Le même depuis des semaines. Il tombe dans un vide sans fond.

Il regarde à côté de lui, sur la paillasse, son camarade de cellule, le docteur Csartoryski qui dort profondément. Antoni se recouche et rêvasse en fixant le plafond. « Je suis encore en vie... Une journée de plus... » Il repense pour la millième fois à sa condamnation à mort. Il repense à ses 98 compagnons, condamnés comme lui. Il repense aux 6 martyrs des mois précédents morts sur l'échafaud pour avoir voulu libérer leur pays.

Les bruits de la prison qui se réveille le ramènent à la réalité. On gèle dans la cellule. Il se lève pour remettre en place le bout de guenille qui bouche la fenêtre cassée. Son compagnon se réveille à son tour, pour se plaindre, comme chaque matin depuis des mois. Antoni casse la glace qui s'est formée dans la bassine d'eau. Il se lave sommairement, juste pour dire. Puis va pisser dans un seau, dans le coin. « Saloperie. » Antoni saute sur place pour se réchauffer. Dans la chaleur de la paillasse, Vladimir Csartoryski continue de pleurnicher sur son sort.

La porte de la cellule s'ouvre. Deux soldats russes encadrent Josef, un Polonais, simple d'esprit qui vide les pots de chambre. Les sales *jobs* sont réservées aux Polonais. En refermant la porte de la cellule, un des deux soldats, Skobdev, glisse un bout de papier dans la main d'Antoni. Antoni attend que le groupe s'éloigne et déplie le billet. « Reçu 5 cercueils au cours de la nuit. » Pas 5 du coup, cette fois-ci. Pour qui ? Pour lui ? Pour lesquels de ses camarades ? Csartoryski est effondré. Agrippé aux barreaux, Antoni se hisse à la hauteur de la fenêtre et communique la nouvelle à ses compagnons de rangée. « Passez le message à ceux des autres étages. Aux gars de l'aile ouest aussi. »

La porte de la cellule s'ouvre de nouveau. Josef distribue du thé et du pain aux prisonniers. Antoni cherche Skobdev du regard. Leurs yeux se croisent. Skobdev confirme. On referme la porte à double tour. Antoni se réchauffe les mains sur son gobelet de thé brûlant. Il y trempe son pain par petits morceaux, avant de le manger. Il essaie de réfléchir. Son compagnon de cellule regrette cette insurrection mal préparée. Il n'était pas responsable. On l'a embarqué de force. C'était de la folie.

Antoni tente de réconforter son camarade. Rien n'y fait. L'autre continue d'étaler ses regrets. Antoni se fâche. Le silence s'établit dans la cellule. Antoni, fixant la vapeur qui s'échappe de son gobelet, n'arrive pas à se réchauffer.

Les portes s'ouvrent de nouveau. Il est 10 heures. Les hommes sortent dans le couloir. Huit cellules contiguës. Deux hommes par cellule. Seize prisonniers. Le couloir débouche sur une salle commune : un poêle à bois, une table, quelques bancs de bois adossés à la muraille. En petits groupes, les hommes discutent des cinq livraisons de la nuit. On fait du feu dans la truie. Tout le monde s'approche du poêle pour se réchauffer.

La discussion s'arrête. Le colonel Dimitri Paskievitch vient d'entrer dans la salle commune, suivi de Skobdev et d'un autre soldat. Sûr de ses effets, le colonel prend tout son temps. On sait pourquoi il est là. Il tient à la main des ordres de l'armée d'occupation. Chacun retient son souffle. Le colonel annonce l'exécution, demain à 9 heures, d'Antoni Slonimski et de Klaus Von Clotiz. Les deux hommes baissent les yeux. Pour Klaus, cela dure un instant. Il relève la tête presque instantanément et fixe le colonel d'un air de défi. Le première classe Skobdev regarde Antoni, l'air désolé. Hautain, Paskievitch tourne les talons et sort.

Les deux hommes sont sonnés. Autour d'eux, on ne sait trop comment réagir. On est tiraillé entre le soulagement et la peine. Soulagement d'avoir été épargné cette fois. Peine pour deux amis. Le silence est pesant. Lentement, on s'approche d'eux pour les réconforter. Von Clotiz se met à gueuler. Pourquoi ces gueules d'enterrement ? Surtout devant ces pourritures de Russes. Von Clotiz en rajoute. Faire le fanfaron, c'est sa façon à lui de cacher son angoisse. Antoni, lui, est plus calme. Malgré tout, les autres ressentent son trouble. Il voudrait être seul. Il se retire dans sa cellule.

Dans la salle commune, par la fenêtre, on essaie de rejoindre les gars du premier étage, puis ceux du troisième. On annonce les noms des deux condamnés. Au troisième, personne. Au premier, Adam Mickiewicz. Par les gars de l'aile ouest, on apprend que les Russes ont choisi chez eux le jeune Julius Slowacki. Dans l'aile sud, il y a Krasinski, un instituteur de 42 ans. Aucun condamné dans l'aile de l'est. C'est tout ?

Assis sur sa paillasse, dans sa cellule, Antoni est prostré. Les yeux clos, le menton calé dans les paumes des mains, il ne bouge pas.

Carol Olszewski, le compagnon de cellule de Von Clotiz, est hors de lui. Julius Slowacki, le condamné de l'aile ouest, est un ami d'enfance. Ils ont grandi ensemble. Ils se sont battus ensemble. Von Clotiz tente de le calmer. Carol parle de son ami. C'est un orphelin. Il a 20 ans. Il était cultivateur. Trois ans plus tôt, après l'insurrection de 1828, il avait été acquitté par un jury polonais. Il s'est battu de nouveau en 1830 puis a été condamné à mort pour haute trahison. Il est arrivé à la prison de Cracovie le 18 janvier, le jour des premières exécutions. Il est passé sous le gibet souillé du sang de Miezko. L'image s'est imprimée dans son cerveau. Depuis ce temps, il n'arrive plus à dormir. Julius est seul au monde. Sans femme, sans enfants, sans parents. Mais Carol se rend bientôt compte de l'horreur de la situation; c'est Von Clotiz, lui-même condamné, qui le console. Carol s'excuse.

Dans la salle commune, le jeune Marian Smolvidowski tire sur une ficelle attachée aux barreaux qui pend à l'extérieur. C'est le réfrigérateur des prisonniers. Sur la ficelle, on a enfilé des côtelettes de porc. On met à dégeler quelques morceaux. On remet le reste à l'extérieur. Chacun s'occupe comme il peut. On bourre le poêle. On reprise son linge. L'un d'eux fait des croquis de la vie quotidienne, des portraits des condamnés. L'autre joue de la flûte, un instrument tout simple creusé dans un roseau. Le docteur Csartoryski s'approche du jeune Marian pour lui donner un coup de main. Les deux hommes pèlent des pommes de terre et des navets. Le docteur se dit incapable de passer la nuit en présence d'un condamné à mort. Il demande à Marian de changer de cellule avec lui. Marian se ferait couper un bras pour son chef. Ne l'a-t-il pas suivi envers et contre tous dans cette insurrection ratée ? Il demande à réfléchir.

Antoni est toujours assis sur sa paillasse. Il n'a pas bougé. Il ne bouge toujours pas. Marian vient lui porter son dîner. Discret, il reste dans la porte à fixer son chef, les yeux clos. Sentant l'inutilité de son geste, il retourne dans la salle commune, son plat à la main. Antoni ouvre les yeux et fixe le mur.

Dans la salle commune, la sentinelle ouvre le vasistas. C'est Skobdev. Il demande à voir Slonimski. Vite. On avertit Antoni. La conversation s'engage d'un côté à l'autre de la porte. L'autre gardien est sorti quelques instants. Skobdev demande à Antoni de lui pardonner. Ce n'est pas de sa faute à lui. On l'a enrôlé de force. Il est russe, d'accord, mais c'est un paysan comme eux. Il déteste cette guerre. Il comprend les Polonais qui luttent contre un pouvoir oppressif. Un pouvoir qui l'opprime lui aussi. Mais il faut survivre. Antoni lui répond qu'il comprend. Sans plus.

Dans la salle commune, tout le monde a suivi la conversation. On mange en silence, rapidement, par respect. Antoni retourne dans sa cellule. Marian revient avec le repas d'Antoni. Celui-ci refuse de manger. À quoi bon ! Marian n'insiste pas. La conversation s'engage sur Skobdev, sur les Russes, sur les responsabilités individuelles.

Dans la salle commune, après le repas, la même discussion reprend sur les Russes, l'oppression, les responsabilités de chacun. Et sur les Polonais complices. On attaque Josef, le simple d'esprit. Von Clotiz prend la défense du débile. Il tape fort du poing sur la table.

Antoni demande à Marian les noms des autres condamnés. Il les connaît bien, sauf Mickiewicz. Marian le met au courant. Il était peintre en bâtiment. Il a 33 ans. Il est manchot. Il a appris en prison la mort de sa femme. Qui va élever ses 3 enfants s'il meurt à son tour ? Cette pensée le rend fou. Antoni sursaute : il a 2 petites filles.

Dans la salle commune, on s'occupe comme on peut. Certains lisent. D'autres jouent aux cartes, mais le cœur n'y est pas. Dans un coin, un groupe s'amuse à des jeux d'adresse : saut en longueur à pieds joints, saut en hauteur, sur place. Von Clotiz est le plus bruyant. Les autres embarquent dans son jeu.

Marian raconte à Antoni la demande du docteur Csartoryski. Tout le monde est au courant des aveux du docteur qui ont permis aux Russes de condamner un certain nombre de patriotes. Antoni refuse de juger : même les plus forts risquent un jour de craquer. C'est humain. Point. Malgré tout, Antoni est heureux que Marian vienne s'installer dans sa cellule. Dehors, on entend les Russes réparer l'échafaud. Coups de marteau, cris, bruit des scies, chants russes.

Grimpé à la fenêtre de la salle commune, agrippé aux barreaux, un homme décrit les travaux à ses camarades. «Y chantent... ces bâtards-là...» L'un des hommes se choque. Il saute à son tour à la fenêtre et se met à gueuler des insultes. On lui répond avec des rires et des insultes en russe.

Dans sa cellule, étendu sur son lit, les mains derrière la tête, Klaus raconte son village en Suisse à son compagnon de cellule. La centaine de pommiers plantés il y a cinq ans. Le printemps qu'il rêvait de voir, qu'il ne verra jamais. Le vieux Jean, son voisin, avec ses vaches, des charolaises. Le jardin de la vieille Mme Champenois avec son chignon blanc et son chien aussi vieux qu'elle. Tout ce qu'il laisse, ce sont ses pommiers. Qui va s'occuper de ses arbres ?

Le docteur Csartoryski finit de paqueter ses affaires. Marian s'installe à sa place. On appelle Slonimski. Sa femme vient d'arriver. L'accompagnent sa sœur, un cousin et une cousine. Antoni et Anna tombent dans les bras l'un de l'autre. Anna est inconsolable. Les autres prisonniers baissent la voix, détournent les yeux par pudeur. Antoni entraîne sa femme et les autres dans le couloir. Les quelques prisonniers qui s'y trouvent rejoignent les autres dans la salle commune. Antoni serre sa femme dans ses bras, l'embrasse sur les yeux, le front, les cheveux. Elle a appris la nouvelle ce matin. Elle s'est précipitée chez le gouverneur russe. Elle a vu sa femme, s'est jetée à ses genoux. Antoni est choqué. On ne va pas pleurer aux pieds de l'ennemi. Malgré tout, il tente de consoler sa femme.

Marian sort de la cellule, laissant là ses affaires. Antoni y entraîne sa femme. Il la serre de nouveau dans ses bras. Ils ne parlent plus, se contentant de jouir de cet instant de bonheur, de douceur, de chaleur.

Dans le corridor, Von Clotiz interroge les femmes sur la situation à l'extérieur. Les Polonais courbent la tête pour l'instant. Ils attendent que la tempête passe. Le haut clergé polonais se range du côté de l'occupant russe. Respect absolu de l'autorité de Dieu. Le bas clergé a pris son trou. En général, dans les paroisses, les prêtres se sont rangés du côté du peuple, mais sans encourager explicitement la révolte. L'opinion russe et les collaborateurs polonais sont déchaînés. La presse réclame chaque jour sa dose de sang polonais. Dans les campagnes, c'est la misère. Dans les villages brûlés par les Russes en guise de représailles, c'est le chaos le plus total. Certains Polonais reprochent aux insurgés d'avoir attiré la violence de l'occupant sur le peuple polonais. Von Clotiz explose : des lâches, un peuple de lâches. «Celui qui porte le joug sans se révolter mérite de porter le joug.»

Dans la cellule, dans «leur» cellule, Anna et Antoni parlent peu. Des banalités. Anna s'assoit sur la paillasse. À genoux devant elle, lui tenant les mains, Antoni l'écoute. La plus petite a été malade, mais tout va bien. Elle commence à marcher. Elle court partout, elle grimpe, une vraie peste. La plus vieille s'ennuie. Elle lui a fait un dessin. Elle commence à lire et à écrire. Antoni déroule la feuille de papier. Ça représente un aigle dans le ciel. Y a des nuages, un soleil à tout péter et un arc-en-ciel. «Mon cher petit papa, reviens vite, vite, vite. Je t'aime gros comme le ciel.»

Dans la salle commune, les gars passent le temps. Ils s'occupent comme ils peuvent : lavage, discussions, gossage de bois. Deux gars s'engueulent. Les autres viennent les séparer. De l'extérieur, on appelle Carol Olszewski. Carol grimpe à la fenêtre. C'est son ami Julius qui l'appelle depuis une des fenêtres de l'aile ouest. Une conversation criée s'engage entre les deux hommes, malgré les barreaux. «J'ai peur, Carol. Atrocement peur. J'sais pas si j'vas être capable de passer à travers.» Mais quoi répondre à la détresse d'un ami ? «Courage.» «Si t'en réchappes, tu t'occuperas de mes abeilles. En fouillant dans ma chambre, tu trouveras un livre sur l'élevage des abeilles, il appartient au vieux Andreï, tu lui remettras. Y a d'l'argent caché sous une planche, au pied du lit. Avec, tu remettras à Joan une livre de tabac que je lui dois. Garde le reste. Ensuite, tu récupéreras mon fusil de chasse chez Lech. Je te le donne. Prends-en soin. Ah oui... aussi... ch'sais pas comment dire ça... J'ai jamais osé... Mais au point où j'en suis. Tu diras à ta sœur que je l'aime bien. Quoi ? Elle aussi...»

Dans leur cellule, Antoni et Anna ne parlent plus. Anna tient la tête d'Antoni sur ses genoux. Elle glisse sa main dans ses beaux cheveux noirs. Sans fin. En regardant ce visage si doux. Antoni garde les yeux fermés. La main d'Anna descend sur son front. Elle effleure le nez, les lèvres, les joues. Et ce cou. Ce cou. Une larme perle sur les yeux d'Anna.

Dans le couloir, un détenu invite les parents d'Antoni à venir partager le repas d'adieu qu'on organise pour les condamnés. Ils se joignent aux autres dans la salle commune. On finit de verser le vin. Chacun prend sa place autour de la grande table. Deux places demeurent libres pour l'instant : celles d'Antoni et d'Anna. Von Clotiz préside le banquet. Un discours politique résumant 80 ans d'occupation russe. «Ce sont les vainqueurs qui écrivent l'histoire.» Il termine en levant son verre. «Un autre que les Russes n'auront pas.»

Anna et Antoni marchent de long en large dans le couloir, en se tenant par la taille. «Tu te rappelles le pique-nique en juillet sur le bord de la Vistule, au début de notre mariage ? La chaleur du soleil, la fraîcheur de l'eau, la douceur du vent. Et ton corps... magnifique.»

Autour de la table, l'atmosphère est très lourde. Seul Von Clotiz s'agite. Il en fait trop. Sa joie sonne faux. Il entonne une chanson paillarde. Et ça éclate. Trop de tension retenue. Von Clotiz est content. Il a réussi à dégeler ses amis.

Un groupe d'étrangers pénètre dans la salle commune. Il y a là deux officiers russes et quelques civils un peu mal à l'aise. Von Clotiz glisse à l'oreille de son voisin : «Le p'tit gros au bout, c'est un journaliste russe de Varsovie, un salaud.» Ça chante à qui mieux mieux. Les journalistes ne comprennent pas très bien. Qu'est-ce que c'est que cette mascarade ? On leur désigne le condamné qui préside l'assemblée, et l'autre assis par terre avec sa femme au bout du couloir. Von Clotiz propose à l'assemblée de lever un verre à la libération du pays bien-aimé. On va chercher Slonimski et sa femme. Slonimski lève son verre. Il n'a pas le sourire un peu figé des autres, mais il est très digne. Il dit quelques mots, puis se retire dans sa cellule à nouveau. Les journalistes abasourdis sortent à leur tour.

Dans la cellule, Anna et Antoni sont enlacés tendrement. Anna est en larmes. Elle refuse d'accepter la mort de son homme. C'est horrible. C'est injuste. Antoni lui demande d'être forte, de ne pas lui compliquer la tâche.

On finit de ranger dans la salle commune. Le geôlier et deux soldats ouvrent la porte. «C'est l'heure.» Tout le monde doit regagner sa cellule. Il est huit heures. Par exception, les visiteurs, les deux condamnés et leurs deux compagnons pourront circuler hors de leurs cellules jusqu'à 10 heures. Le geôlier enferme les prisonniers pour la nuit et se retire.

Antoni demande à sa femme de lui pardonner. Elle doit vivre. Pour elle-même. Pour leurs deux filles. En mémoire de son combat, de son amour pour elle, il lui demande de ne pas se laisser aller. Elle est encore jeune. Elle doit refaire sa vie. Anna fond en larmes de nouveau.

Dans la salle commune, Von Clotiz marche de long en large, en silence. Carol le regarde marcher. Les deux visiteuses dans un coin semblent épuisées. Le cousin ne dit rien, lui non plus. La porte s'ouvre. C'est le prêtre. On lui annonce que Slonimski est avec sa femme. Il discute avec Von Clotiz, lui offre son aide. Poliment mais fermement, Von Clotiz refuse. Il a été élevé dans la religion protestante, mais il est incroyant. Les deux hommes fraternisent néanmoins. Le geôlier entre avec les deux soldats. Il est 10 heures. «La visite est terminée.» Le cousin s'offre pour avertir Slonimski. Avec les deux femmes, il se présente en tremblant à la porte de la cellule d'Antoni. Hurlement. Non! On vient de déchirer l'âme d'Anna. Elle s'accroche à son mari de toute sa force. Antoni essaie de se dégager. Les deux femmes essaient de lui parler. Le prêtre aussi. Anna est devenue hurlement. Elle s'écroule, sans connaissance. On tente de la ranimer. Antoni propose au cousin de partir, d'amener Anna avec lui pendant qu'elle est encore inconsciente. «Faites ça pour moi.»

Le cousin sort avec Anna dans les bras, aidé du prêtre. Antoni embrasse les visiteuses. «Le plus dur est fait. Prenez soin de ma femme et de mes enfants. Adieu. Soyez courageuses.» Les deux femmes sortent. Le geôlier referme la porte de la cellule.

Antoni et Marian se retrouvent seuls, enfermés pour la nuit. Antoni peut enfin se laisser aller. La tête sur la porte, il sanglote doucement. Il rassure Marian. Tout va bien. C'est seulement toute cette pression depuis des heures. Non, il ne craint plus la mort. Son idée est faite depuis un certain temps. Toutes ces semaines à attendre ont renforcé son esprit. De toute façon, tout le monde doit y passer un jour. Aucun regret, sinon de ne pas avoir réussi à battre les Russes. Mais un jour viendra... Sa seule hantise, le sort de sa femme et de ses filles.

Dans l'autre cellule, Von Clotiz se sent glacé. Il a perdu son air fanfaron. Il a froid. Ça doit être ça au fond, la mort. C'est le froid. Ah! un corps de femme, un feu, le soleil. Ça fait mal, tu crois, la corde? On gèle ici. Il marche dans la cellule avec sa couverture. Il a froid jusque dans les os. Y a des moments, j'ai peur. Mais on n'a pas le droit de montrer ça à ces saloperies de Russes.

Le prêtre revient avec le geôlier. Marian sort de la cellule pour les laisser seuls. Le geôlier le laisse dans le corridor. Antoni et le prêtre discutent. «Parlez-moi de la mort mon père. Parlez-moi de Dieu. Du ciel.» Le prêtre essaie du mieux qu'il peut de rassurer Slonimski. C'est facile. Il est très serein. Puis, Antoni s'agenouille. Il demande à se confesser. Le prêtre lui donne l'absolution.

Dans le corridor, Marian s'approche de la cellule du fond. On l'appelle doucement. Les gars veulent avoir des nouvelles. «Comment il va? Il tient le coup?»

Le prêtre s'est agenouillé à côté d'Antoni. Ensemble ils prient. Les deux hommes se relèvent. Ils se serrent les épaules. Le prêtre appelle le geôlier. On le fait sortir. Marian reprend sa place. Il n'ose pas parler. C'est Antoni qui prend la parole. «Tu peux dormir...» «Non, j'aime mieux veiller avec vous.» Antoni lui parle de ses deux filles. Les deux plus beaux enfants du monde. Et de leur mère... Marian interroge maintenant Antoni. Sa jeunesse, son mariage, son idéal, sa famille. Antoni se laisse porter. Il évoque sa vie de bon cœur. Avec nostalgie.

Dans l'autre cellule, Von Clotiz parle de son statut d'étranger, de pourquoi il s'est embarqué avec les Polonais. Il se demande ce qu'il aura laissé sur cette Terre finalement. Qui se souviendra de lui. «Ah oui! Josef, le débile, le videur de pots de chambre. N'oublie pas, Carol, tu lui remettras mes bottes et mon manteau. C'est tout c'qu'y a de bon. Le reste... c'est usé à la corde. Tu lui diras que je l'aimais bien.»

Dans sa cellule, Antoni demande : «Si tu survis, Marian, tu diras aux autres que je suis mort dignement. Maintenant, laisse-moi. J'aimerais écrire.»

Marian s'étend sur la paillasse, enroulé dans sa couverture. Il n'a pas sommeil. Il regarde Antoni qui écrit à la lumière d'une bougie.

«Je meurs sans remords, je ne désirais que le bien de mon pays dans l'insurrection et l'indépendance... Je laisse des enfants qui n'ont pour héritage que le souvenir de mes malheurs... Le crime de votre père est dans l'irréussite... Quant à vous, mes compatriotes, mon exécution et celle de mes compagnons d'échafaud vous seront utiles. Puissent-elles vous démontrer ce que vous devez attendre du gouvernement russe... Je n'ai plus que quelques heures à vivre...»

Après avoir écrit son testament politique, Antoni écrit une dernière lettre à sa femme et termine ainsi :

«Sois donc heureuse, ma chère et pauvre femme, ainsi que mes chers petits enfants, c'est le vœu le plus ardent de mon âme.

Adieu ma tendre femme, encore une fois adieu : vis et sois heureuse.

Ton malheureux mari.

Antoni Slonimski»

Tout ce temps-là, Marian, incapable de dormir, regarde son ami écrire. Puis, Antoni s'étend sur la paillasse sur le dos. Marian fait semblant de dormir. Il ouvre un œil. Antoni a l'air serein. Les yeux fermés, dort-il ? Peut-être. Marian le veille. Il doit être quatre heures du matin. Plus que quelques heures...

Dans l'autre cellule, ça ne dort pas. Von Clotiz marche de long en large. Il s'arrête, s'étend quelques instants, se relève, marche encore, se recouche. Il ne tient pas en place.

Marian ne dort pas. Il veille son camarade, à côté de lui. Antoni ouvre un œil. Les deux hommes se regardent. La porte de la cellule s'ouvre, c'est Josef. Marian se précipite pour lui remettre le seau hygiénique.

Skobdev est de service, mais étrangement il regarde ses chaussures ce matin. On referme la porte. Antoni se lève à son tour et commence sa toilette. Marian s'offre pour l'aider. «Si tu veux.» Marian lui fait la barbe. Il s'applique. Il aide ensuite Antoni à s'habiller. Au moment de nouer sa cravate, Antoni lui dit avec un petit sourire : «Laisse de la place pour la corde.» Le prêtre arrive pour lui administrer l'extrême-onction. Après avoir communié, Antoni sort de sa cellule et va rejoindre les autres dans la salle commune.

Antoni demande à tous de prier avec lui. Tout le monde s'agenouille. Pendant la prière, Von Clotiz se joint au groupe mais il reste debout, tête baissée en signe de respect. Ensuite, on sert du thé. Ça ne parle pas fort dans la salle. Puis, les deux hommes se coupent des mèches de cheveux pour les donner à leurs compagnons d'infortune.

À 8 h 45, le geôlier arrive, suivi de quelques officiers et d'un certain nombre de soldats. «Je suis prêt.» Avec Klaus, Antoni embrasse chacun des gars qui sont là. Il s'attarde un peu plus longuement avec Marian. «Tu leur diras que je suis mort comme un homme.» Le cortège se met en marche dans la prison.

C'est Skobdev qui encadre Antoni. Tout le long du trajet, il lui demande pardon. Et tout le long du trajet, Von Clotiz crie des insultes aux Russes. Il parle à tous ses compatriotes de la prison. Bientôt se joignent à eux les trois autres condamnés. Krasinski, l'instituteur, est très digne. Mickiewicz, le manchot, ne se laisse pas bousculer, il résiste, donne des coups de pied. Julius Slowacki est mal en point. Il est blanc comme un drap. Ses jambes ne le portent pas. Son visage est paniqué. Les soldats le soulèvent par les épaules pour le faire avancer. Antoni leur hurle d'attendre. Il veut s'entretenir avec Julius. «Tu n'as pas le droit de faire ça devant les Russes. Tu dois leur montrer qu'un Polonais sait mourir. Lève la tête, mon frère.» Julius reprend ses esprits. Il trouve la force de marcher. Il est mal assuré, mais il marche. Seul.

Dans la salle commune de l'aile nord, un des détenus, accroché aux grilles de la fenêtre, tend un miroir vers l'extérieur. Il décrit la scène aux autres. Il neige. Les cinq hommes grimpent les marches de l'échafaud. Dans la salle, les gars se sont agenouillés, ils entonnent le *De Profundis* accompagnés par le joueur de flûte.

Dans la foule massée en face de la prison, les colons russes hurlent de plaisir quand on passe au cou des condamnés la corde du supplice. On attache à chacun les mains dans le dos, sauf à Mickiewicz le manchot. Les Polonais, eux, regardent avec effroi leurs compatriotes. Von Clotiz harangue la foule sous les huées des Russes. Anna Slonimski, appuyée sur sa cousine, n'a d'yeux que pour un seul homme. Le monde autour d'elle a cessé d'exister. Von Clotiz hurle : « Vive la liberté ! Vive l'indépendance ! » Et le monde bascule. Le beau visage d'Anna Slonimski se déforme, se défait. Elle se déchire en une plainte animale. La foule des Russes applaudit à tout rompre.

Et soudain. Soudain, avec l'énergie du désespoir, Adam Mickiewicz, de sa seule main valide, s'accroche à la corde. Un soldat russe, à coups de crosse, frappe la main du Polonais pour le faire lâcher prise. Il frappe, frappe et frappe encore. Adam lâche la corde. Puis, se reprend. Cette fois-ci, ils se mettent à deux.

Dans la salle commune, les gars chantent plus fort. Ils n'ont que les mots de leur chanson pour comprendre une tragédie reflétée dans un miroir craqué.

Le visage d'Anna est devenu toute la douleur du monde.

Salut, Jérémie

Lettre à mon p'tit dernier, publiée chez Stanké dans Trente Lettres *pour un oui en septembre 1995.*

Salut, Jérémie,

On se voit pas très souvent. Je suis toujours à courir à gauche et à droite. J'essaie de faire ma petite part pour l'indépendance. J'écris des articles, je prépare un film, je fais des discours un peu partout. Hull, Trois-Rivières, Sherbrooke, Québec. Je mets l'épaule à la roue, comme on dit. Un simple militant parmi d'autres dans la lutte commune.

J'arrive à la maison, le soir, mort de fatigue. Des fois déprimé à mort, d'autres fois chargé à bloc. Quand je te change de couche, tes sourires et tes guili-guili me remontent le moral. Je t'écoute rire et ma fatigue disparaît. Je te regarde me regarder, l'air heureux, et je suis heureux à mon tour. Je renais à la vie. Tu me redonnes le goût de continuer à me battre. Un bon départ pour un ti-cul de trois mois !

Dans quinze ou vingt ans, tu liras peut-être cette lettre. À ce moment-là, ton père sera devenu un vieil homme. Vainqueur ou vaincu, peu importe. Au moins, tu sauras qu'il n'a pas reculé, qu'il n'a pas courbé la tête, qu'il ne s'est pas écrasé bêtement par paresse ou par lâcheté. Tu sauras qu'il s'est battu pour la cause de la liberté comme tu devras te battre à ton tour. C'est la loi des hommes, la loi de la vie.

Cette lutte pour la libération de notre pays dure depuis 235 ans. Avec des hauts et des bas. Des défaites graves, parfois des victoires. Des moments d'enthousiasme. De longues périodes de repli et d'écrasement. Bien des combats, mais aussi des reculs déshonorants. Et pourtant !

Nous résistons toujours. Depuis 1760, nous continuons à résister.

Nos ennemis sont puissants. Ils ont le pouvoir, l'argent, la force. Nous n'avons que nos rêves, notre volonté, notre détermination. Ils ont la télévision, la radio, les journaux. Nous n'avons que nos bras, nos jambes et nos cerveaux. Ils ont la loi, le nombre, le poids de ce qui a été et de ce qui est. Nous n'avons que l'imagination, le courage, l'espoir. Nous avons la force de ce qui demande à être, la force de ce qui sera. Comme la fleur qui pousse dans une craque d'un mur de béton. Le mur finira par s'écrouler.

Nous pouvons vaincre. Nous devons vaincre. Pas le choix. Le temps nous est compté. Nous sommes au pied du mur. L'indépendance n'est pas une lutte constitutionnelle, comme aime à le répéter le bouffon à la gueule croche, mais une lutte pour la vie ou la mort. Et la mort des peuples, c'est aussi la mort de quelqu'un.

Nous pouvons vaincre. Si nous le voulons. Seulement si nous le voulons. Notre pire ennemi, c'est nous-mêmes. Notre paresse. Notre stupidité. Notre manque de constance. Notre sens congénital de la culpabilité. Notre manque de confiance.

Y a des jours, Jérémie, j'ai l'impression qu'on n'y arrivera jamais. Je regarde aller nos élites, comme certains se nomment eux-mêmes, et ça me donne envie de vomir. La petitesse de ceux qui nous trahissent et nous vendent, depuis plus de 200 ans, pour quelques médailles et une poignée de dollars, me lève le cœur. La mollesse de ceux qui tentent de résister et de défendre le peu qu'il reste à défendre me désole. C'est vrai que souvent notre seul accès au réel passe par les journalistes à gages ou les autres, cyniques et désabusés, qui à force de vouloir avoir l'air objectif penchent toujours du côté du plus fort. Entre le fort et le faible, entre l'exploiteur et l'exploité, entre le colonisateur et le colonisé, il n'y a pas de place pour ce qu'ils appellent doctement l'objectivité. Cette pseudo-objectivité est en soi un choix politique. C'est une trahison. On est d'un bord. Ou de l'autre.

Mais il y a plus grave encore que la mollesse des chefs. Il y a la mollesse du peuple. La mollesse de ceux qu'on appelle les mous, qu'on traîne comme un boulet et qui nous entraînent vers le fond comme des bottines de ciment. Notre propre mollesse. À chacun d'entre nous. Nos querelles intestines. Nos divisions incessantes. Ce ton pleurnichard et enfantin dans la défense corporatiste des petits intérêts de chacun, jeunes ou vieux. Moi. Moi. Moi. Toujours moi. Toujours des consommateurs. Jamais des citoyens responsables. Responsables d'eux-mêmes, des autres, de la société, du pays. Mes privilèges, mes droits. Toujours. Jamais mes devoirs.

Où sont-ils les intellectuels, les artistes, les savants ? Où sont-ils les artisans, les ouvriers, les syndicalistes ? Où sont-ils les cultivateurs, les étudiants, les jeunes travailleurs ? Et les autres ? «Où êtes-vous donc, bande de câlices ? » comme disait le cinéaste Gilles Groulx.

Au baseball ? Au centre d'achats ? À Paris ? À New York ? Chez Citadelle, en train d'acheter une piscine hors-terre ? Dans le garage en train de faire reluire un tas de tôle ? Dans la cour en train d'éliminer les pissenlits à grands coups d'insecticide ?

Chacun est responsable. Personnellement. Responsable de tous. Responsable de tout. Quelles que soient sa langue, son origine ethnique et la couleur de sa peau. Il y a un prix pour la victoire. Il y a un prix pour la défaite. Le moment venu, chacun devra rendre des comptes.

Dans quinze ou vingt ans, Jérémie, je ne sais pas trop où tu en seras. Mais je sais une chose : aujourd'hui, moi, je vais me battre. Avec passion. Avec rage. Avec méchanceté. Comme un chien. Avec les dents et avec les griffes. Je vais me battre avec d'autres, plein d'autres qui eux aussi veulent se battre, écœurés de perdre.

J'en ai assez. Cette fois-ci, il n'est pas question de reculer. Nous pouvons vaincre. Il s'agit de le vouloir.

Salut, Jérémie ! Je te laisse sur ces deux citations :

«Cela ne pourra pas toujours ne pas arriver »
Gaston Miron
«By any means necessary»
Malcolm X

TON PÈRE

FILMOGRAPHIE
DE PIERRE FALARDEAU

1971
CONTINUONS LE COMBAT
Caméra, montage et réalisation
Production : Le Vidéographe

1972
À MORT
Montage et coréalisation avec Julien Poulin
Production : Pea Soup Film

1973
LES CANADIENS SONT LÀ
Caméra, montage et coréalisation avec Julien Poulin
Production : Pea Soup Film

1975
LE MAGRA
Caméra, montage et coréalisation avec Julien Poulin
Production : Pea Soup Film

1977
À FORCE DE COURAGE
Caméra, montage et coréalisation avec Julien Poulin
Production : Pea Soup Film
Mention spéciale du jury au Festival de Lille 1977, France

1978
PEA SOUP
Caméra, montage et coréalisation avec Julien Poulin
Production : Pea Soup Film

1980
SPEAK WHITE
Montage et coréalisation avec Julien Poulin
Production : Office national du film

1981
ELVIS GRATTON
Coscénarisation, montage et coréalisation avec Julien Poulin
Production : ACPAV
Meilleur court métrage fiction au Festival de Lille 1982, France
Prix Génie Award 1983, Toronto

1983
LES VACANCES D'ELVIS GRATTON
Coscénarisation, montage et coréalisation avec Julien Poulin
Production : ACPAV

1985
PAS ENCORE ELVIS GRATTON
Coscénarisation, montage et coréalisation avec Julien Poulin
Production : ACPAV

1985
ELVIS GRATTON, LE KING DES KINGS
(série des 3 courts métrages ELVIS GRATTON)

1989
LE PARTY
Scénarisation et réalisation
Production : ACPAV

1992
LE STEAK
Coscénarisation, montage et coréalisation avec Manon Leriche
Production : Office national du film
Deux prix au Festival du film sportif de Turin 1992, Italie

1993
LE TEMPS DES BOUFFONS
Scénarisation et réalisation
Production : Pierre Falardeau
Premier prix du meilleur court métrage, 1994, Sudbury
Premier prix du meilleur court métrage, 1995, Bilbao, Pays Basque
Prix de recherche au Festival de Clermont-Ferrand 1995, France

1994
OCTOBRE
Scénarisation et réalisation
Production : ACPAV
Salamandre d'Or au Festival du cinéma québécois de Blois 1995, France
Prix du meilleur long métrage au Rendez-vous du cinéma québécois 1995, Montréal
Prix Ouimet-Molson 1995, Montréal

INDEX

TABLE DES MATIÈRES

imprimerie gagné ltée

IMPRIMÉ AU CANADA